神戸
近代都市の過去・現在・未来

災害と人口減少都市から持続可能な幸福都市へ

池田 清 著
IKEDA Kiyoshi

社会評論社

真の文明とは、山を荒らさず、川を荒らさず、

村を破らず、人を殺さざるべし。

田中正造、1841 - 1913 年。日本初の公害問題となった「足尾銅山鉱毒問題」に、
生涯をかけて取り組んだ社会活動家・思想家・政治家。

■まえがき

　太宰治は、戦後まもない 1947 年に小説『斜陽』を書き、「生きている事。生きている事。ああ、それは、何というやりきれない息もたえだえの大事業であろうか」(太宰治『斜陽』文藝春秋、2009 年、152 ページ) と、生きることの苦難を語りました。たしかに、生きることは「老・病・死」を免れず、愛する人、親しい人との「別れ」があります。また現代の競争社会では、受験競争、出世競争、長時間過密労働など過度のストレスを強いられます。そして、病や失業、老後の不安に怯え、心穏やかならざる生活を送ることになるのではないでしょうか。

　さらに、私たちが生活する日本列島は、地震や津波、集中豪雨、原発事故などが潜在している災害空間です。ひとたび大災害にみまわれば、仕事も家族もコミュニティも一瞬のうちに失い、不幸のどん底に陥ってしまうのです。

　私たちは、このような過酷な環境の中で生きなければならないからこそ、「幸せな人生」「幸せな都市・国」とは何かを互いに学びあい、つながりあい、信頼しあう関係をつくりあげていくことが必要です。さらに、働き方や生き方について不断の内省と努力を積み重ね、「良き人生」「良き社会」を創造することが求められます。

　いままで幸福は、天国と極楽にあること、キリスト教の「永遠の生命の幸福」、仏教の「煩悩からの解放」による「心の安寧」などで表現されてきました。また、詩人カール・ブッセが「山のあなたの空遠く 幸 住むと人のいふ」と謳い、宮沢賢治も「世界がぜんたい幸福にならないうちは個人の幸福はあり得ない」

（『農民芸術概論綱要』）と言ったように、主に宗教や文学の分野で語られてきました。

しかし、現在、幸福は、幸福度という指標をつくり公共政策に役立て、人々の実際の生活のなかで生かすテーマとなっています。そのことは、国連が2012年から毎年「世界各国の幸福度に関する報告書」を出していることからもうかがえます。

たしかに幸福は、人生の最も中心的なテーマです。なぜなら大半の人々は、幸福になりたいと願っているからです。日本国憲法も「すべて国民は、個人として尊重される。生命、自由及び幸福追求に対する国民の権利については、公共の福祉に反しない限り、立法その他の国政の上で、最大の尊重を必要とする」（13条）と、国民の「幸福追求権」を明記しています。さらに憲法は、99条において「国会議員、裁判官、その他の公務員は憲法を尊重し擁護する義務を負う」と規定しています。つまり政治や行政の目的は、国民の基本的人権である幸福追求権を尊重し、国民の幸福を実現することにあるのです。

また、地方自治法は、地方自治体の「組織」と「運営」のルールを定めていますが、憲法92条の「地方自治の本旨」をふまえ、地方自治体は「住民の福祉の増進を図ることを基本」（地方自治法第1条の2）とすることを規定しています。地方自治体の目的は、住民の生命と生活を守り、住民が健康で長生きし、幸せを実感できる都市や農村をつくることなのです。このように幸福は、政治や憲法・地方自治法の目的ですが、はたして私たちは幸福なのでしょうか。

内閣府の「国民生活に関する世論調査」（2018年版、18歳以上10,000人、有効回収5,969人）によれば、日本人の「現在の生活

に対する満足度」は、満足74.7％（満足12.2％、まあ満足62.5％）、不満24.3％（やや不満19.5％、不満4.8％）でした。特に注目すべきは、18－29歳の若い世代が満足83.2％（満足22.7％、まあ満足60.5％）、不満16.0％（やや不満14.3％、不満1.7％）と満足が高かったことです。

　さらに内閣府は、「現在の生活に対する満足度」を①「所得・収入」、②「資産・貯蓄」、③「自動車、電気製品、家具などの耐久消費財」、④「食生活」、⑤「住生活」、⑥「自己啓発・能力向上」、⑦「レジャー・余暇生活」それぞれの項目における「満足、不満足」を調査しています。①「所得・収入」は満足51.5％、不満足46.4％、②「資産・貯蓄」が満足44.6％、不満足52.2％ですが、他の項目は満足が60％から80％台と満足度が高くなっています。この調査は、日本人の生活満足度を、今の自分だけの個人的な生活に限定しているところに特徴があり、「ある程度、満足している。まあまあ、そこそこ」との調査結果となっています。

　一方、国連の「世界各国の幸福度に関する2019年版報告書」によれば、日本の幸福度は必ずしも高くありません。幸福度が最も高かった国はフィンランド（7.769点）、日本は58位（5.886点）でした。2位はデンマーク（7.600点）、3位ノルウェー（7.554点）、4位アイスランド（7.494点）、5位オランダ（7.488点）、英国は15位（7.054点）、米国19位（6.892点）、台湾25位（6.446点）、韓国54位（5.8695点）、中国93位（5.191点）です（調査対象156カ国）。

　この「報告書」は、幸福が社会や政治のあり方から大きな影響を受けるという考え方によっています。本書も、幸福が、市

民の生活する社会や政治、都市のあり方に左右されるのではないか、という仮説に基づいています。それゆえ、市民の幸福を近代神戸の都市形成史のなかで位置づけ検証します。

　本書で特に注目しているのは、神戸市が1868年に開港され外国人居留地が設置され、西欧先進諸国の生活文化や都市計画、そして造船、鉄鋼、機械など新しい産業や技術がいち早く流入した近代的先進都市だったということです。神戸市が、西洋的で明るい雰囲気の漂うまち、ハイカラでモダンな港まちとイメージされる所以です。

　と同時に、神戸市は、国直轄の特定重要港を擁し、東日本と西日本の交通の結節点に位置し、西南戦争や日清戦争、日露戦争、第一次世界大戦、第二次世界大戦の兵站基地であり、船舶（軍艦）や兵器製造の拠点都市でした。その顛末が、甚大な被害と犠牲者を出した1945年の神戸大空襲だったのです。また神戸市は、尊皇精神を具現化した楠木正成を祭神とする湊川神社に象徴される「皇国都市」でありました。⁽¹⁾

　戦後、神戸市は、日本最初のコンテナ港をつくり、神戸港と高速道路を直結したことにみられるように、経済重視の効率的な都市づくりを行なってきました。また起債主義と第3セクターを駆使し、公共デベロッパーによる「山を削り海を埋め立て」、人工島ポートアイランドをつくり黒字経営を行なうなど都市経営で名を馳せました。阪神・淡路大震災後も、神戸空港の建設や神戸港の高規格化、大規模な区画整理事業と再開発、地下鉄湾岸線、そして高度先端医療の「医療産業都市」をすすめています。

　端的に言って、神戸市は、戦前は軍事港湾都市・皇国都市と

して、戦後は経済都市として、国や兵庫県、神戸市などの官僚と、重化学工業を担う大企業の意思やニーズが優先される都市でした。それは、できるだけ短期間に、「山を削って海を埋め立て」て土地を造成し、道路や港湾、公園、上下水道、高層建築物など「ハコ物」を中心とした都市空間をつくることでした。たしかに、そのことによって、物的な「豊かさ」はある程度達成されましたが、それに比して市民の「幸福度」は高まりませんでした。

たとえば寺島実郎監修・日本総合研究所・日本ユニセス総合技術研究所編『全47都道府県幸福度ランキング2018年版』によれば、神戸市の幸福度は20ある政令指定都市のなかで「総合指標」であらわされる幸福度が第15位です。「総合指標」とは、「基本指標」と「健康」、「文化」、「仕事」、「生活」、「教育」の5分野の指標を総合したものです。また、「基本指標」による幸福度が第19位と最低クラスでした。「基本指標」とは、「自殺死亡者数」、「勤労者世帯可処分所得」、「人口増加率」、「合計特殊出生率」、「財政健全度」、「選挙投票率」、「一人あたり市民所得」の7つの指標を総合したものです（神戸市の幸福度の詳細については第10章第5節を参照されたい）。

何故、神戸市は幸福度が低いのでしょうか。それは、神戸の近代都市づくりが、市民の「自由と平等、幸福」よりも、戦前は軍事を、戦後は「経済成長」と「効率的空間」づくりを優先してきたからではないでしょうか。

社会学者の見田宗介は、M.ウエーバーの近代的「合理化」論をふまえ、近代の根本理念は「自由と平等」にありますが、その現実原則は手段主義的「合理化」だといいます。手段主義は、

未来にある目的のために、現在の生を手段（抑圧、犠牲）化することです。手段主義的「合理化」が近代社会の原理であるのは、近代社会が生存のための物質的基本条件を確保するために、個人と個人、集団と集団、国家と国家、人間と自然との相克性（戦い）を基本原理としているからです。近代とは、「貨幣経済」と脱共同体の「都市の原理」が社会の全域に浸透した時代であり、「現実原則による根本理念（自由と平等）の封印」だったのです。だとすれば、原理的に言えば、日本の近代の典型的都市神戸は、見田宗介が指摘する近代の本質、すなわち生き残りをかけた争いと競争が、現在の生が求める幸福を手段化し、自由と平等を封印するような問題をはらんでいたのではないでしょうか。

　本書は、以上のような問題意識をもとに、日本の近代都市の典型ともいうべき神戸の都市形成過程の検証を通して、神戸の都市づくりの問題と課題を解明しようとするものです。それは、ある意味で、神戸という都市を鏡にして近代を映し出そうとする試みといえるかもしれません。

注
（1）藤井康生『神戸を読む』晃洋書房、2009 年、130–138 ページ。
（2）見田宗介『現代社会はどこら向かうべきか』岩波書店、2018 年、はじめに、15 ページ、34–38 ページ

目　次

まえがき ——————————————————————— 4

序章　本書の課題と構成 ——————————————— 15
第1節　本書の課題　15
　　　「大日本帝国主義」と「小日本主義」／「大神戸」と「実験都市」／真
　　　の文明都市 − 人間発達の「知識結」と人間性文化の市民的学習都市 −
第2節　本書の構成　23

第1部（過去）「軍事港湾都市」神戸　−「植民都市」と「皇国都市」−

第1章　近代日本と神戸の歴史的地政的位置
　　　　　−「中心」と「周辺」− ——————————— 26
はじめに　26
第1節　世界における日本の位置　26
第2節　近代日本 −「周辺」から「中心」へ−　29
第3節　近代都市神戸 −「周辺の地」から「中心の地」へ−　31
おわりに　38

第2章　近代的「植民都市」神戸
　　　　　−大兵庫県の誕生と神戸居留地− ——————— 40
はじめに　40
第1節　大兵庫県の誕生　40
第2節　近代的「植民都市」神戸　46
第3節　居留地貿易　56
おわりに　59

第3章　市区改正（都市計画）と市民の貧困化 ——————62

はじめに　62

第1節　東京市区改正と神戸市区改正　62

第2節　神戸市区改正　67

第3節　神戸市民の貧困化　68

第4節　神戸の文明化、近代化と福沢諭吉　73

おわりに　76

第4章　軍事港湾都市神戸と軍需産業 ——————————78

はじめに　78

第1節　神戸港と戦争、政商　79

第2節　神戸の造船業と海運業－台湾出兵と西南戦争－　81
　　　　神戸の造船業－川崎造船所－／神戸と海運業－三菱－

第3節　日清・日露戦争と神戸　86

第4節　第一次世界大戦、アジア・太平洋戦争と神戸　90

第5節　朝鮮戦争と神戸　97

おわりに　99

第2部（現在）「経済都市」神戸　－神戸市政と都市経営の検証－

第5章　神戸市都市経営の源流
　　　－「大神戸の経営」と植民地型都市開発－ —— 106

はじめに　106

第1節　日清・日露・第一次世界大戦と
　　　　「大神戸構想・大神戸の経営」　106

第2節　植民地満州の都市計画と朝鮮釜山港の港湾開発　109

おわりに　115

第6章　宮崎辰雄神戸市政の検証（1）
　　　－神戸市都市経営と都市社会主義－ ——————— 118

はじめに　118

第1節　日本の「都市社会主義」と革新自治体　121
第2節　宮崎辰雄の神戸市都市経営と「都市社会主義」　125
おわりに　136

第7章　宮崎辰雄神戸市政の検証（2）
　　　－コミュニティ政策と労務管理－ ——————— 139
はじめに　139
第1節　日本国憲法と公民館　139
第2節　神戸市の公民館　142
第3節　神戸市総合基本計画と近隣住区方式－公民館方式の後退－　144
第4節　長野県飯田市の公民館　149
第5節　宮崎辰雄神戸市政と神戸市婦人団体協議会　152
第6節　宮崎辰雄神戸市政の労務管理　156
おわりに　161

第8章　阪神大水害復興と戦災復興、
　　　阪神・淡路大震災復興 ——————— 164
はじめに　164
第1節　阪神大水害と復興　164
第2節　戦災復興　170
第3節　戦災者の飢えと生活難　177
　　　　米軍の占領と戦災者の住宅難
第4節　阪神・淡路大震災復興と被災者の生活再建　182
おわりに　185

第3部（未来）「平和・文化・環境都市」神戸　－持続可能な幸福都市へ－

第9章　非核「神戸方式」と安全保障法制 ——————— 190
はじめに　190
第1節　神戸の米軍基地と反戦の取り組み　190
第2節　日本の米軍基地と沖縄　192

　　　　構造的差別の上に立つ日米同盟
第3節　非核「神戸方式」　194
第4節　非核「神戸方式」無効化の動き　198
第5節　非核「神戸方式」と安全保障法制（戦争法）　199
第6節　非核「神戸方式」と核兵器、原発　201
おわりに　209

第10章　人口減少時代と持続可能な幸福都市 ———————— 211
はじめに　211
第1節　近代日本における人口動態の特徴　212
第2節　北欧諸国の試み　－出生率向上と高い女性の労働力率－　　215
第3節　幸福と持続可能な社会の経済学　218
第4節　世界各国の幸福度　224
第5節　神戸市の幸福度－政令指定都市との比較－　229
第6節　神戸市の人口減少対策の問題と課題　242
　　　　神戸市都市空間向上計画の問題と課題
おわりに　251

終章　神戸の都市イメージと多様性———————————— 257
はじめに　257
第1節　神戸の都市イメージ　258
第2節　重厚長大産業の衰退とファッション都市神戸　263
おわりに　266

あとがき——————————————————————— 269

序章　本書の課題と構成

第1節　本書の課題

　本書の課題意識は、神戸の都市形成に決定的な影響を及ぼした近代という時代が、人類の存続そのものが危ぶまれるような深刻な事態を呼び起こしているという問題です。それは、第1に、人類を死滅させかねない危険性をもっている核（核戦争、核テロや原発）の問題。第2に、急速な地球温暖化（石炭、石油など化石燃料の大量使用）と気候変動などの環境問題。第3に、米国やロシア、中国など独裁主義的強大国の弱小国に対する覇権主義的支配と内戦や難民などの問題。第4に、資本主義の歪んだグローバル化による貧困と格差の拡大、失業や非正規雇用、長時間・過密労働などの経済問題。第5に、急速な人口減少と少子・高齢化などがもたらす生活と地域・都市問題。第6に、個人の自由を制約する性別役割分担（男は仕事、女は家庭）を基本とする「近代家父長制家族」の問題。第7に、利己的「個人主義」や強欲、フェイクの跋扈、厳しい生存競争とマイノリティーの差別や排除、そして人道、倫理の劣化がもたらす問題です。

　これらの問題の背景に「西欧起源の近代世界システム」があります。それゆえ、現代は、「近代世界システムに対する問い直しの思考[1]」が求められています。日本における近代の始まりとなった明治維新は、「西欧起源の近代世界システム」の一環に日本が組み込まれることを意味していました。本書も「近代世界システムを問い直す」視点から、近代という時代が、神戸

の都市形成にもたらした問題と、それを克服する手がかりを見
出すことを課題としています。

「大日本帝国主義」と「小日本主義」

　1868年の明治維新後、日本の近代化、文明化への道は二つあ
りました。一つは、先進帝国主義の欧米をモデルに、植民地と
利権を手に入れ列強の一員に加わる「大日本帝国主義」の道です。
もう一つは、西欧列強のアジア侵略に対してアジアの近隣諸国
が連帯して対抗していく「小日本主義」の道です。前者の「大
日本帝国主義」は「脱亜入欧」のアジア侵略と戦争でした。そ
の有力なイデオローグに福沢諭吉がいます。安川寿之輔によれ
ば、福沢諭吉の「一身独立して一国独立する事」(『学問のすすめ』)
や「独立自尊」は、「個人的自由」や自主独立の「市民的精神」
のように読み込まれてきましたが、「国のためには財を失うのみ
ならず、一命をも投げ打ちて惜しむに足らず」(『学問のすすめ』)
のように、国家主義的な「報告の大義」、「滅私奉公」、「殉国」
精神を意味していました。福沢は、「自国の独立」確保を最優先
課題に設定して、『文明論之概略』において「一身独立」は「第
二歩に遺して、他日為す」と明確に公約していたのでした。[2]
　一方、「小日本主義」は、石橋湛山の「満州を放棄し、朝鮮
台湾に独立を許し、其他支那に樹立している幾多の経済的特
権、武装的足懸り等を捨ててしまえ、そして此等弱小国と共に
生きよ」[3]に代表される思想です。財政学者の大内兵衛によれば、
「日本のすべての政治家を通じていえば、ファシストが大部分
で、リベラルは少数である。それだから日本の政治では軍国主
義が勝って平和主義がまけている。そのなかにあって石橋湛山

は、少数のリベラル、平和主義の政治家であった[4]」といいます。

　石橋湛山研究者の長幸男によれば、三浦銕太郎の『小日本主義』を継承した石橋湛山は、日露戦争以後顕著となってきた日本帝国主義批判者でした。石橋は、七つの海を制覇した強者イギリスの自由主義であるよりも、A. スミスの植民政策批判・旧体制批判に通ずるものであり、スミスの精神がより強く脈うっていたと把えるべきといいます。というのも、当時の日本人の経済思想が、「商業は国旗に従い」「政府の保護干渉を願う」重商主義的帝国主義・官僚的国家主義として特色づけられ、戦前のアンシャン・レジーム的色彩濃厚な体制としてとらえられるからです[5]。日本国家が歩んだ道は、富国強兵・殖産興業の「大日本帝国主義」であり、その先進的都市が近代的都市神戸だったのです。

「大神戸」と「実験都市」

　神戸開港は、1868 年 1 月 1 日、英米軍艦 18 隻の参列のもと、英国船ロドニー号の祝砲によって幕を開けました。ロドニー号は、ただの乗船ではなく軍艦であり、軍事的な威嚇、圧力によって開国させたのでした。つまり神戸開港と祝砲は、「不平等条約」の下で行われ、皮肉にも英、米、仏、露、オランダなど列強（西欧先進諸国）の「植民都市」神戸を象徴していたのでした。

　その後の神戸の近代化、文明化は、日清・日露戦争、第一次世界大戦を経るごとに、急速な人口増加と工業化、都市化がすすみ、市域の大拡張と大港湾の「大神戸の建設」を目指しました。それは、同時に、日本の「周辺」の位置から「中心」へ急いで駆け上がる過程でもありました。

急速な近代化、文明化には、新しいことが「実験」できる都市が有利です。その点、神戸は、伝統ある京都や大阪の「周辺」に位置し、比較的歴史の浅い都市であるため、「自由」に「新しい」営業や都市づくりを実験できたのです。たとえば、神戸を代表する巨大商社の鈴木商店や（株）ダイエー、そして神戸市都市経営も、「新しい」経営にチャレンジしました。これらに共通するのは、劇的な「成功」と「失敗」を繰りひろげたことにみられるように「持続可能な経営」でなかったことです。

　鈴木商店は、1868年の神戸開港で小さな貿易商からスタートし、その後、台湾初代民生長官後藤新平の政治力を背景に台湾樟脳油の販売権を取得するなど「政商」の道を突き進みます。第一次世界大戦の軍需景気で勢いづき三井財閥と肩を並べるまで急速に成長していくのです。しかし、拡大主義と投機主義的経営は、戦争バブルの崩壊、関東大震災、金融恐慌などの影響によって破たんします。

　（株）ダイエーは、「競争こそすべて」をモットーに戦い、創業以来、メーカー・問屋・小売団体・商店街・行政機関を相手に、ダイエー型「スーパー」、大衆百貨店路線を展開していきました。ダイエーは、高度経済成長の波に乗り「安売り哲学」で大量生産と大量消費を媒介する大量流通・販売を担い成長していきます。しかし、土地インフレに依存した「含みを重視する経営」に傾斜し、土地・株などのバブル崩壊によって破たんに追い込まれます。

　一方、神戸市は、1970 - 80年代、起債主義と公共デベロッパー、基金、第3セクターなどの運営で、戦後日本の都市史のなかで高い評価を受けた都市自治体でした。しかし、「山を削り海を

埋め立て」造成した土地は、バブルの崩壊と阪神・淡路大震災の災禍、急速なグローバル経済化が重なり売却不振に陥ります。神戸市営空港も採算が取れず民間に売却され、地下鉄湾岸線も大赤字を出し、神戸市主導の都市経営が行き詰まります。

　以上のように、神戸を代表する大企業や神戸市都市経営に共通するのは、みなと神戸を舞台に繰り広げられた資本主義の「進取的マインド」－物質欲、金銭欲、消費欲など－による「競争主義」や「拡大主義」、「投機主義」がつむぎだした「成功」と「失敗」の実験都市「神戸物語」でした。また、神戸は、1938年の阪神大水害、1945年の神戸大空襲、そして1995年の阪神・淡路大震災において、多くの市民の犠牲と甚大な被害を出しています。

　かつて、栃木県の足尾鉱毒問題を告発した田中正造は、「真の文明とは、山を荒らさず、川を荒らさず、村を破らず、人を殺さざるべし」と述べ、日本の近代化、文明化が「贋物」であることを看破しました。田中正造によれば、真の文明とは、自然を破壊せず、ひとり一人の生命と生活、そして家族やコミュニティ、平和を大切にすることでした。

　日本の近代のもつ問題は、福島原発事故でより明確にされます。そこで問われたのは、真の文明とは、生命や生活、家族、コミュニティそしてエコロジーが最も大切にしなければならない価値であるということでした。原発事故と放射能汚染によって、15万人もの人々が避難を余儀なくされました。さらに、原発事故が未だ収束せず、人体の影響への深刻な怖れはつづいています。故郷へ帰還する目途がたたず、風評被害も起きるなか、仕事を失い、将来の希望も失い不安をいだき、夫婦別

居、孤独な生活、そして離婚や自殺が続出するなど、家族やコミュニティの崩壊が起きています。

　同様の問題は、米国に従属した日本政府による沖縄県辺野古基地建設と環境破壊の強行姿勢にあらわれています。沖縄県民は、知事選挙や住民投票などで辺野古基地建設反対の意思を示しました。さらに、その民意を受け、沖縄県も基地建設反対の意思を明確にしています。にもかかわらず、政府は、何兆円もの国費を投入して、辺野古の美しい海を埋め立て環境を破壊し、戦争のための米軍基地を強引に作ろうとしているのです。以上のように、福島や沖縄は日本国の「周辺」として差別されているのです。

　問題は、なぜ、わが国は、生命や生活、安全、エコロジーが尊重されないのかということです。その根本に、人間の尊厳を「貶め、蹂躙する」問題が、国家や経済、社会、文化のなかに胚胎しているからではないでしょうか。そのことは、大江健三郎が 2012 年 7 月 16 日の「さよなら原発 10 万人集会」で、中野重治の言葉を引用して「私らは侮辱のなかで生きている」と言ったことにあらわれています。最高法規である日本国憲法は「すべて国民は、個人として尊重される。生命、自由及び幸福追求に対する国民の権利については、公共の福祉に反しない限り、立法その他国政の上で、最大の尊重を必要とする」（13 条）と明記しています。とすれば、「侮辱のなかで生きている」私たちは、人間の尊厳を謳った憲法を政治や経済、社会、文化、そして地域・都市づくりに生かすことで、人間として蘇えることができるのではないでしょうか。

真の文明都市
－人間発達の「知識結」と人間性文化の市民的学習都市－

　私たちは、戦後、平和と国民主権、基本的人権の尊重、議会制民主主義、地方自治を保障する日本国憲法を手に入れました。今、憲法の「個人の尊厳」を拠り所にしつつ、幸せとは何なのか、生きがいとは何なのか、という人間存在の意味を問いつつ、互いの厳しく過酷な体験を交流しあい、それぞれの生き方を学びあう動きが出てきています。これは、神戸においてボランティアやNPO、NGOなどが、市民の暮らしを支えるために活躍し、生活協同組合が再生可能エネルギーに取り組むなど、儲けよりも、お互いに暮らしを支えあう、新しいコミュニティづくりにみられます。

　もともと神戸は、人々の生命と暮らしを支える人と人とのつながりである「知識結」を実践した奈良時代の仏僧行基と縁のある土地です。知識結とは、ひとり一人の幸せのために「人々がそれぞれの能力・資財・技能を提供し、協力」することで、苦難に喘ぐ民衆を救済する知恵であり仕組でもありました。行基は、「三善清行の有名な意見封事（延喜14年＝914年）によると、三国川（神崎川）の河尻、神戸の大輪田、明石郡の魚住、印南郡の韓泊（後の福泊）、揖保郡の室津をもって、五泊の制をつくった[6]」といわれています。

　さらに行基は、神戸の有馬温泉と温泉寺の開祖で、病人の治療のために、特権階層に限られていた温泉入浴を一般民衆にひろめました。当時は、飢餓、疫病、政変、地震が頻発し、律令国家の仕組みが崩壊して、各地に膨大な流民が発生していた

のです。行基は、敢然と救済に乗り出し、福祉施設の先駆である布施屋とよばれる民衆救済、福祉、医療施設を各地に建設し、橋を架け、道や溜池（狭山池の改修など）をつくり、温泉をひらき、全国を歩いて地図をつくったと伝えられています。[7]

　近代日本のボランティアと協同組合運動の先駆者である賀川豊彦らの実践も、「知識結」という日本の文化的伝統のなかで位置づけられるでしょう。賀川豊彦は、神戸の労働者や貧困者が、人間らしい生活をするために友愛の精神でもって互いに助け合う生活協同組合をつくりました。賀川豊彦は、近代の根本理念である「自由・平等・友愛」の実現を試みた稀有な人でした。このような神戸の文化的伝統は、阪神・淡路大震災において、百万以上の人々が被災地に駆け付け助け合ったボランティア活動にあらわれています。大震災は、日本のボランティア元年といわれましたが、神戸の後背地の農村からも、おにぎり、水、野菜などの支給と火災の消火活動の支援に駆けつけるなど、創意工夫した多種多様なボランティア活動が繰り広げられました。このような動きが、1998年施行のNPO（特定非営利法人）法に結実していきます。

　さらに被災者の生活と住宅再建のための公的な「個人補償」を求める市民的取り組みも、「被災者生活再建支援法」（1998年制定）をつくる原動力となりました。また、神戸市民の「生命と生活、安全」をまもる取り組みは、神戸港の管理者である神戸市が、寄港する外国の艦船に「非核三原則」に基づく「非核証明書」の提出を義務づける、いわゆる非核「神戸方式」（1975年）を生み出しました。この背景には、港湾労働者や市民による神戸港の核兵器持込みに反対する運動や、神戸市会の「核兵

器積載艦艇の神戸港入港拒否に関する決議」採択がありました。

　以上のように、市民の幸福と持続可能な都市づくりには、憲法を生命と暮らし、まちづくりに生かすことが求められています。そのためには、市民や企業、自治体、NPO、NGO、協同組合などが、「学び合い、育ち合い、助け合い、信頼しあう」人間性文化の市民的学習都市をつくり、自治と経営の力量を高めていくことが必要です。

第2節　本書の構成

　本書は3部構成で、第1部（第1章から第4章）では、神戸の近代化、文明化が、日本の「周辺」から「中心」の位置へ駆け上がり、「大神戸」をめざす都市づくりであったことを検証しました。自然の良港を有する神戸は、急速な近代化の過程で「軍事港湾都市」へ成長していきます。それは、近代都市神戸が、西南戦争や日清・日露戦争、第一次世界大戦などを経るなかで、欧米の「植民都市」から「皇国都市」[8]へ変貌していくことでした。同時にそれは、神戸市民の貧困化と格差を拡大し、人権や民主主義が反故にされる過程でもあったのです。

　第2部（第5章から第8章）では、戦後の神戸市政と都市経営の検証を行いました。1970-90年代にかけて都市経営で名を馳せた神戸市は、戦後の日本の都市史のなかで、最も高い評価を受けた自治体であり、全国の都市が見習うべき自治体でした。その源流は、第一次世界大戦時の神戸の都市計画構想で提起された「大神戸構想・大神戸の経営」と、戦前の植民地満州の都市計画やダム開発や植民地朝鮮の釜山港開発にありました。こ

の「大神戸構想・大神戸の経営」は、戦災復興計画と神戸市総合基本計画（1965年）に継承されていきます。それは、大都市官僚制のもとに住民団体や労働組合などを上から統合し、戦後の憲法や教育基本法、社会教育法で謳われた住民自治や教育自治を軽視する過程でもありました。

　第3部（第9章、10章）では、これからの神戸の都市づくりは、かつてたどった「軍事港湾都市」や「経済都市」の方向ではなく、市民の「学び合い育ちあい助け合い信頼し合う」学習都市による「平和・文化・環境都市」の方向にあることを検証しました。神戸市は、核兵器を積載した艦艇の神戸港入港を拒否する、いわゆる非核「神戸方式」をつくった都市です。この方式を全国に広めると同時に、2015年の安全保障法制を廃止する取り組みが求められます。なぜなら今回の安保法制は、非核「神戸方式」を無効化し、いままで政府が憲法違反としてきた集団的自衛権を行使し、戦闘地域での米軍を支援できるからです。

注

（1）西川潤『2030年　未来への選択』日本経済出版社、2018年、はじめに。
（2）安川寿之輔「福沢諭吉の見直し入門」安川寿之輔・雁屋哲・杉田聡『福沢諭吉－「日本の近代」と「戦後民主主義」の問い直し』花伝社、2016年、24－25ページ。
（3）石橋湛山「支那と連携して太平洋会議に臨むべし」『東洋経済新報』1921年7月30日号「社説」、石橋湛山全集編纂委員会編『石橋湛山全集　第4巻』東洋経済新報社、1970年、30－31ページ。
（4）大内兵衛「石橋さんのこと」長幸男『石橋湛山－人と思想－』東洋経済新報社、1974年、11ページ。
（5）長幸男「思想の自由と小日本主義」長幸男『石橋湛山－人と思想－』東洋経済新報社、1974年、271ページ。
（6）落合重信『増訂　神戸の歴史　通史編』後藤書店、1975年、42ページ。
（7）若井敏明「行基と知識結」速水侑編『行基』吉川弘文館、2004年。
（8）藤井康生『神戸を読む』晃洋書房、2009年、129－145ページ。

第 1 部（過去）

「軍事港湾都市」神戸

－「植民都市」と「皇国都市」－

第1章　近代日本と神戸の歴史的地政的位置
－「中心」と「周辺」－

はじめに

　本章では、日本と神戸の近代を「中心」と「周辺」という歴史的地政的概念で把握し、その特徴を検証することを目的としています。

第1節　世界における日本の位置

　生態学者・民族学者の梅棹忠夫は、その著『文明の生態史観』（中央公論社、1967年）において、古代文明や巨大帝国を生みだしたインドや中国などを「中心の地」とし、「中心の地」から文化を吸収し国家をつくった西ヨーロッパ数カ国と日本などを「辺境の地」としてえがきました。そして、日本を中華帝国の辺境国家とみなし、辺境国日本の文化的特質をつぎのように言っています。「日本人にも自尊心はあるけれど、その反面、ある種の文化的劣等感がつねにつきまとっている。それは、現に保有している文化水準の客観的な評価とは無関係に、なんとなく国民全体の心理を支配している。一種のかげのようなものだ。ほんとうの文化は、どこかほかのところでつくられるのであって、自分のところは、なんとなくおとっているという意識である。おそらくこれは、はじめから自分自身を中心にして一つの文明を展開することのできた民族と、その一大文明の辺境諸民族の一つとしてスタートした民族とのちがいであろうとお

もう。中国も、インドも、それぞれに自分を中心として一大文明を展開した国である。日本は、中国の辺境国家の一つにすぎなかった。日本人は、まさに東夷であった」[1]。

中国が、旧世界の文明の「中心」であったのに対し、近代以降の新世界における文明の「中心」は欧米諸国でした。生化学者・科学史家のニーダム・クラークや技術史研究者の内田星美によれば、「西暦紀元前に、中国・インド・地中海という三つの文明の中心が形成され、それぞれの周辺地域に向かって科学や技術が伝播されています。中国から日本への、金属・絹織などの技術移転は、記紀のなかでも記されているように、日本国家の成立にも関係する事件だったのです。12世紀以後の西ヨーロッパの経済発展には、中国およびイスラム世界からの、紙・印刷術、火薬、磁石などの科学や技術の伝播の貢献があります。高炉製鉄法や機械時計なども、中国からの伝播であるという考え方さえあるのです」[2]。

このように、「西欧は、ルネサンスにいたるまでは技術的後進国であり、経済的な繁栄でも東洋に劣っていましたが、移転された技術をもとにして独自の開発を加えた結果、火砲および船舶・航海術は特異な発達を示し、いわゆる大航海時代を迎えて他の世界に技術的な影響をあたえるようになりました」[3]。

特に「イギリスは、18世紀から19世紀初頭にかけて、蒸気機関・コークス法製鉄・紡績機・鉄道・蒸気船などの新技術が実用化し産業革命が進行し、世界の「中心国」となります。ヨーロッパ大陸諸国やアメリカ合衆国の産業革命は、おおむねイギリスからこれらの新技術が移転されることによって達成されたのでした。19世紀後半の西欧諸国から日本への技術移転は、

第1部（過去）

イギリス産業革命に端を発した世界的な技術移転の流れの一環としてとらえることができるのです。[4]

　大航海時代や産業革命以降の世界における「中心と周辺」論は、帝国主義や植民地主義という概念で説明されています。平和研究者のヨハン・ガルトゥングによれば、近代の「世界は、中心国および周辺国から成り、さらにそれぞれの国家の内部に中心部と周辺部とが存在する」といいます。世界は、生活条件を決定する力も含め人間の生活条件のほとんどすべての面で、国家の内部および国家間に不平等が存在し、この不平等を変えることへの抵抗があります。中心国の中心部と周辺国の周辺部とのあいだの矛盾の背後にあるメカニズムは、帝国主義という特殊な形態の支配システムです。それは、構造的暴力の主要な形態の一つである不平等をつくりだします。構造的暴力とは、暴力を行為する主体が存在しないような暴力です。たとえば、不平等な社会において、貧困や飢餓、差別や排除のために人の生存が危ぶまれている場合、危害を与えている人を名指しすることはできないが、構造的暴力があるといいます。

　ガルトゥングによれば、帝国主義とは、「中心国の中心」が「周辺国」を分断し、「中心国」や「周辺国」内部の諸集団をも分断し支配、収奪し、それらの諸集団のある部分を利益調和の関係で、そして他の部分を利益不調和もしくは利益対立の関係で相互に結合させる一つのシステムです。「具体的には、帝国主義は、中心国と周辺国とのあいだの関係であり、そこでは、1.中心国の中心部と周辺国の中心部とのあいだには、利益調和が存在し、かつ2.中心国の内部よりも周辺国の内部に、より大きな利益不調和が存在し、さらに3.中心国の周辺部と周辺国の

周辺部とのあいだには、利益不調和が存在する[5]」というシステムなのです。次節以降では、帝国主義、植民地主義の問題を、日本や神戸市の近代化に即して検証していきましょう。

第2節　近代日本-「周辺」から「中心」へ-

　1853年の米国のペリー来航から1868年の明治維新にかけて以降には、日本の近代化、文明化への道は二つありました。一つは、先進帝国主義の欧米をモデルに、植民地と利権を手に入れ列強の一員に加わろうという「大日本帝国主義」の道です。もう一つは、西欧列強のアジア侵略に対してアジアの近隣諸国が連帯して対抗していく「小日本主義」の道です。

　実際の日本の近代化、文明化は、次のような歴史的経過をたどるのです。米国の東インド艦隊司令官ペリーが、1853年に横須賀市に上陸し、武力を背景に江戸幕府に強く開国をせまりました。当時、隣国の中国清朝は、1840-1842年のアヘン戦争で英国に敗れ、欧米列強による侵略が日本にも迫っていました。そのため江戸幕府は開国やむなしと判断し、1854年に米国との間で「日米和親条約」を締結し鎖国体制は終焉を迎えます。

　ペリー来航以降、日本の開国に主導権を握っていた米国は、自国内の南北戦争に力点を移す中、当時、世界最強の海軍国のイギリスが日本に深くかかわっていきます。歴史学者の井上勝生によれば、「イギリス東アジア艦隊司令長官ホープは、日本の開港場が中立港として利用可能であれば、経費も防衛費も要らないのであり、『日本の領域のどんな一部の一時的占領で

さえ』得策でない、という見解でした。なぜなら、「イギリス海軍は、中国の開港場を占領したために、経費と防衛費負担に苦しんでもいた」からでした。イギリスにとって日本は、経費のかかる植民地支配よりも市場拡大の方に力点があったのです。このことが、日本がアヘン戦争による中国の植民地化と異なる道を歩むことができる歴史的条件だったのでしょう。

　明治新政府が最も危惧したのは、狭小な国土や少ない資源、低い工業生産力などからくる弱小国のイメージでした。この恐怖心は、台湾や朝鮮、満州、中国など近隣アジア諸国に対する領土拡大、植民地主義へすすませました。つまり「近代日本が、西欧先進諸国との圧倒的な文化的ないし技術的落差、そして人口や領土、資源の落差を常に意識せざるをえないような立場にあり、このような弱さの自覚が、日本の支配勢力を防御的であると同時に攻撃的にさせた」のでした。

　弱さの自覚の根底にあるのは、辺境人の心理なのかもしれません。内田樹は、梅棹忠夫の日本辺境国家論や丸山眞男の日本文化論（「原型・古層・執拗低音」『日本文化のかくれた形』岩波現代文庫、2004 年）を踏まえ、辺境人の文化的特質をつぎのようにいっています。「辺境人の最大の弱点は『私は辺境人であるがゆえに未熟であり、無知であり、それゆえ正しく導かれなければならない』という論理形式を手放せない点にある」。それゆえといおうか、産業革命を成し遂げ世界の覇者となった「イギリスの日本滞在経験者が、明治維新以降の日本の西洋化＝文明化を『世界史上最も驚異的な革命の一つ』（E.R.Conder"Japan Revolution", Edinburgh Review,Vol.154,1881 年 ,pp1122-156.）と評価したのでした。成功の理由は『中国が頑迷にヨーロッパ文明の優秀性を

第1章　近代日本と神戸の歴史的地政的位置－「中心」と「周辺」－

否認し排他的態度を採ったのに対し、日本人はヨーロッパ文明の優秀性を認め、それを熱心に採用したため』といいます。イギリスの他の論者も、日本では『先進的な国々の科学、工芸、発明がうまく受容されており、他のアジア諸国と比較した場合、日本帝国により明るい未来を期待できる』。…明治維新以後の6年の間に、日本は文明化された王国に変身し、ヨーロッパのいくつかの君主よりも格段に進歩した』とみなしたのでした。

　このように新しい「文明」に素早く適応する日本のお家芸は、同時に私たち日本人が「ふらふらして、きょろきょろして、自分が自分であることにまったく自信が持てず、最新流行の世界標準に雪崩を打って飛びついて、弊履を棄つるが如く伝統や古人の知恵を捨て、いっときも同一的であろうとしないというほとんど病的な落ち着きのない」体質からつくられたものであるかもしれません。

第3節　近代都市神戸－「周辺の地」から「中心の地」へ－

　かつての神戸も「周辺の地」でした。神戸の歴史研究者である落合重信によれば、神戸の背骨ともいうべき六甲山という名は、向山に六甲の字をあてたものといいます。都（「中心」）が大和飛鳥地方または難波にあった時代は、難波の津から海を越えて直ちに武庫の津門へ出ました。日本書紀の神功皇后の条にも出てきますが、難波津と対岸にあったから向の水門（武庫の津門）で、西宮市の津門あたりかともいわれています。都から見て、向の水門（武庫の津門）の背後にある向山に六甲の字をあてたのでしょう。

つまり六甲山を擁する神戸は都（「中心」）からみて「周辺」
に位置していたのです。また須磨の関は、摂津の国と播磨の国
との国境に置かれたように須磨は「周辺」の地でした。だから
紫式部の「源氏物語」で書かれているように、光源氏が朧月夜
との不倫が発覚したため、都から逃げるように退去したのが「周
辺」の地である須磨だったのです。

　神戸が、「周辺」の地であるにもかかわらず成長できたのは
なぜでしょうか。それは、神戸が日本の「中心」であった奈良
や京都、大坂に近く、東日本と西日本の交通の結節点に位置し、
自然の良港を有していたからです。だからこそ、平清盛も日
宋貿易の拠点として大輪田泊に着眼したのです。室町時代には、
将軍足利義満・義教等は、現在のJR兵庫駅の南に位置する兵
庫津を日明貿易の重要港と位置づけたのでした。

　さらに江戸時代の18世紀半ばごろになると、兵庫津は、全
国的な規模の市場である大坂の外港的な役割、つまり大型船か
らの積み替え港の役割を担うことになります。大坂市中の蔵屋
敷や問屋に荷を運ぶには、大坂の川中を船で積み上る必要があ
りましたが、川が浅いために大きな廻船では座礁する恐れがあ
りました。そのため、兵庫津で上荷船（一般的には廻船と港を往
復して荷を運ぶ小型の船）や渡海船（都市間を結ぶ海上船）に積み替
えられて大坂に輸送されていました。

　さらに、1672年に西回り航路が開かれると、大坂に運び込
まれる物資が飛躍的に増加します。この航路が開発されるまで
は、東北・北陸地方から京都・大坂への物資の輸送は、敦賀ま
で船で運び、陸路や琵琶湖上、淀川を利用するという面倒なも
のでした。西回り航路による輸送は、敦賀からの陸上輸送より

第1章　近代日本と神戸の歴史的地政的位置－「中心」と「周辺」－

運賃が安く、また沿岸の港湾施設も整備されたため、この航路による物資の輸送が増加し、兵庫津に入港する船も増加しま⁽¹²⁾す。

　このように兵庫津は、近世には日明貿易で天下の台所大坂（「中心」）の外港として人口約2万人の港町として賑わいますが、経済の中心である大坂の株仲間に支配され「中心」都市になることはありませんでした。司馬遼太郎によれば、もともと兵庫津は、尼崎藩の藩領でした。尼崎藩は、その財政上の上から、兵庫港の発展はじかに藩を利するものであったために、商人を大切にし、かれらの商業活動を拘束するようなことはしませんでした。しかし、江戸後期に幕府の直轄領になると、大坂奉行所の背後にいる大坂の株仲間に支配されるようになります。そのため兵庫津の廻船問屋の株はすくなく、十数軒しか許可されなかったのです。⁽¹³⁾

　幕末の1866年頃、神戸市の人口は表1（36㌻）のように約3万人ほどでした。当時は、現在の兵庫区の南部の「兵庫の津」の人口が約2万人、「兵庫の津」の東で神戸港の北に位置する8か村（神戸村、二つ茶屋村、走水村、宇治野村、花隈村、中宮村、生田宮村、北野村）が約6千余人ほどでした。⁽¹⁴⁾神戸開港後の1876年には80,446人となりますが、表2（37㌻）のように主要都市のなかで第8位のランクでした。それが、日清戦争（1894年）、日露戦争（1904年）、第一次世界大戦（1914－17年）を経た1920年には608,644人にまで増加し第3位にまで伸し上がります。満州事変（1931年）、日中戦争（1937年）を経た1940年には967,234人となり、幕末期の32倍にまで増加します。

　急速な人口増加は次のような背景がありました。第1に、周

33

辺町村合併による市域拡張があります。図1（37ジー）のように、1889年に市制が実施され1896年には湊村・池田村・林田村を合併します。その後、第一次世界大戦時の1915年に神戸市市区改正調査委員会が設置され、市域拡張と道路拡張、神戸港の築港、鉄道など都市のインフラ計画が提案されます。これを受け1920年に須磨町の合併（現在の須磨区）、1929年六甲村・西郷村・西郷町の合併（現在の灘区）、1941年に垂水町の合併（現在の垂水区）、1945年には玉津村、伊川谷村など現在の西区と山田村、有馬町など現在の北区の合併がすすめられました。もともと神戸市は旧摂津国に属していましたが、垂水区や西区は旧播磨国に属していました。

　第2に、神戸が、近代以降、神戸港を基盤として海運、造船、機械、化学、鉄鋼、総合商社などの産業が生成し成長したことです。これらの産業を背景として国際貿易港として発展します。神戸が開港した1868年の輸出入額の全国比は4％でしたが、西南戦争の起きた1877年には18％に、日清戦争後の1897年には42％にまで増加します。第一次大戦時の1917年には横浜港を凌ぎ第1位になります。つまり、神戸市は戦争ごとに軍需産業が成長し雇用や人口も増加していくのです。

　1945年には神戸大空襲などで378,592人にまで減少します。しかし戦後は、戦災復興と朝鮮戦争などを経て1965年に1,216,666人に達します。この間、1947年山田村など9町村合併（現在の北区）、1950年住吉村・御影町・魚崎町・本山村・本庄村合併（現在の灘区）、1951年大沢村・道場村・八多村合併（現在の北区）、1955年長尾村合併（現在の北区）、1958年淡河村の合併（現在の北区）がすすめられます。

第1章　近代日本と神戸の歴史的地政的位置−「中心」と「周辺」−

　さらに高度経済成長やベトナム戦争を経て1985年には1,410,834人、1994年は1,518,982人（推計）まで増加します。しかし、1995年は阪神・淡路大震災の影響もあり1,423,792人まで落ち込みますが、2011年10月には過去最多の154万4,970人にまで増加します。

　しかし、その後は7年連続して減少しています。ここで人口を問題とするのは、地域・都市の人口は、その地域・都市の人口を養う経済力、社会力、行財政力の重要な指標であるからです。『神戸新聞』（2019年7月11日）によれば、総務省が10日発表した住民基本台帳に基づく人口動態調査では、神戸市に住む日本人は前年と比べて6,235人減り、人口減少数が全国の市区町村で最大となりました。2019年1月1日時点の人口は148万9,820人。出生数と死亡数の差「自然増減」で5,037人減、転出入の差「社会増減」は1,198人減となりました。国立社会保障・人口問題研究所「日本の地域別将来推計人口（平成30（2018）年推計）によれば、20ある政令指定都市の人口は2015年の27,497,224人から2045年には25,320,449人と92.1%（−7.9%）と予測され、全国平均と比べ緩やかな減少です。しかし神戸市の人口は、2015年の1,537,272人から2045年には1,295,786人と84.3%（− 15.7%）と全国水準並みに減少します。

35

第1部（過去）

表1　神戸市の人口動態

年次	人口
1866（慶応 2）年	約 3 万人
1868（明治元）年　神戸開港	
1876（明治 9）年	80,446
1894（明治 27）年　日清戦争	
1904（明治 37）年　日露戦争	
1914 - 17（大正 3 - 6）年　第一次世界大戦	
1920（大正 9）年	608,644
1931（昭和 6）年　満州事変	
1937（昭和 12）年　日中戦争	
1940（昭和 15）年	967,234
1941（昭和 16）年　太平洋戦争	
1945（昭和 20）年　神戸大空襲	378,592
1950 - 53（昭和 25-28）年　朝鮮戦争	
1965（昭和 40）年	1,216,666
1964 - 75（昭和 39 - 50）年　ベトナム戦争	
1985（昭和 60）年	1,410,834
1991（平成 3）年　バブル崩壊	
1995（平成 7）年　阪神・淡路大震災	
2005（平成 17）年	1,525,393
2008（平成 20）年　リーマンショック	
2015（平成 27）年	1,537,272
2025（平成 37）年	1,498,059
2035（平成 47）年	1,410,388
2045（平成 57）年	1,295,786

資料　村田誠治編輯『開港三十年史』1898 年。神戸市神戸財産区『神戸区有財産沿革史』1867 年。東洋経済新報社編『明治大正国勢総覧』1927 年。総務省統計局『国勢調査』。国立社会保障・人口問題研究所「日本の地域別将来推計人口（平成 30（2018）年推計）」

第1章　近代日本と神戸の歴史的地政的位置-「中心」と「周辺」-

表2　主要都市人口の変遷
単位．千人（千人以下四捨五入）

	1876年		1893年		1908年		1920年	
1	東京	1,122	東京	1,214	東京	2,186	東京	2,173
2	大阪	362	大阪	482	大阪	1,227	大阪	1,253
3	京都	246	京都	317	京都	442	神戸	609
4	名古屋	131	名古屋	195	横浜	394	京都	591
5	金沢	98	神戸	153	名古屋	378	名古屋	430
6	横浜	90	横浜	152	神戸	378	横浜	423
7	広島	82	金沢	92	長崎	176	長崎	177
8	神戸	80	広島	91	広島	143	広島	161
9	仙台	62	仙台	74	金沢	111	函館	145
10	徳島	57	長崎	65	呉	107	呉	130

資料　『明治大正国勢総覧』　出所．古厩 忠夫『裏日本』岩波新書、1997年、43ページ

図1

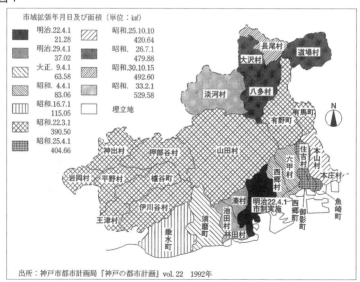

出所：神戸市都市計画局『神戸の都市計画』vol. 22　1992年

第1部（過去）

おわりに

　神戸は、古代や中世、近世の時代、自然の良港という地形を生かした港湾都市として発展しますが、京都や大坂のような「中心」都市になることはありませんでした。しかし、神戸は、1868年の開港で明治新政府直轄の重要港と位置づけられ、港湾を基盤に重化学工業（軍需産業）が成長し、「中心」都市へ駆け上っていくのです。

注───────────────────────────────

(1) 梅棹忠夫『文明の生態史観』中央公論社、1967年、30-32ページ。
(2) J.Needham,Clerks and Craftsmen in China and West,Cambridge University Press,Ccambridge,1970（山田慶児訳『東と西の学者と工匠』上・下、河出書房新社、1974年）。内田星美「技術移転」『日本経済史4　産業化の時代　上』岩波書店、1990年、257ページ。
(3) C.Cipolla,Guns"Technological innovation and the Early Phase European Expansion1400-1700" 1965年。内田星美「技術移転」『日本経済史4　産業化の時代　上』岩波書店、1990年、257ページ。
(4) 内田星美「技術移転」『日本経済史4　産業化の時代　上』岩波書店、1990年、258ページ。
(5) ヨハン・ガルトゥング『構造的暴力と平和』高柳先男・塩屋保・酒井由美子訳、中央大学出版部、1991年、67-75ページ。
　　　イマニュエル・ウォーラーステインも、下記のように「近代世界システム」を中核と周辺という概念で把握しています。「『近代世界システム』である資本主義的世界＝経済の基本的特質は、たえざる資本蓄積を原動力にまた目的としていることです。資本主義的世界＝経済においては、独占の有無が、中軸的な中核と周辺の分業を決定します。なぜなら、生産者が生産活動から最大限の収益を得るためには、独占に近い状況が必要だからです。『近代世界システム』論では、国家は独占が成立するための必要条件であり、国家は独占を創り出し保障する制度です。さらに中核－周辺という関係性は、国家間にも国家内部にも存在します」（イマニュエル・ウォーラース

テイン「資本主義、構造的危機、現代社会運動」岩波書店『思想』
2018 年 2 月号）。

（6）井上勝生『幕末・維新』岩波書店、2006 年、117 – 118 ページ。

（7）森嶋通夫『なぜ日本は「成功」したか－先進技術と日本的心情』
TBS ブリタニカ、1984 年、233 ページ。

（8）内田樹『日本辺境論』新潮社、2009 年、169 – 170 ページ。

（9）東田雅博『大英帝国のアジア・イメージ』ミネルヴァ書房、1996 年、
197 – 213 ページ

（10）内田樹『日本辺境論』新潮社、2009 年、30 ページ。

（11）落合重信『神戸の歴史』後藤書店、1975 年、38 – 40 ページ。

（12）落合重信『神戸の歴史』後藤書店、1975 年、106 – 107 ページ、
117 – 118 ページ。大国正美『古地図で見る神戸　昔の風景と地名
散歩』神戸新聞総合出版センター、2013 年、18 ページ。

（13）司馬遼太郎『街道をゆく　21 巻』朝日新聞社、1983 年、220 – 221 ページ
ジ。

（14）落合重信『神戸の歴史』後藤書店、1975 年、2 ページ。神戸市神
戸財産区『神戸区有財産沿革史』1941 年、55 – 56 ページ。

第2章　近代的「植民都市」神戸
－大兵庫県の誕生と神戸居留地－

はじめに

　本章は、次の問題を検証することを目的としています。第1
に、明治新政府は、欧米先進諸国並みの近代国家を目指し、開
港都市神戸を国際貿易港と近代都市に育てようとしたこと。第
2に、欧米先進諸国との不平等条約と剥奪された関税自主権の
もと、国際貿易の舞台となる神戸の居留地貿易では、日本商人
は不利な取引を強要され、神戸はある意味で欧米先進諸国の「植
民都市」であったことです。

第1節　大兵庫県の誕生

　明治新政府は、西欧先進諸国にできるだけ早く追いつくべく、
富国強兵を国是として強力な中央集権国家の成立を目指しまし
た。そのために、地域住民の暮らしと生業、食文化、同郷心な
どの単位であった276の藩を潰し、明治4年（1871年）に廃藩
置県を強行し全国を3府302県に分けます。兵庫県は、明治9
年（1876年）に、表1（次頁）のように飾磨県（姫路藩、明石藩など）、
豊岡県（豊岡藩、出石藩など）、兵庫県（尼崎藩、三田藩など）、名東
県（徳島藩）が置かれ、これらの藩を統合して成立します。その後、
合併、統合が繰り返され、明治21年（1888年）に至り現在の
47都道府県にまとめられました。

　日本は、律令制以来、江戸時代まで66の国に分かれていま

第2章　近代的「植民都市」神戸－大兵庫県の誕生と神戸居留地－

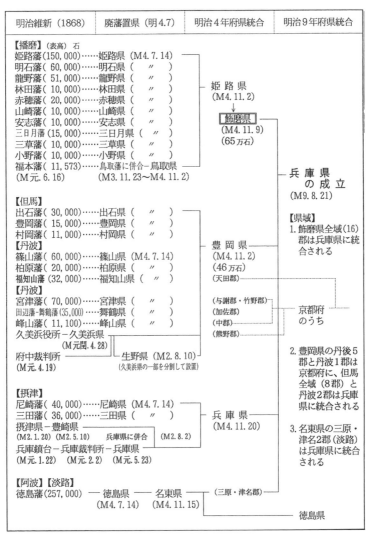

表1「兵庫県沿革表」
姫路市市史編集室編『飾磨県布達1』(1996年) 281ページ転載。

した。普通は一つ半くらいの国がまとまって一つの県になるはずでしたが、兵庫県は摂津国、淡路国、播磨国、丹波国の一部、そして日本海に面した但馬国の五つが合同しています。それに、今は岡山になっている備前国と美作国の一部が入っていて、合計すると7つの国が合体したのです。

　このような大兵庫県誕生の背景には、神戸開港という事情がありました。それは、明治新政府の重鎮である内務卿大久保利通の次のような発言からもうかがえます。大久保は、「兵庫県は開港場を持っているので県力が貧弱であってはならないからこの点も考慮せよ」と述べ、出石出身の桜井勉（内務省地租改正局出仕）が『それでは但馬と丹波二郡を兵庫県に合併したら地勢的にも便宜である』（『児山桜井勉米寿賀集』）と答え、これが契機となって大兵庫県構想ができた」のです。当時の兵庫県の人口は135万人で、人口規模で東京府や大阪府をしのぐ巨大県として誕生したのです。

　藻谷浩介によれば、明治政府の狙いは、七つの国を兵庫県に統合して、その要として神戸港を築くことでした。統合された旧国のうち、但馬には良質の生糸や絹が、丹波には京都の西陣から伝わった織物の伝統がありました。絹製品は当時、諸外国が最も日本から手に入れたかった製品です。摂津にある神戸を港とし、但馬・丹波から神戸まで鉄道を敷く。神戸から生糸や絹製品、銅、銀を世界に向けて輸出し、神戸を国際貿易港として育て上げようとしたのです。

　新しい貿易港を建設するための莫大な資金を提供したのが、江戸時代以来豊かな財力を誇ってきた播磨でした。明治13年（1880年）の播磨が納めた国税の納税額は、全国でもベスト3

第2章　近代的「植民都市」神戸－大兵庫県の誕生と神戸居留地－

に入る金額でした。地方税でみると、播磨の納税額は約26万円で、摂津10万円、但馬5万円、丹波4万円で、播磨以外の4国の納税額を合わせても約23万円にしかなりません。播磨の財力の源は、播州平野が産する豊富な米、江戸時代から営々と育て上げてきた塩、綿、醤油、そうめん、酒など米以外の特産物でした。明治新政府は、ここからの資本力と但馬、丹波の生糸、絹製品の生産力によって神戸港を基盤とした神戸の近代化を達成しようとしたのです。⁽²⁾

　さらに注目すべきは、明治新政府は、1868年に兵庫県の中央部にある生野鉱山（金・銀・銅・亜鉛など産出）や明延鉱山（錫・タングステン・銅など産出）を直営とし、フランス人技師などお雇い外国人を招き火薬、ダイナマイト、トロッコなどの工法を開発します（『神戸新聞』2017年3月27日）。その後、これを1896年に三菱合資会社に払い下げます。とくに明延鉱山は、明治時代末に錫石鉱が発見され、日本一の錫鉱山としても栄えていきます。生野銀山、岩見銀山などで産出された銀による、明治19年からの銀本位制採用は、幕末以来の混乱したわが国経済界にようやく安定をもたらします。そして全国的に殖産興業化が促進されて、各地に近代的な工場の誕生を招来することになりました。

　また国内資源に恵まれない日本は、海外から多くの軍需資材（石油、銅など）を輸入するために、その支払い決算として金が不可欠でした。1931年の満州事変以降、空前の産金ブームが始まります。ところが太平洋戦争（1941年）を前後して、米国やカナダをはじめ海外からの戦争資材の輸入は途絶し自給せざるをえなくなり、1930年代からの「産金」政策は、軍事材の

銅を産出する「産銅」政策に転換されていきます。兵庫県下の銅などの鉱山は、日本資本主義の生産力拡大と戦争のための軍事物資として活用されていくのです。「これら鉱山の運営は、朝鮮人を労働力として活用し、1939年571名、1940年には1,122名にも達しました。1942年全国の金属鉱山の坑夫のうち、危険の多い坑内夫の割合は45%でした。ところが、兵庫県下では危険性の多い坑内夫の82%が朝鮮人でした（1,116名中坑内夫920名）。アジア・太平洋戦争の時期には多くの朝鮮人が連行され過重労働が強いられていたのです」[3]。

　つまり神戸の近代化、資本主義化は、播磨や但馬、丹波地域の資本力と生産力、そして朝鮮人などの労働力を基盤として発展したのです。このことは、逆に、これら地域の経済が、神戸の資本主義化に依存する特化した産業構造を形成することになり、内発的自立的発展を阻害するかたちで進みます。もともと日本の農業は、「明治前期までは、米作を中心としながらも、近世以来の綿花・菜種・藍などの『特用農産物』を含んだ多様性をもっていました。しかし、外国貿易・工業化の展開にともない、明治後期には、養蚕地域を除いて、米・麦が主体の単一作的な農業へシフトしていきます。姫路市域を含む播州の農業もそのような傾向を示し、大正期により顕著になり継続していきます。播州地域の大正2年の田地率は、印南郡86.5%、飾磨郡86.1%、神崎郡92.8%、揖保郡86.8%で、農産物価格構成でも約7割を米、2割強を麦で占めていた」[4]のです。明治新政府にとって、米は、明治初期から大正時代にかけて、神戸港の輸出品のベスト5のなかに入っていたように外貨獲得の有力商品でした。

第2章　近代的「植民都市」神戸－大兵庫県の誕生と神戸居留地－

　また『豊岡市　下巻』(1987年)によれば、「明治4年(1871年)に成立した豊岡県管下の但馬・丹波(三郡)及び丹後の三国は古来から養蚕国であったといわれています。中でも但馬国、その中でも養父・気多郡が最も盛んな養蚕地帯でした。1858年、鎖国が解かれて外国貿易が始まると輸出の王座を占めたものは生糸であり、政府は積極的に生糸の輸出振興を計った」のです。

　とりわけ「大正3年、第一次世界大戦の勃発にともなうアメリカ経済の発展と製糸業の隆盛は、それまで不振にあえいでいたわが国の養蚕農家及び蚕糸業者に繁栄をもたらす契機となった。ウナギのぼりに上昇した繭価は大正8年で一貫目(約3.8キログラム)に達し、大正3年の5円とくらべて2.3倍の高値となっていた。たが昭和4年の全世界的金融恐慌とその後の大不況で、最も手ひどい値下がりを受けたのが繭と生糸であった。昭和12年の日中戦争とともに生糸の輸出が激減し、昭和16年の太平洋戦争以後、軍需品を中心とする国内需要に依存するしかなかった」。このように但馬、丹波の蚕地帯は、国際情勢に翻弄され軍需産業に組み込まれていくのです。

　さらに鉄道が、兵庫県の各地域の自立的発展を阻害するかたちで敷設されていきます。明治政府は、当初から鉄道の官設官営を基本方針とし軍事的要請もあって、東京－大阪－下関間を計画していました。山陽鉄道も、神戸を起点に下関までの敷設を計画していました。明治22年に神戸－姫路間が開通し両地域の関係は緊密化していきます。ここには「新興の港湾都市であった神戸を中心とする兵庫県を単位とした広域主義構想があり、播磨を神戸につなぎ止めておくことで、『神戸の繁栄が保証』されるとの展望が含意されていた」のです。明治39年に

姫路－和田山間、明治41年に和田山－八鹿間、明治42年に
八鹿－豊岡間が開通します。山陽鉄道や姫路市（播磨）と豊岡
市（但馬）を結ぶ播但鉄道など「兵庫県下に張りめぐらされる
鉄道網は、神戸を中心とした兵庫県の一体性を形成するもの」
でした。それゆえ、「兵庫県に吸収された飾磨県の再置を希求
する姫路を中心とする『播磨』の地域主義（自立的発展－筆者挿入）
と相いれない側面を有していた[6]」のです。

第2節　近代的「植民都市」神戸

　18世紀後半から英国を初めとして起った産業革命は、資本
主義を飛躍的に発展させ、欧米諸国は資源の獲得と製品の販路
開拓に最大の努力を傾けるようになりました。当時の事情につ
いては、初代駐日英国公使オールコックが、その滞在記で「わ
れらは、われらのたえず増大する欲望と生産力とに応ずるため、
新しいたえず拡大する市場を求める。「これらの市場は主とし
て極東に横たわっているようにみえる。そして、われらは必然
的でないにせよ、おのずとそこへ赴く」と述べたとおり、その
ほこ先は東洋に向けられていました。[7]
　当時、中国清朝は、1840－1842年のアヘン戦争でイギリス
に敗れ、西欧先進諸国による侵略が日本にも迫っていました。
1853年、アメリカ合衆国東インド艦隊司令長官 M. C. ペリー
提督は、フィルモア大統領から対日交渉の全権を与えられ、最
新鋭の2隻の蒸気船サスケハナ号とミシシッピー号、2隻の帆
船を率いて浦賀沖に来航する。ペリーによる日本遠征は、経済
権益確保のための大事業でした。

第2章　近代的「植民都市」神戸－大兵庫県の誕生と神戸居留地－

　孫崎享は、『霞関会会報』を参照しつつ次のようにペリー来航の本質を述べています。創刊直後のNYタイムズは「日本には、鎖国の壁のなかに宝物を隠す権利はない。アメリカのような国が世界の夜明けを日本に理解させることはむしろ義務である」と論じた。つまりペリー来航は、米国人の西部開拓の延長線上にあると考えられる。移住者たちが開拓した大地は、暴力と脅迫、騙しなどによる「掃討と植民」政策のもとで、アメリカ先住民（インディアン）から収奪したものでした。先住民は、広大な土地をゆずる条約を次々と結ばれ、文明開化路線（農民化し、洋服を着用し、宣教師を受け入れ、新聞を発行する）に転じました。だがその多くは、はるか遠くの西部へ強制移住させられたのです(8)。

　三谷博は、『ペリー日記』、『維新史料』などの文献を駆使し、ペリーが幕府との交渉で武力と脅迫を背景としたことについて次のように述べています。「日本は他国の難船を救わず、漂着した民を拘禁するのみならず、自国の漂流民も受けとらずに見捨てている。『不仁の至り』であり、日本沿岸を航行する米国船の増加が予想される現在、捨て置きがたい。今後もあらためぬつもりなら日本は『寇讐之国』というべく、『寇讐』ならば戦争を以てしても雌雄を決する覚悟であり、準備は十分できている。…日本が要求を入れぬ場合、20日以内に日本近海とカリフォルニアと合わせて100隻の軍艦を集結して戦争に及ぶだろうと豪語していた」。ペリーの「日本遠征記」によれば、「まったく確かなことがひとつある。それは、最大口径の大砲数門を載せた蒸気艦船二、三隻で江戸の町は破壊しつくすことができる、ということである」(9)。

第1部（過去）

　それゆえ江戸幕府は、開国やむなしと判断し、1854年に米国との間で「日米和親条約」を締結し、米国船の燃料や食料の補給などのために下田と函館の二港を開港することを決めた。この条約によって鎖国体制は終焉を迎えます。続いてイギリス、ロシア、オランダとも同様の条約が結ばれた。その後、1858年に「日米修好通商条約」を調印し、つづいてオランダ、ロシア、イギリス、フランス、ポルトガル、プロシアとの間に同様の条約を調印した。この条約と同時に締結された7則の付属貿易章程では、日米両国の自由貿易を原則としつつ、実質的には関税自主権を放棄した内容となっていました。さらに同条約は、領事裁判権の設定＝治外法権、最恵国待遇の無条件供与、外国人居留地（外国人の居留権）の設置など、その後の約40年間日本の独立国としての体面を損じ、日本を半植民地的状態に置いたものでした。この条約の規定により、わが国は神奈川（横浜）、長崎、箱館（函館）、新潟、兵庫（神戸）の5港と、江戸（東京）、大坂（大阪）の2市を開き、それらの地に外国人居留地を設定することになりました。

　兵庫（神戸）は、天皇のご在所である京都に近いため、開港は5カ年間延長することとなります。ですが、1865年英仏蘭米4国連合艦隊が、突如兵庫に入港し、兵庫の即時開港、条約の勅許を迫ります。実際の開港地は、兵庫港（旧兵庫津）ではなく、その東側に隣接する神戸港でした。その理由は、第1に、当時この付近の大部分が畑地であったため、そこに外国人居留地を設置しやすかったこと、第2に、旧幕府の海軍操練所跡やその付属施設である船入場があったこと、第3に、貿易開始直後、兵庫津の商人たちが外国貿易に消極的であったこと、第

48

第2章　近代的「植民都市」神戸－大兵庫県の誕生と神戸居留地－

4に、外国人居留地に隣接する神戸・二茶屋・走水などの各村には、神戸−大坂間で茶などの商品を廻漕するために用いられていた猪牙船や、貿易品の売り込み・買い受け商人がすでに存在していたことです。つまり、外国貿易をうけいれる条件がある程度そなわっていたのです。ちなみに神戸村には102艘の諸船があり、その約65%が猪牙船だったのです。幕府は、開港の勅許のもと居留地を買収し、埋立てや税関、倉庫の工事をします。[10]

　神戸開港は、1868年1月1日、英米軍艦18隻の参列のもと、英国船ロドニー号の祝砲によって幕を開けました。当時の国際状況は、「弱肉強食」の植民地争奪戦の帝国主義の時代でした。ノーベル文学賞受賞作家のアナトオル・フランスは次のように述べています。「植民地争奪戦争の根本原則は、ヨーロッパ人が相手の国民よりも優秀だということにきまっていたものです。植民政策というのは野蛮の最近の形態だといっても良ければ、文明の条件だといっても良いのです。現在は、強い国民が弱い国民を打ち破ることが、我々の風習であり、道徳であると認められている。それどころか、これが国際法の原則であるし、また植民政策の基礎にもなっているのです」。[11]

　ロドニー号は、ただの乗船ではなく軍艦であり、祝砲は軍事的な威嚇、圧力によって開国させたのでした。つまり神戸開港と祝砲は、「不平等条約」の下で行われ、皮肉にも英、米、仏、露、オランダなど列強（西欧先進諸国）の「植民都市」神戸を象徴する出来事だったのです。つまり神戸開港は、帝国主義、植民地主義という歴史的文脈のなかで起きたのでした。

　山路勝彦によれば、近代社会が生み出した国際秩序のなかで、

49

第1部（過去）

　植民地支配は人々の生活のあらゆる分野で深甚な影響を及ぼしました。それが、政治・法制的な側面ばかりでなく、宗教、文学、芸術などの諸側面にわたって及ぼした影響は計り知れないのです。植民地主義の実像を明らかにしないで、近代的世界を理解することはまったく不可能なのです。明治維新を契機として近代化を達成した日本は、台湾を領有し、朝鮮を合併し、南洋諸島を信託統治下に置き、満州帝国を創出した歴史を持っている。それは、一方では西欧列強のアジア浸出に危機的に対抗しながら、周辺地域を植民地化に置くという二重構造の歴史であったのです。[12]

　「植民都市」という言葉は、イギリスの都市学者ロバート・ホームの「全ての都市はある意味で植民都市である」との定義によっています。彼は、植民都市（colonial town）をつぎのように説明しました。「植民都市は植民地主義・帝国主義に起源をもつ。歴史家フェルナン・ブローデルによれば、『世界経済の中心には、常に、強大で、攻撃的かつ特権的な、力動的で恐れられると同時に崇められる、例外的な国家が存在する』。『15世紀のヴェニス、17世紀のオランダ、18世紀から19世紀における英国がそうだ。今日、それはアメリカである。…暴力を振るうことをためらわなかったのがこうした大国である。だから我々はためらうことなく、またアナクロニズムを怖れず、植民地主義そして帝国主義という用語を用いるのである』」。[13]

　本書で、神戸を「植民都市」と定義するのは、下記のように「居留地」が「植民地」の範疇に入るからです。石塚裕道によれば、「植民地」は、ある集団の移住地という意味がある点では「居留地」と変わりません。「居留地」は、ある国家（とくに「帝国

50

第2章　近代的「植民都市」神戸－大兵庫県の誕生と神戸居留地－

主義」国家など）の支配権力と被支配の国家・地域・民族との緊
張関係つまり力関係により、従属地・占領地・保護領・委任統
治領などの例のように「植民地」という゛大枠゛のなかに位置づ
けられるのです。しかし、日本の場合、「主権」までも否定さ
れることはありませんでした。[14]

　居留地は、中国では租界といわれ、アヘン戦争後のイギリス
の植民地を意味しました。居留地は、中国に存在していた租界
にもっともよく類似していました。なぜなら土地所有権より強
い永代借地権と領事裁判権という二大特権のもとに、一般的な
行政は外国人の自治に任せられていたからです。永代借地権は、
日本に居留する外国人に土地の無期限貸借を認めた特権で、居
住地に家屋を建てることや売買を許していました。さらに、免
税で地代も安く事実上土地所有権より強い権利でした。[15]

　居留地では、行政機関に相当する居留地会議が組織され、そ
の執行部として行事局を設置し、警察権を掌握し消防隊が編成
されていました。ですから神戸の外国人居留地は、居留地とい
うよりも租界に近く、神戸は「植民都市」であったのです。

　このような神戸居留地はどのようにして形成されたのでしょ
うか。山下尚志によれば、1861年、英国の駐日初代公使オー
ルコックが、開港地と居留地を設置するために兵庫を視察しま
す。オールコックは、上海駐在英領事として上海租界の制度確
立に敏腕を振るった人です。しかし、兵庫に居留地を設置する
ことは、保守排外的色彩の濃い兵庫の人々と新たな国際紛争の
起こることが恐れられました。結局、図1のように神戸の居
留地は、畑や砂浜の未開の地であるが、船入場が設けられてい
た神戸村の東部に設定されることになりました。[16]

第1部（過去）

　カール・マルクスは、ウェークフィールド『イギリスとアメリカ』の研究を引用して「土地が、植民の要素となるためには、未耕地でなければならないだけでなく、私有地に転化させることのできる公有地でなければならない」[17] と述べましたが、神戸の居留地もある意味で「植民の地」だったのです。それは、神戸開港の 1868 年に起きた「神戸事件」からも察することができます。

　いわゆる「神戸事件」とは、備前藩士が居留地の北側の西国街道で、米国人船員 1 人を負傷させるという事件です。外交代表団は、外国人襲撃に対する非難声明と賠償金を日本政府に要求するとともに、兵庫港内に停泊中の日本の諸藩の蒸気船すべてを、外国軍によって抑留しました。外国側の強硬な態度に、新政府は事態の重大さを認識し、「幕府が外国と結んだ条約や協定は新政府も遵守実行し、外国人はいかなる暴力からも保護され、同時に平和を乱す者は厳しく罰せられるであろう」という内容の天皇親政の国書を外国公使に手渡し、新政府樹立の宣言をおこなうことになりました。神戸が新政府の外交舞台となったのです。しかしこの外交は、発生した被害の賠償だけでなく、部下に発砲を命じた備前藩士の切腹という事実上の処刑という顛末でした。ここに、日本側の外国側に対する屈辱的姿勢、植民地的従属的立場がうかがえます。[18]

　『神戸開港 30 年史（上）』によれば、幕府は、居留地の土地を公有化すべく、田畑、宅地などの買上げと家屋・倉庫などの移転代金として、合計 1 万 7 千 8 百 90 両（現在価値で約 8 億 9 千 4 百 50 万円、当時の 1 両を現在の 5 万円と換算して計算）を出費します。居留地総面積は 25 町 8 反（約 255,420㎡）ですが、幕府は、

52

第 2 章　近代的「植民都市」神戸－大兵庫県の誕生と神戸居留地－

　新土の運搬や土地のかさ上げ、溝渠などの築造など居留地の整備に、合計 22 万 1 千 7 百 80 両（現在価値で 110 億 8 千 9 百万円）をかけます。さらに生田川修築などの費用が合計 1,272 両（現在価値で 6,360 万円）でした。

　以上のように、幕府の負担した居留地の造成費は、少なく見積もっても現在価値で約 111 億 5 千 9 百 80 万円、農民などからの買上が約 8 億 9 千 4 百 50 万円にも上りました。さらに外国人の借地権の競買価額が約 24 億 3 千 2 百 92 万円で、外国人の自治機関である居留地会議がこの財源で居留地の道路や溝渠、街灯などを整備しました。

　神戸外国人居留地は、神戸開港とともに設けられ、外国人のための住居や通商の場となります。土地の競売は、1868 年、69 年、70 年、73 年の計 4 回で 126 区画の地所すべてが売却されました。「居留地の総面積 25 町 8 反（255,420㎡）、その内宅地 13 町 3 反（131,670㎡）、道路溝渠地 12 町 5 反（123,750㎡）である。明治 6 年までに居留地 126 区画全体の 4 万 178 坪（132,587㎡）が、12 万 1646 円（現在価値で 24 億 3 千 2 百 92 万円）で借地権として競買されている」[19]。

　神戸の居留地を設計したのが、イギリス人土木技師のウイリアム・ハートで、図 1（次頁）のように街路、街路樹、公園、街灯、下水道などを計画的に整備しました。神戸開港は、横浜や長崎より約 9 年遅れてのものであったため、神戸外国人居留地では両居留地における造成・設計の経験を活かした合理的な都市計画を立てることができたのです。当時の英字新聞「The Fast East」は、「東洋における居留地として最も良く設計された美しい街である」と高く評価します。ハートは、居留地の基本設

53

図1

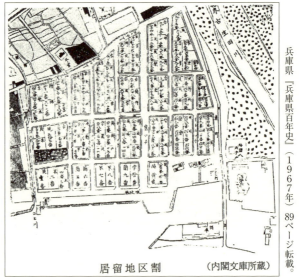

居留地区割　　　（内閣文庫所蔵）

兵庫県『兵庫県百年史』（1967年）89ページ転載。

計の他、街路工事、下水工事、防潮堤、生田川の付替、埋め立て、ガス工場の設計などを手掛けました。

　ハートは、神戸に来る前に上海でドックの建設に携わっています。上海は、イギリスの植民地都市の代表格であり、「近代」すなわち「文明開化」の一つのモデルでした。神戸も、上海と同様に、日本の植民都市の代表格であり、日本における「近代」「文明開化」の一つのモデルであり、西欧文明の日本への上陸地点であり、文明開化の発信地でした。神戸の居留地は、神戸開港とともにつくられ、この居留地の周辺に新たな市街地が形成され、近代都市神戸の中核部分がつくられていきます。

　小代薫の研究によれば、神戸開港場の自治行政を担った居留地会議は、1868年の条約『大阪兵庫外国人居留地約定書』により定められていました。これは居留地の整備、管理運営を行

うことを目的に整備され、各国領事、兵庫県令、居留外国人の内から互選で選ばれた3名以内の民間委員からなる組織でした。領事と民間委員がひとつのテーブルに着くという点において、当時、世界に例がないといわれていました。民間委員の選挙、被選挙についても、借地保有の有無等の条件が撤廃され、居留する外国人全員に無条件に与えられています。居留外国人代表を選ぶ選挙投票率は90%以上でした。居留地の整備資金は、第1回から第4回競売による居留地区画の販売代金と、毎年の借地料から規定の割合で集められ、同会議が管理することになっていたのです[20]。

　「居留地会議は、自由に運用できる相当の資金を持ち、その運営ぶりは、他の居留地における自治運営のお手本となるような見事なものであった。…税金納入規約を除いては、居留地管理運営のためのなんらの規則とか規定というものがなかったにもかかわらず、汚職や運営の不手ぎわなどいかなる面倒も起らず、居留地会議の仕事が、広く美しい並木通り、ガス灯、煉瓦造りの歩道、遊園地、下水溝、消防や警察を維持し、年間1万7,000円の予算でまかなわれ、この金額は30年間変わらなかった[21]」。

　以上のように神戸の居留地は、中国に存在していた租界にもっともよく類似していました。なぜなら土地所有権より強い永代借地権と領事裁判権という二大特権のもとに、一般的な行政は外国人の自治に任せられていたからです。「広辞苑」も、居留地とは、条約または慣例により、一国がその領土の貿易都市の一部を限って外国人の居住・営業を許可する地域であり、租界とは、外国人がその居留地区の警察・行政を管理する組織

及びその地域であると説明しています。

　一方、居留地は、いわゆるモダン都市・神戸の発祥の地でもありました。ロバート・ホームによれば、植民地のイデオロギーは、第1に、植民地総督、支配階級のエリートたちは、しばしばバロック風並木道、遊歩道、公共建築物といった公共デザイン言語を導入して、港や町の物理的形態を通じてその政治権力を誇示しようとした。第2に、ユートピア思想というべきものであり、本国ではさまざまな規制や障害のために達成できない新しい社会組織形態の実験場として植民地を見ていた。[22]まさに植民地イデオロギーの実験場が神戸居留地だったのです。

第3節　居留地貿易

　居留地貿易とは、1858年に江戸幕府が結んだ安政5カ国条約にもとづき、居留地内で行われた日本商人と外国商人との貿易です。『神戸税関百年史』によれば、幕府は1866年に、イギリス、アメリカ、フランス、オランダ4国との間で、12カ条の改税約書、輸出入品の運上目録、3則の規則を調印した。この税率改正によって、1858年の安政通商条約の輸入税率5分乃至3割5分が一律5分に引き下げられたために、輸入の激増を招き、従量税はその後の物価騰貴に伴って非常に不利なものになるなど、この条約締結によるわが国の損害は甚大なるものがあった。

　輸入品では、第1種の木綿織物、毛織物、金属類、薬剤類など89品目は従価5分に相当する従量税、第2種の食料品、石炭、穀類などは無税、第3種の禁制品は阿片、第4種の兵器、靴、

第 2 章　近代的「植民都市」神戸－大兵庫県の誕生と神戸居留地－

刃物、陶器、器械類、諸般の材木などは 5 分の従価税であった。一方、輸出品では第 1 種の海産物、薬剤、紙類、酒類、絹糸など 53 品目は従価 5 分に相当する従量税、第 2 種の無税品は金銀など、第 3 種の禁制品は、米、籾、小麦など、第 4 種の陶器、磁器、木炭、材木などは 5 部の従価税品であった。この片務協定税率は、1899 年の関税定率法の実施まで存在し、わが国の財政はもとより、産業の発展にも著しい障害をもたらした。[23]

　また、不平等条約の下における日本の対外貿易の多くは、居留地商を相手とする居留地貿易であったため、神戸港における貿易は、1890 年頃までは 8 － 9 割が居留地貿易であり、居留地に進出した各国の外国商人によって独占されていました。「1898 年当時の日本の輸出額の 74％、輸入額の 66％は外国商人の取り扱いであった。外国商人は、外国銀行や海運会社などと結んで経済的に優位に立ったばかりでなく、領事裁判権による保護を受けることができたため、日本商人はしばしば不利な取引を強要された」[24]のでした。

　表 1（次頁）のように、1920 年における神戸港の輸入額合計は 1,127,577 円（全国比 48％）で、米国や英国がトップ 3 で 827,791 千円と 73％を占めています。このことは、米国や英国の製品や原材料が日本に売り込まれたことを意味しています。逆に輸出額合計は 518,987 千円（全国比 27％）で、トップ 3 の支那、米国、英国への輸出額は 229,587 千円と 44％を占める。輸出額のトップが支那ですが、米国、英国に対しては大幅な出超状態でした。このことからも、オールコックが言うように、わが国が西欧先進諸国の製品や資源の市場として利用されていたことがうかがえます。

57

第1部（過去）

表1　重要通商国　トップ3カ国輸入価額
（1920年）単位．千円

資料　大澤米造『神戸開港50年祭記念写真帖』日本社、1921年、13ページ　神戸税関『神戸税関百年史』1969年

北米合衆国	455,294
英領印度	248,969
英吉利	123,498
小計	827,791
輸入額合計	1,127,577

表2　重要通商国　トップ3カ国輸出価額（1920年）
単位．千円

資料　大澤米造『神戸開港50年祭記念写真帖』日本社、1921年、13-14ページ
神戸税関『神戸税関百年史』1969年

支那	89,434
北米合衆国	75,232
英領印度	64,921
小計	229,587
輸出額合計	518,987

　『神戸貿易協会史』によれば、関税は、当初輸出品に対して従価5分、輸入品に対して従価最高3割5分まで認められていましたが、開港が遅れたために、1866年の改税約書において、輸出入ともに従価5分に制限を受け、この低い税率は1899年の条約改正による関税自主権の回復まで続き、その後も協定税率が低く、1911年の関税改正によってはじめて名実とも関税自主権を回復することができました。居留地貿易については、在日外国人を特定の地域に居住させ、治外法権を認めたことが、法的に居留地の外国商館の利益を擁護したばかりでなく、事実上、海外事情に明るく貿易業務に通じた外国商人が貿易取り引き上有利な地位に立ちました。そのため貿易の利益は外商に襲断され、自主性をもち得ない点において経済発展を阻害するも

のでした。

　居留地建設についても、1868年に各国公使との間に新しい約定書が成立しますが、一方的に外国の利益を守るものでした。例えば坪当たり原価二両のうち、日本政府の手に入る額は一両二分、残りの二分は積み金として外人側に預けます。落札価格が原価より高値の場合は、その半額だけが日本側の取り分で、残りは積み金に繰り入れられます。地税は一坪につき年額一分とし、総額のうち410両1分だけ日本政府が前金で収納しますが、残余は同じく積み金とします。地税の取立ても積み金の保管も、すべて外人側の手で行なうのです。

　これらの積み金は道路や下水道の普請、修復および常夜灯その他の費用に使われますが、非常天災によっては損が起こった場合は日本政府の負担となります。そのうえ、日本政府は居留地石垣、上陸場の修理を行ない、上陸場のもよりの海岸の浚渫もしなければならない。安政条約によって治外法権が確立していたから、外国の領土が神戸の一角に突きささり、その費用はすべて日本の負担になっていたのです。[25]

おわりに

　明治新政府の狙いは、7つの国を兵庫県に統合して、その要として神戸港を築くことでした。摂津にある神戸を港とし、但馬・丹波から神戸まで鉄道を敷く。神戸から生糸や絹製品、銅、銀を世界に向けて輸出し、神戸を国際貿易港として育て上げようとしたのです。しかし、それは、神戸からみて「周辺」に位置する但馬や丹波、播磨などの資源を収奪し、その地域の内発

第1部（過去）

的発展を妨げるとともに、外貨稼ぎのための鉱山採掘など危険で過酷な仕事に朝鮮人を従事させることでした。この背景には、いうまでもなく朝鮮半島や中国など大陸侵略がありました。

　一方、神戸の居留地貿易が、欧米先進諸国との不平等条約と剥奪された関税自主権のもとで不利な取引を強要されるなど、神戸は「植民都市」の性格を色濃くもつ国際都市でした。このように近代都市神戸は、朝鮮や中国などに侵略し「植民地化」をすすめた加害者性と、欧米先進諸国による「植民都市」としての被害者性という両義性をもつ都市だったのです。

注

(1) 今井修平他6名『兵庫県の歴史』山川出版社、2004年、305ページ。
(2) 藻谷浩介「県境の謎を行く」日本放送出版会『NHK 知る薬　歴史は眠らない』2009年4月。
(3) 洪祥進「序論　兵庫県の鉱山と朝鮮人」金慶海他4名『鉱山と朝鮮人強制連行』明石書店、1987年、3－6ページ。
(4) 姫路市『姫路市史第五巻下近現代2』2002年、171－172ページ。
(5) 豊岡市『豊岡市史下巻』1987年、184ページ、496－499ページ。
(6) 姫路市『姫路市史第五巻上近現代1』2000年、750－751ページ。
(7) 神戸税関『神戸税関百年史』1969年、15ページ。
(8)『霞関会会報』2012年1月号、孫崎享『戦後史の正体』創元社、2012年、362－363ページ。
(9) 三谷博『ペリー来航』吉川弘文館、2003年、174ページ。
(10) 今井修平他著『兵庫県の歴史』山川出版社、2004年、284－286ページ。
(11) アナトル・フランス『白き石の上にて』檜守操一訳、白水社、1950年、164ページ、176－177ページ、初出1905年。
(12) 山路勝彦・田中雅一編著『植民地主義と人類学』関西学院大学出版会、2002年、はしがき、28ページ。
(13) ロバート・ホーム『植えつけられた都市－英国植民都市の形成－』布野修司・安藤正男監訳、京都大学出版会、2001年、4ページ。

第2章　近代的「植民都市」神戸－大兵庫県の誕生と神戸居留地－

（14）石塚裕道『明治維新と横浜居留地』吉川弘文館、2011 年、11 - 12 ペー
ジ。

（15）山下尚志『神戸港と神戸外人居留地』近代文芸社、1998 年、54 ページ。

（16）山下尚志『神戸港と神戸外人居留地』近代文芸社、１９９８年、
４４ページ。

（17）ウェークフィールド『イギリスとアメリカ』第 2 巻、125 ページ（中
野訳、〈3〉、57 ページ）。カール・マルクス『資本論（3）第 1 巻第
3 分冊』岡崎次郎訳、大月書店、1972 年、446 ページ。

（18）ジャパン・クロニクル紙ジュビリーナンバー『神戸外国人居留地』
堀　博・小出石史郎訳、解説土居晴夫、神戸新聞総合出版センター、
1993 年、35 - 42 ページ。

（19）成瀬恭『神戸開港 30 年史（上）』原書房、1974 年、215 ページ、
335 - 349 ページ、初出 1898 年。

（20）小代薫「明治初期の神戸『内外人雑居地』における公共施設の整
備過程」日本建築学会計画系論文集、第 79 巻、第 695 号、271 ペー
ジ、2014 年 1 月。

（21）ジャパン・クロニクル紙ジュビリーナンバー『神戸外国人居留地』
堀　博・小出石史郎訳、解説土居晴夫、神戸新聞総合出版センター、
1993 年、111 ページ、116 - 117 ページ、原本は 1918 年に神戸の
英字新聞『ジャパン・クロニクル』社から発行。

（22）ロバート・ホーム『植えつけられた都市－英国植民都市の形成－』
布野修司・安藤正男監訳、京都大学出版会、2001 年、6 - 8 ページ。

（23）神戸税関『神戸税関百年史』1969 年、19 - 26 ページ。

（24）石井寛治「居留地貿易」平凡社『大百科事典 4』1984 年。

（25）神戸貿易協会編『神戸貿易協会史－神戸貿易 100 年のあゆみ』
1968 年、1 - 2 ページ、20 - 21 ページ。

第3章　市区改正（都市計画）と市民の貧困化

はじめに

　本章は、次のような問題を検証することを目的としています。明治新政府の官僚たちは、首都東京や大阪、神戸などの大都市を近代都市にするために、「道路、橋梁、河川は本なり、家屋下水は末なり」との市区改正を打ち出します。これは、市民の生命と生活を守る家屋や下水、水道などよりも、ビジネス・商業地や道路、港湾を優先した「本末論」というべきものでした。そのため、伝染病やスラム、貧困と格差などの社会問題の根本的解決には至らなかったのです。

第1節　東京市区改正と神戸市区改正

　都市は近代文明を象徴する人工的空間です。ですから明治新政府も、文明先進諸国に追いつくために都市の改造を奨励し西洋近代化を急ぎました。外務大臣井上馨は、不平等条約を解消するには首都東京がロンドン、パリ並にならなければと東京改造に着手します。井上らが作ったのが、鹿鳴館であり、霞ヶ関の官庁街であり、銀座の煉瓦街で、全てロンドン・パリを真似たものでした。明治20年代になると、当時の内務大臣である山県有朋も、この東京を改造して近代的にしない限り、東京を中心とした産業も興らないし、あるいは東京から地方へ延ばす連絡、交通手段も整えられないという理由で、東京改造を時の東京府知事に命じます。

62

第3章　市区改正（都市計画）と市民の貧困化

　1888年（明治21年）に公布された東京市区改正条例は、わが国における都市計画の基本となりました。この条例を作成するにあたり、東京府知事の芳川顕正は、1884年に東京市区改正（東京都市改造）案を内務大臣である山県有朋に提出するにあたり上申書を書いています。その中で、市区改正は「道路、橋梁、河川は本なり、家屋下水は末なり」との、いわゆる「本末論」が主張されていました。都市政策学者の本間義人によれば、この「本末論」は、都市改造を行うに当って第一にしなければならないのは、道路、橋梁、河川を整備することで、その次に位置するのが家屋、下水であるべきという考え方であるといいます。

　さらに本間は、日露戦争の地方財政緊縮の戦時財政下であったにもかかわらず、道路に力が注がれたのは、戦争遂行とそのための物資輸送に道路整備が必要であった、と指摘します。このような考え方は、東京市区改正事業で行った都市計画を全国の都市に及ぼそうと意図して作られた都市計画法（大正9年）に基づく都市改造事業にも引き継がれていきます。つまり明治、大正、昭和の都市政策は、「本末論」にみられるように富国強兵と殖産興業を進めるための手段として位置づけられていたのです。[1]

　たしかに、東京市区改正事業は、1888年から1919年（大正8年）までの31年間にわたり実施され、3,730万円もの市区改正費が投じられ、うち道路費は2,596万円（69.5%）でした。つまり東京市区改正事業は、道路整備中心の土木建設事業そのものだったのです。[2]

　1868年の明治維新前後期から、日本を近代国家にすべく近

代的憲法をつくる動きが各界から出て、1889年（明治22年）に明治憲法公布、1890年（明治23年）に施行されます。この憲法制定に至る過程で、城下町の封建都市東京を、近代国家の首都にふさわしい近代的都市に改造するために、民間や政府官僚などから東京の築港や市区改正事業案が出てくるのです。

田口卯吉や福沢諭吉は、西欧の自由主義的経済思想を輸入・紹介し、封建都市東京を築港や市区改正（都市計画）によって近代的文明都市に改造しようとしました。田口卯吉の築港論、東京論などは、東京府知事の松田道之や芳川顕正らの官僚の東京都市改造に影響を与えました。以上のような東京の市区改正論と市区改正条例（1888年『明治21年』、内務省によって東京市区改正条例公布）は、大阪市や名古屋市、横浜市、神戸市など他の大都市にも大きな影響を与え、日本の都市の近代化過程を検証する上で重要な位置を占めるものです。以下、『東京百年史』（1972年）を参考にしながら、東京改造と築港問題を検証します。

東京府当局の東京改造の構想は、府知事松田道之から、その後、明治15年7月、内務少輔のままで府知事を兼任した芳川顕正にひきつがれます。松田－芳川の路線で東京の市区改正事業がすすめられましたが、それに影響を与えたのが田口卯吉の東京改造構想でした。田口は、「東京論」（『田口卯吉全集』第5巻）において、大英帝国の発展の基礎が貿易にあることから、東京を「東洋中心市場」すなわち「上海香港の諸港に凌駕する」ほどの東アジアにおける一大貿易市場の中心とすることを説きます。

さらに貿易のインフラであるロンドン港などをモデルに、「船渠を作り、水路を浚ひ、水運を便にし、交易を自由に」する港

第 3 章　市区改正（都市計画）と市民の貧困化

湾の造築と整備を説きます。また重商主義論の立場から市街地の区画改正の緊急性を強調するのです。田口は、資本主義世界体制にくみこまれた東京（それは封建都市の基本的骨格を残していた）の体質を商業（貿易）都市に移行させることを目的としていました。さらに「火災予防法」（『田口卯吉全集』第 5 巻）において、「火災を減ずるの方法」として「町区の制」（街路によって一町区を小単位に区分し延焼を防止する制度）を採用し、「西洋家屋の制」にならって「裏長屋等を廃して之を三階四階等に押し上ぐる」方法をとり、「煉瓦作り」の「西洋の家」を建設することを主張しました。このような改造構想は、ビクトリア王朝期のロンドン煉瓦街にそのモデルが求められたのでした。

　福沢諭吉も、田口と同様に「東京を以て日本内外貿易の中心と為し大に此国を富ますの工風を為すべし」と東京＝商業（貿易）都市論を主張します。それに加え、市区改正、築港、煉瓦館の建設、街路の整備、上・下水道の敷設、瓦斯・電気の設備、鉄道・電信施設などの必要性を説き（新版『福沢諭吉』全集）、東京の都市構造の「開花」＝「近代化」を主張するのです。

　一方、東京府は、明治 12 年の東京大火災を受けて第 7 代府知事松田道之の提案があり、その約 5 カ月後に東京市区取調委員局を開設して市区改正と築港事業の検討を始めています。その後第 8 代府知事芳川顕正は、前府知事松田道之の構想の骨子を受け継ぎそれを発展させ、内務卿山縣有朋や大蔵卿松方正義らの強い支持で計画は具体化されていきます。とりわけ内務卿山縣有朋に提出した「市区改正ノ義ニ付上申」（明治 17 年 10 月）は、東京の都市改造に決定的な役割を果していくのです。

　東京市区改正条例は、政府ならびに府政の指導者が民間の改

造構想に触発されながら、明治国家にふさわしい帝都として東京をつくりかえようとするための法制でした。首都改造は、政府にとってもきわめて重要な事業であったのみならず、多額の経費負担と長期間の年月を必要とするものでした。それゆえ政府は、一地方団体にそれを委任する態度をとりませんでした。府知事の松田道之は内務官僚出身、府知事芳川顕正も内務少輔を兼任しつつ市区改正審査会長（後に市区改正委員会長）に就任したことに示されるように、政府はその事業を内務卿山縣有朋の直接指導のもとにおきます。そこには、東京の都市づくりに当たって住民の意志は反映されなかったのみならず、東京府の主体性や自主性さえも極度に制約され、国家権力の先導のもとに、それが推進されていったことがうかがわれます。

このような「上から」の都市づくりは、住民の公益に対する配慮の欠如ないしそれへの無視を必然的にもたらすことになります。それは芳川顕正が「道路橋梁及河川ハ本ナリ水道家屋下水ハ末ナリ」といって、住民の住居や上・下水道などの生活環境や都市施設の建設よりも、軍事的機能とあわせて商品流通過程の整備（それは産業発展の基盤整備ともなる）に直結する道路・橋梁・河川の補修を優先させたことでも明らかです。後年における都市公害発生の間接的要因は、このような住民不在の都市計画の発想から導き出されるといってよいのです。[3]

第3章　市区改正（都市計画）と市民の貧困化

第2節　神戸市区改正

　以上のように、首都東京はもちろんのこと、開港場と居留地
を擁する神戸も、明治20年前後からの東京の市区改正論議を
端緒に市区改正が議論されます。市街は、その国の文明の程度
を表すもので、市街の区画、道路の整備、家屋の建築、防火栓、
水道、下水、瓦斯など、神戸が文明の開港場たる外観を具える
に必要な事項でした。

　神戸研究者の楠本利夫によれば、『神戸又新日報』（明治19年
から昭和14年まで神戸を中心とした兵庫県の動きを報道した日刊紙）
に明治19年9月から10月にかけて掲載された「神戸将来の
事業」の論説記事は、神戸を真の「文明の都」とするために次
の3つの事業が不可欠であったと紹介しています。

　第1は、古くから栄えた兵庫（近世の兵庫の津）と、新しいま
ち神戸（明治維新の開港地）の対立を克服し「新生神戸」として
の総力を結集するための事業です。これには、市区改正、商法
会議所設立、湊川堤防取除きがあげられる。市区改正は、神戸
の中心部に一大ビジネス・商業地を作ろうとするものであり、
湊川堤防の取除きは、兵庫・神戸を物理的にも心理的にも分断
していた天井川・湊川堤防の除去であり、商法会議所設立は、
兵庫と神戸を一体化した会議所設立の必要性を説いたものです。

　第2は、神戸を真の「文明の都」とするための都市基盤の
整備事業です。これには、神戸の中心部に一大ビジネス・商業
地を作る市区改正、瓦斯灯設置、道路改良、公園設置、測候所
設置があげられます。

　第3は、神戸を国際貿易・港湾都市とするための基盤整備

事業です。これには、市区改正、商法会議所設立、商業学校拡張、直輸出会社設立、道路改良、測候所設置、劇場改良、物品展覧場設置、旅店新設、桟橋増設があげられます。

　また楠本は、「神戸将来の事業」の記事は「一民間新聞の記事というよりも兵庫県の見解も代弁していると見ることができる[(4)]」と指摘しています。その理由は、「『神戸又新日報』は、1886年から兵庫県と契約し、兵庫県の布達や告示を正式に知らせる役割を担っていたこと、さらに『神戸又新日報』の主筆であった矢田績が、1887年に兵庫県の勧業課長に就任した」こと、すなわち「同紙は兵庫県の『准県紙』として扱われていた[(5)]」からです。

　神戸市は、1889年（明治22年）に市制が施行され地方自治体としてスタートします。それ以前の1886年に作成された「神戸将来の事業」が、兵庫県の見解とみなされたように、この時期の神戸の都市づくりは、神戸市や神戸市民の立場から構想・計画されたのではなく、兵庫県が指導的役割を果たしていました。また県知事が民選でなく官選であったことから、実質的には国主導、すなわち国の立場から神戸の都市づくりが構想され計画されていたといえるでしょう。

第3節　神戸市民の貧困化

　ここで注目したいのは、「神戸将来の事業」が掲載された1886年（明治19年）が、神戸で伝染病が大流行した年であったことです。社会学者安保則夫の研究によれば、神戸で1年間にコレラ1,909人、天然痘360人、発疹チフス169人、腸

第3章　市区改正（都市計画）と市民の貧困化

チフス197人もの死者が出ていました。ちなみに日本全体では、同年、コレラによって10万8千人以上の人々が亡くなっています。この間、日清・日露戦争による戦死者は10万2千余人ですから、これと比べればコレラの脅威がいかに大きかったかが明らかです。国際伝染病であるコレラが開国と同時に日本に流行しはじめたということは、伝染病の歴史の上でも、日本がまさに文明化、近代化の波をかぶったということを意味します。そのため、環境衛生の整備が、都市行政の重要な課題として提起され、コレラ防疫の必要上、市内の「不潔箇所」取り除きという考え方にもとづいて、市区改正の論議の中でもその問題が文明都市神戸の将来構想とあわされて議論されるのです。

　しかし、強権をもって貧民を強制追放するのはさまざまな事情により困難でした。兵庫県は、長屋裏屋建築規制、宿屋営業取締規則を制定してスラム対策へと乗り出します。これに対して、家主層は強硬に反対します。安保則夫によれば、問題はより深いところにあったと指摘します。というのは、これらの貧民は神戸の産業発展にとって不可欠の労働力であったからです。いまだ経済発展の初期段階にあった神戸では、たとえ貧民といえども、当時続々と創業・拡大しつつあった産業の発展を支えるためには、彼らを労働力として育成していく必要がありました。とくにこの時期の神戸の中心的な産業である製茶業、マッチ工業、港湾労働等はいずれも貧民の労働力に大きく依存していたのです。貧民労働者の多くは、各地から集まってきた「浮浪者」が主力だったのです。

　たしかに明治から大正時代にかけての神戸は、各地方から多くの人々が仕事を求めに来て、製茶やマッチ工業、樟脳工

場、港湾荷役や土木事業の雑役など低賃金と長時間労働、劣悪な労働条件で働いていました。神戸貿易協会の調査によれば、1897年には神戸のマッチ工場の数は60に達し、神戸の総工場の6割はマッチ工場で占められていました。1918年時点で、神戸を代表するマッチ会社8社の工場は50カ所もあり労働者は1万人に達していました。日本工業の発展史のなかで、宿命的ともいうべき長時間労働、低賃金の事実は、マッチ工業史の中にも顕著に織り込まれていました。しかし当時の人々は、これを救貧事業と呼んで少しも怪しまなかったのです。『神戸開港30年史』はこの実情を「賃金は出来高払いの制度によるが10歳以下1日平均2銭5厘、10歳以上15歳以下は5銭ないし10銭、15歳以上10銭ないし15銭なり。常雇い職工は上等40銭、中等25銭、下等15銭前後」としるしています。日本のマッチは、中国や東南アジア方面に盛んに輸出され、さらに第1次大戦時には、世界各国に輸出先を拡げました。神戸のマッチは全生産の80%が輸出されていました。安い労賃と日本人の勤勉さがその原動力でした。[7]

　さらに神戸港の発展に伴って、神戸に流入した貧民のうち、港での荷役作業に従事する者は次第に増加してゆきます。1898年（明治31）の警察による『神戸築港調査』によれば、港湾荷役に従事した仲仕は、神戸で男女約1万3000人、兵庫に約3000人いました。仲仕の労働時間は1日12時間程度であり、この当時の神戸の仲仕の賃金は、沖仲仕の男で日給は平均33銭、女で平均日給25銭、浜仲仕の男で平均日給80銭-2円と幅があり、陸仲仕の男で平均日給60銭程度でした。

　この調査では、常用労務者と日雇人足も含めた平均となって

第3章　市区改正（都市計画）と市民の貧困化

おり、『神戸開港30年史』によれば、沖仲仕の常用労務者の賃金は1日35‐60銭、ときには1円20銭にも達するのに対し、日雇人足の賃金は25‐27銭で、浜仲仕も同様の賃金格差がありました。日雇人足の多くは単身者で港周辺の木賃宿に居住し、常用労務者たちは橘町、川崎町、葺合など港に近い地域の長屋や木賃宿に住んでいました。一棟の長屋は、2坪の土間と3畳の部屋で4‐5人の家族がいたといいます。

　第一次大戦景気で神戸の貿易量は増加し、日雇人足やその日暮らしの仲仕への需用は高まりました。神戸が、国際港都となる過程で、過酷な長時間労働と低賃金、劣悪な住まいで生活していた仲仕の存在は無視することができないのです。[8]

　この時期、「神戸市の都市行政のあり方に最も大きなインパクトを与えたのが、1899年（明治32年）に発効した改正条約にともなう治外法権の撤廃と居留地制度の廃止＝『内地雑居』の実現でした。欧米諸外国との不平等条約の改正は明治政府にとって長年の宿願であり、最も重大な国家的課題の一つでしたが、その改正条約がいよいよ発効を迎えるということは、市の一角に居留地をもつ神戸市にとっては、まさにミナト神戸の将来発展に直接かかわる重大問題であったのです」。[9]

　しかし、近代的産業の急速な成長のためにスラム対策は後退し、都市環境や衛生の改善が後回しになっていきます。神戸を文明都市にするための事業は、東京市区改正事業と同じように、市民の生命と生活を守る家屋や下水、水道などよりも、ビジネス・商業地や道路、港湾を優先した「本末論」だったのでした。であるがゆえに、伝染病やスラム、貧困と格差などの社会問題の根本的解決には至らなかったのです。

71

第1部（過去）

　社会運動家の賀川豊彦は、次のように神戸市民の貧困を告発
しています。「家主は人々が密集すれば密集するだけ家賃をつ
り上げんとする強欲なる傾向がある。しかも住宅は劣悪でスラ
ム地域である葺合新川の約2,000軒の長屋は一室四畳半前後が
多く、そこに3人乃至4人家族が過半数を占める。内務省の
調査した3,367軒のうち2,587軒がそうである。坪5円で借家
を買い上げ、1か月の家賃は2円という高さである。上下水道
も不備で不潔な井戸水に頼り下水も不完全である。神戸葺合新
川の貧民窟では、人口8千人に対し水道の活栓は5個しかない。
また便所も共同便所で平均10戸に便所1つで、赤痢やコレラ
など伝染病が流行しているときに共同便所にいくことは問題で
ある(10)」。
　スラムで呻吟する貧困住民とは対照的に、農地の宅地化に
よって大地主は巨大な利益を獲得し、地価上昇による投機的利
益をもくろむ土地建物会社が大量に湧き出てきます。表1のよ
うに、神戸の土地建物会社は16社で大阪の35社に次ぎますが、
資本金222万、土地購入面積1,090千坪と大きいのが特徴です。
当時、大阪市の面積が55.67㎢に対し、神戸市は37.02㎢と狭
いことを勘案すれば、土地建物会社がいかに大量の土地を買い
占めていたかが推測できます。
　また1戸当坪数も狭小で、神戸は6大都市最小の東京の9
坪に次ぐ12.4坪でした。戦前の内務官僚で都市計画専門家の
池田宏は、「これらは、貧困、酒癖、雇用条件など種々の原因
あり共に影響するに相違ない。不健康な家屋内に密住すること
と居住者の死亡と疾病とを招く主因となることは疑いない(11)」と
指摘しています。経済学者の河上肇も、名著『貧乏物語』の中

72

第3章　市区改正（都市計画）と市民の貧困化

で、ボンガーの「犯罪と経済状態」のなかの次の一節を引用し
貧乏の本質を指摘しています。「貧乏は人の社会的感情を殺し、
人と人との間におけるいっさいの関係を破壊し去る。すべての
人々によりて捨てられた人は、かかる境遇に彼を置き去りにせ
し人々に対しもはやなんらの感情ももち得ぬものである」[12]。

表1　六大都市の土地建物会社

	神戸	大阪	東京	横浜	京都	名古屋
総資本（十万）	222	1,505	208	26	15	79
土地買入（千坪）	1,090	4,001	121	44	39	354
会社数	16	35	7	4	2	7
敷地坪数（千坪）	9.1	30.0	15.7	2.6	6.6	6.9
1戸当坪数	12.4	17.0	9.0	14.1	15.9	15.6

資料　池田宏『都市経営論』（改訂版）学陽書房、1988年、165-166ページ
より作成、初出1922年

第4節　神戸の文明化、近代化と福沢諭吉

　神戸の近代化、文明化で少なからぬ影響を与えたのが福沢諭
吉でした。なぜなら兵庫県は、他府県以上に福沢の慶應義塾系
の人士による直接・間接の影響力があったからです。慶應義塾
関係者は、1880年に社交団体の交詢社を結成し、会員は知識人、
ジャーナリスト、実業家など中央、地方あわせて千数百人に達
したといわれます。交詢社の兵庫県支社である兵庫交詢社には、
兵庫県令の森岡昌純や兵庫県の上級・中堅官僚、郡区長、県会
議員、有力商人・銀行家、ジャーナリストを含め、神戸を中心

に当時の有力者・著名人士がいました。つまり兵庫県の官業や教育関係の課長クラス、そして『神戸又新日報』のジャーナリストに、福沢諭吉の慶應義塾系の人士が多くいたのです。

福沢の門下生でもあった「兵庫県の県令森岡昌純は、福沢諭吉の助言（と推測される）のもと、1877年に兵庫県勧業課長牛場卓造（慶應義塾出身）に商業学校設立を命じています。牛場は、福沢諭吉と『兵庫県神戸に於て設くべき商業学校は、慶應義塾にて之を引受け、其責に任すべき約束をなしたり』との8カ条の約束書をかわしています。このことは、開港場をもつ兵庫県が、日本の商権確立を促進するため、商業・貿易に従事する有為の人材を育成しようとしていたことを意味していました。翌年には、東京商法講習所についで、全国二番目の商業講習所が開校されるのです」。「設立にあたって森岡県令は福沢に一切の教務・事務を委任、慶應義塾から派遣された支配人（校長）および教師2名その他一切を引き受けるとともに校費の200円は県税より支出すること」[14]としたのです。

福沢は、1882年（明治15年）に時事新報を創刊します。この新報は、慶應義塾大学及びその出身者が全面協力して運営した戦前の五大新聞の一つでした。『神戸又新日報』の編集人には、「東京の『時事新報』の社主・中上川彦次郎が積極的に協力します。そして『時事新報』の社員の矢田積を発行元の『五州社』に迎えて発行体制を整え発行計画を進めます。『五州社』とは、当時の兵庫県の区域である「摂津」「播磨」「淡路」「丹波」「但馬」の五州にちなみ、この新聞を兵庫県全域に配布するという意味で決められた名称です」[15]。

「中上川彦次郎（1854-1901）は、福沢諭吉の甥で明治4年慶

応義塾を卒業します。明治11年に井上馨の推挙で工部省に出仕しますが、明治14年の政変で官界を去り、『時事新報』の社長兼編集者に就任します。その後、明治21年には山陽鉄道社長に就任し神戸−尾道間の鉄道を開通させます。明治24年に神戸商業会議所初代頭取もつとめています」[16]。

　開港場神戸に福沢の影響が大きかったのは、第1に、慶應義塾が実学を奨励し、商業など実業の知識に秀でた人材を輩出したこと、第2に、福沢諭吉の文教行政上の権威が絶大であったこと、第3に、福沢らの思想が「進歩を謀るは官民一致するにあり」にあったこと、第4に、福沢を中心とする慶應義塾出身者のリクルート・システムがあったからです[17]。

　以上のように、兵庫県主導による神戸の市区改正事業は、兵庫交詢社を媒介にして福沢諭吉の商業など実学を重視した近代化、文明化の考え方の影響のもと、兵庫県の行政や「神戸又新日報」などによる世論の形成を通じてすすめられていくのです。いうまでもなく福沢諭吉は、当時の政界、経済界などに多大な影響を及ぼした啓蒙思想家です。明治新政府は、日米修好通商条約（1858年）など独立を阻む不平等条約の改正のためには、国力の強化しかないと考え富国強兵政策を最優先課題とします。この富国強兵論を理論的に指導したのが福沢諭吉だったのです。「諭吉の「独立」路線は、西洋への従属を退ける決め手はアジア侵略であり、他者（琉球、台湾、大韓帝国）を従属させることなしには自国の独立はありえないというものでした」[18]。

　このような思想の背景には、「文明開化」を迫る西欧の経済力・軍事力に対する「あこがれ」がありました。この「あこがれ」は、西欧に対する劣等感と、その裏返しとしての朝鮮や清国に

第1部（過去）

対する優越感に変わっていきます。それ故と言うべきか、福沢は「文明開化」の遅れている国に戦争を仕掛けるのは、文明の進んでいる国としては当然のことだという「驕り」がありました。それは、朝鮮に対して雲揚号事件・「江華島条約」（1875年）の侵略的不平等条約の強要、さらに「釜山港居留地借入約定」（1877年）の締結などを通じて、朝鮮侵略の前進基地を獲得していったことにあらわれています。

おわりに

　いわゆる市区改正の「本末論」は、明治、大正、昭和の都市政策を貫く理念でした。なぜなら、「本末論」は、戦前は、富国強兵と殖産興業、戦後は経済成長を進めるための手段として位置づけられていたからです。富国強兵を理論的に指導した福沢諭吉も、「日本人を文明の道に進めるのは、わが国の独立を保つ」ことでした。その手段として「軍艦や商船、製造業、商業、法律、学問」[19]を位置づけていたのです。諭吉にとって、諸外国との玄関口である開港場と居留地を有する神戸の近代化は、日本の独立と文明開化にとって重要な場であったのです。

（1）本間義人『土木国家の思想』日本経済評論社、1996年、41－70ページ。
（2）東京都『東京百年史　第2巻』1979年、1436－1441ページ、執筆者・大久保利謙外4名。
（3）東京都『東京百年史　第2巻』1979年、939－968ページ、執筆者・大久保利謙外4名。
（4）楠本利夫「神戸将来の事業（上）－『神戸又新日報』による『文明の都』神戸への改造計画－」『神戸外国人居留地研究会年報第6号、2006年』。

第 3 章　市区改正（都市計画）と市民の貧困化

(5)　奥村弘「神戸開港と都市イメージ」歴史資料ネットワーク『歴史の
　　なかの神戸と平家』神戸新聞総合出版センター、1999 年。
(6)　安保則夫『ミナト神戸　コレラ・ペスト・スラム』学芸出版社、1989 年、
　　12 - 13 ページ、49 ページ、203 - 205 ページ。
(7)　社団法人・神戸貿易協会『神戸貿易協会史』1968 年、62 - 63 ページ。
(8)　神戸市『神戸開港百年史　港勢編』1972 年、642 - 645 ページ。
(9)　安保則夫『ミナト神戸　コレラ・ペスト・スラム』学芸出版社、1989 年、
　　215 ページ。
(10)　賀川豊彦「精神運動と社会運動」『賀川豊彦全集第 8 集』、キリス
　　ト教新聞社、462 - 465 ページ。
(11)　池田宏『都市経営論』（改訂版）学陽書房、1988 年、165 - 169 ページ。
(12)　ボンガー「犯罪と経済状態」、河上肇『貧乏物語』岩波文庫、1965 年。
(13)　今井修他 6 名『兵庫県の歴史』山川出版会、2004 年、308 - 309 ページ。
(14)　『居留地の街から　近代神戸の歴史探究』神戸外国人居留地研究会
　　（編）、神戸新聞総合出版センター、2011 年。127 - 128 ページ。
(15)　楠本利夫『増補　国際都市神戸の系譜』公人の友社、2007 年、
　　166 - 167 ページ。
(16)　兵庫県大百科事典刊行委員会『兵庫県大百科事典下』神戸新聞出
　　版センター、1983 年、354 ページ。
(17)　今井修他 6 名『兵庫県の歴史』山川出版会、2004 年、309 - 314 ページ。
(18)　竹内真澄『諭吉の愉快と漱石の憂鬱』花伝社、2013 年、247 - 248 ペー
　　ジ。
(19)　福沢諭吉『文明論之概略』齊藤孝＝訳、筑摩書房、2013 年、386
　　- 387 ページ。

第4章　軍事港湾都市神戸と軍需産業

はじめに

　神戸は、海軍の機関である鎮守府が置かれた横須賀や舞鶴、呉、佐世保のような軍港都市ではなく、また広島市に設置された大本営のような軍事施設がない点で軍事都市ではなかったといわれます。たとえば神戸市の『神戸開港百年史　港勢編』でも、「日露戦争時もそうだが、日清戦争時においては、その直接的軍事輸送が、神戸港を基地として行われた訳ではなかった。また、戦争関連の大規模な輸送で、同港が多忙な日々を送った訳でもなかった」と、神戸港が軍事港でなかったことが指摘されています。

　しかし、米軍の「神戸爆撃概要報告」は、神戸を軍事的要衝の都市とみなしていました。この「報告」は次のように述べています。「神戸は、日本で六番目の大都市、人口約100万人、日本の重要港である。神戸の造船所群は、船舶建造と船舶用機械の製造能力で日本最大の集中地域である。神戸で、本州の西端からの山陽本線と大阪・東京への東海道本線とが結節している。鉄鋼、鉄道車両、機械、ゴム、兵器などの基幹産業の工場は、神戸の輸送活動と密接に関連して立地している」。つまり、神戸は、神戸港を基盤に軍艦や船舶、兵器などを製造し、兵隊や兵器などの軍事物資を輸送する海運や鉄道の結節的位置にある軍事港湾都市だったのです。この章では、神戸の基幹産業である海運や造船、機械、鉄鋼などが政商によって担われ、戦争と深くかかわり軍需産業として成長してきたこと、そして神戸

の軍需産業と神戸市、市民との関係を検証します。

第1節　神戸港と戦争、政商

　神戸は、近代以降、神戸港を基盤として海運、造船、機械、鉄鋼、そして総合商社などの産業が生成し成長した都市です。神戸港は、横浜港とならび富国強兵と産業革命による資本主義化に不可欠の原材料や製品などの輸出入を行う国直轄の第1種の重要港と位置づけられます。神戸が開港した1868年の輸出入額は、表1（次頁）のように1,137千円で全国比4％に過ぎませんでした。それが、西南戦争の起きた1877年（明治10年）には8,915千円と18％に、1894年の日清戦争後の1897年（明治30年）には162,150千円と42％にまでに達します。さらに1904年の日露戦争、1914年に勃発した第一次世界大戦の1917年に1,010,699千円に達し、横浜港の968,860千円を凌ぎ全国第1位となります。以上は、神戸が、国内および外国貿易のための海運業や、貿易商社、金融機関、そして紡績、造船、鉄鋼、機械、金属、化学などの製造業とともに成長する過程でもありました。

　これら神戸の基幹産業は、三菱や川崎、鈴木商店のような戦争ごとに成長していく政商に担われていました。戦争は、人と人とが殺し合うという最大の不幸をもたらすものですが、ある意味で、人の不幸のうえに成り立つのが軍需産業といえるでしょう。

　経営学者の宇田川勝によれば、政商は、明治期に日本でつくられた言葉で、一般的に「政治権力者と関係を持って利権や情報を待っている商人」を指します。明治初期に政商が多く誕生

第1部（過去）

表1　神戸港、横浜港、大阪港の輸出入額と全国比 （単位. 千円）

年別	神戸港輸出入額	対全国比	横浜港輸出入額	対全国比	大阪港輸出入額	対全国比
1868年神戸開港	1,137	4%	9,100 (推定)	約80%	?	?
1874年　台湾出兵						
1877年西南戦争	8,915	18%	36,944	75%	703	0
1887年	26,625	28%	60,950	64%	2,101	2.20%
1894年日清戦争						
1897年	162,150	42%	177,538	46%	6,767	1.80%
1904年日露戦争						
1907年	330,106	36%	360,133	39%	94,470	10.30%
1914年第一次世界大戦						
1917年	1,010,699	38%	968,860	36%	409,556	15.40%
1927年	1,671,921	40%	1,323,826	32%	628,274	15.00%
1931年満州事変						
1937年	2,227,067	32%	1,847,602	27%	1,688,288	24.30%

資料　大蔵省関税局『税関百年史』1972年、神戸税関『神戸税関百年史』1969年、東洋経済新報社編『日本貿易精覧』東洋経済新報社、1975年（増補復刻版）より作成

した要因としては、①政府周辺にビジネスチャンスが集中していたこと、たとえば、官金出納業務の委託、殖産興業政策による官営工場や鉱山の経営とその払下げ、②政治家や官僚サイドに政策・法令・制度に関する情報が偏在していたこと、③政府の外国人排除策と日本人保護・助成策の実施、④起業家的・経

第4章　軍事港湾都市神戸と軍需産業

営者的人材の不足、などが挙げられています。政府側の政治家と官僚もまた、殖産興業政策を推進して近代産業を発展させ、経済・社会制度を確立・整備するためには、有能な起業家や経営者を活用し、さらに彼らと結託する必要があったのです。[4]神戸で活躍した政商は、神戸港を基盤に戦争ごとに政府の特需にあずかり巨額の利益を獲得し成長します。神戸市政や神戸市民の暮らしは、戦争や政商の軍需産業と深く関係していくのです。

第2節　神戸の造船業と海運業－台湾出兵と西南戦争－

神戸の造船業－川崎造船所－

　経済学者の森嶋道夫によれば、幕末時代の日本人は、1840－41年の英国と中国のアヘン戦争や1853年の米国船ペリーの来航以降、太平洋戦争末期に原子爆弾をおそれたように、黒船に恐怖心をもっていました。日本にとって最も重大であったのは、日本と西欧のあいだの造船技術の差だったのです。[5]

　それゆえ、幕末期の諸藩が、もっとも熱を入れたのは大砲と軍艦の自力製造でした。技術史の研究者中岡哲郎によれば、薩摩と長州は、西欧艦隊との戦闘を経験することによって、西欧の軍事力の強大さと、その背景にある国富と工業化の関係に気づきます。幕府は造船を意図しますが、造船業は日本の重機械工業（鉄鋼業、金属工業、機械工業など）の母体として次の時代に大きな影響力を与える存在でした。なぜなら、それは諸機械のつくり方を学ぶことからはじまらざるをえず、諸機械のつくり

方を学べば、自然に周辺から集まってくる金属製品一般の需要に応えざるを得ないという、後発国日本の造船業（より正確には汽船製造業）の宿命を言い得ています。

明治の造船業は「船舶・諸機械製造業」として発展していくのです。このように、日本の近代技術は、鋳砲・造艦運動などにみられるように軍事から出発します。西欧でもエンジニアは軍事の領域からはじまっています。神戸の造船業の旗手である川崎造船所は、神戸において最初の近代的造船業を創業したイギリス人キルビーを源流とします。キルビーは、日本初の鉄製汽船である太湖丸を建造したことにみられるように、日本に鉄船建造の技術を導入した人物です。[6]

彼は、1868年に神戸鉄工所を、その後、1878年に小野浜造船所を設立します。「E.Cキルビーの経営する神戸鉄工所は、1884年末までに12隻の瀬戸内海運航小汽船を建造し、これは工部省兵庫造船所に匹敵するものでした。外国人経営の鉄工所は、鈴木淳『明治の機械工業－その生成と展開』（ミネルヴァ書房、1996年）によれば、1870年の段階で横浜に10社、1873年で神戸に4社ありました。

これらの鉄工所には、幕藩工場で働いていた人間や伝統鍛冶職人が技術習得のために働き、初期の熟練機械工供給源となった場所でした。キルビーの鉄工所は、それらの技術を継承してただ一つ残った造船・機械製造業でした。多数の外国人技術者・技能者を擁し、当時工部省兵庫造船所より高い技術をもつと見なされていました。

しかし、神戸鉄工所は、突然に財政危機に陥り倒産します。海軍は、神戸鉄工所の外国人技術者は解雇し、職工・設備とも

含めて神戸鉄工所を接収し、海軍小野浜造船所とします。労せずして民間最高の造船設備と訓練された造船鉄工の一団が海軍のものとなったのです。当時、工部省兵庫造船所は鉄船製造能力はありませんでしたが、海軍小野浜造船所の応援と指導を受けながら鉄船の吉野川丸、湊川丸の建造をすすめます。この建造中に工部省兵庫造船所は、川崎正藏に払い下げられ川崎造船所となります。川崎正藏は期せずして鉄船製造能力をもつ造船所を手に入れただけでなく、鉄船製造技術指導付きで受注先までついていたのでした。[7]

「1887 年に川崎造船所に払い下げられた兵庫造船所の代価は、18 万 8 千円で 50 年年賦でした。しかも 1 割利引き計算で 5 万 9 千円を即納すればよいという好条件であり、官営時代からの仕掛品は政府発注に切り替えられました。それらは川崎正藏にとって願ってもない恩恵でした。新発足した川崎造船所は、従業員 618 人、船台 3 基、船架 2 基、汽缶（ボイラ）5 台（計 111 馬力）という規模でした」[8]。川崎造船所は、以上のような経緯をふまえ、その後の戦争に軍艦や車両の製造などで協力しながら政商としての地位を築いていくのです。

神戸と海運業－三菱－

この造船業を牽引したのが海運業でした。海運は、国内外の交易で必要な産業であるとともに戦争を遂行する上で不可欠な産業でした。土佐藩出身の岩崎弥太郎は、海運業を営む九十九商会をつくり、1870（明治 3）年に神戸－高知間の貨客輸送の航路を開設します。当時、海運とりわけ外国貿易における海運を仕切っていたのは西欧先進諸国の海運会社でした。岩崎

弥太郎率いる三菱商会は、明治新政府の命により、米国のPM
社（Pacific Mail Steamship Co.）や英国のＰ＆Ｏ社（Peninsular
and Oriental Steam Navigation Co.）との激烈な競争を演じ、
1875年に日本最初の外国航路（日本－上海）に定期船を就航さ
せます。[9]

　その後、「1876年の北清航路（神戸－天津－牛荘）や1882年
の香港航路（横浜－神戸－長崎－香港）、1882年の元山航路（神戸
－元山）、1883年のウラジオストック航路（神戸、釜山、仁川、ウ
ラジオストック）、1885年の朝鮮航路（神戸－下関－長崎－五島－対
馬－仁川）[10]」などを開設していきます。三菱の航路は、1885年
までに19航路が開設され、そのうち9航路までが神戸を起点
もしくは経由していました。以上のような外国航路の開拓は、
明治新政府が台湾出兵（1874年）、江華島事件（1875）年、西南
戦争（1877年）などで実行した軍事力と軍事輸送を担った三菱
の海運力を背景にしていました。

　明治新政府の台湾出兵において、三菱は軍事輸送という重要
な役割を担います。明治新政府の台湾出兵に際し、三菱は、「『国
あっての三菱なれば、総力をあげて、お引き受けします』と全
面的に協力していきます。この戦役において、三菱による兵員・
武器・食糧の輸送はほぼ完璧に行われ、政府の全面的信頼を勝
ち取り、政府は外国船13隻を購入し運航を三菱に委託します。
政府は、三菱への保護と管理を規定した特別法を公布し、有事
の際の徴用などの義務を条件に三菱へ運航費助金などを給付し、
13隻の政府船を下付するなどの助成を与えます」。

　さらに「西南戦争で、政府の徴用に応じて三菱は社船38隻
を軍事輸送に注ぎ、武器、弾薬、食糧を輸送し、総勢7万に

のぼる政府軍の円滑な作戦展開を支えます。三菱は、船舶を買い増し1877年の時点で所有汽船数は61隻となり、日本の蒸汽船総トン数の73％を占めます」[11]（三島康雄『三菱財閥史』教育社ほか）。この戦争で三菱は、「第1に、巨額の運航収入と利益を得ます。1877年の三菱の船舶運航収入は合計で約443万円、そのうち西南戦争に関係して政府から支払われた海上運賃は約300万円で、全体の3分の2を占めます。第2に、保有船舶量の増加です。政府から追加的に80万ドルの資金の融資を受け、新規に7隻を購入する」[12]のです。このように三菱は、政府の海運保護政策による助成金や、政府の大型汽船の買収で政商としての地位を確立していくのです。

　一方、神戸の経済は西南戦争によって活性化します。「京都－大阪－神戸の鉄道は、西南戦争の直前に開通式をあげますが、兵士と食糧など軍事物資を運ぶ軍事輸送路となります。…神戸は、事実上、兵站基地となり兵士と労務者があふれるのです。政府が費やした戦費は4,156万円。運送費として、神戸・大坂に落ちたお金は344万円といわれます（下中弥三郎『大西郷正伝』）。この年の神戸の貿易高は、輸出入合わせて891万4千円であることからばく大な金額でした」[13]。「世界海運史上、戦争は、きわめて、しばしば、海運の発達・盛衰の重大要因であり、また転機を成してきた」[14]といわれますが、海運会社の三菱も新政府の戦争や軍事輸送に深くかかわることで成長したのです。

第1部 (過去)

第3節　日清・日露戦争と神戸

　日清戦争（1894 - 1895 年）は、近代日本が行った侵略戦争の始点に位置し、それ以後の大陸侵略の足がかりとなったといわれますが、神戸港はその基地として重要な役割を果します。神戸を代表する海運事業主で神戸市長ともなった勝田銀次郎（1933 - 41 年市長在任）によれば、神戸港は、日清戦争において台湾（基隆港）との間の陸軍の御用船（戦時などに政府や軍が徴用し軍事目的に使用した民間の船舶）航路の基地でした。1896 年（明治29 年）に政府は、日本郵船株式会社（三菱会社の後身）に神戸─基隆間の船腹の3 分の2 を陸軍用に、3 分の1 を商用に充てることを決めます[15]。

　さらに神戸港は、日清戦争後も台湾や朝鮮、中国との諸航路の開設でも重要な基地となります。神戸市「神戸開港百年史港勢編」（1972 年）によれば、日清戦争の結果、わが国の領土となった台湾との交通路や、朝鮮および中国向けの諸航路を開設・整備するにあたっても、神戸が、きわめて重要な基地むしろ起点とされたのです。台湾総督府の命令航路となった大阪商船および日本郵船の内地・台湾間諸航路のいずれもが、神戸港を重要拠点としていました[16]。

　また日清戦争は、造船業界を成長させる絶好の機会となりました。「川崎重工業百年史」（1997 年）によれば、川崎造船所は、日清戦争において海軍の指示により、広島市宇品港に臨時出張所を開いて多くの軍用船の修理や改造を手掛けます。本拠の造船工場でも、1894 年に呉海軍工廠発注の水雷敷設艇6 隻を建造し、1895 年には陸軍省の給水船を建造するため、中国遼東

半島の旅順に臨時組立工場を開設します。この戦争で川崎造船所は、1895年には総収入が95万4,000円となり、戦争前の1893年の総収入43万6,600円の約2倍余りに増加するのです。

　明治新政府は、国防と経済の観点から、1869年に西洋型鉄船の建造と購入の奨励策を打ち出します。しかし、海運を担う船舶のほとんどは輸入していました。たとえば1893年－96年までで、日本が自力で建造した船舶は3,600総トンで、この間輸入された外国船41万8,200総トンの1%にも達しない状況でした。新政府は、日清戦争を契機に1896年に海運の「航海奨励法」、造船の「造船奨励法」の2法が発布し、国内建造船が増加していきます。川崎造船所は、自社製の船舶建造をおこなうため資金調達力を強化すべく1896年に個人経営から株式会社に改組します。[17]

　日清戦争（1894－95年）に勝利した日本は、下関条約を清との間に結び、約3億円有余の賠償金と台湾、遼東半島を獲得、清に欧米と同条件の不平等条約を日本に結ばせます。日本は朝鮮半島から清の影響力を排除し大陸侵略への足がかりを築いていきます。特に約3億7千万円有余の賠償金と2億円の外債が、国内に流入したため経済界を強く刺激、各種の産業は活況を呈します。表2、表3（ともに次頁）のように、神戸港の主要輸出入品価格は、戦前の1890年の2,518百万円（輸出品価格912百万円と輸入品価格1606百万円の合計）が、戦争後の1900年には10,691百万円（輸出品価格3631百万円と輸入品価格7060百万円の合計）と約4倍余も増加します。綿工業を初めとした国内諸工業が軌道に乗り、中国市場拡大という恵まれた条件もあり、綿織糸の輸出（1688百万円）が輸出品の首位を占め、操綿の輸入

第 1 部（過去）

（5082百万円）が輸入品の首位を占めるなど貿易は急激に増加
します。

表 2　神戸港主要輸出品価格表　単位.万円

	1873年		1880年		1890年		1900年	
1	緑茶	92	緑茶	264	緑茶	256	綿織糸	1,688
2	米	40	樟脳	41	銅塊乃錠	226	銅塊乃錠	778
3	木蝋	23	銅塊乃錠	27	樟脳	167	米	544
4	銅塊乃錠	20	寒天	21	マッチ	140	地席	322
5	昆布	6	米	15	米	123	樟脳	299
計		181		368		912		3,631

資料　神戸税関『神戸税関百年史』1969年より作成

表 3　神戸港主要輸入品価格表　単位.万円

	1873年		1880年		1890年		1900年	
1	生金巾	110	縮綿呉呂	164	米	476	操綿	5,082
2	綿織糸	41	生金巾	52	綿織糸	431	砂糖	690
3	砂糖	25	綿織糸	41	石油	262	石油	554
4	羅紗	22	石油	36	操綿	220	縮綿呉呂	472
5	綿天	20	綿天	23	砂糖	217	綿繻子	262
計		218		31,600		1,606		70,600

資料　神戸税関『神戸税関百年史』1969年より作成

　日清戦争は神戸市にも影響を与えます。この戦争で「JR神
戸駅に陸軍司令部が置かれ、これによって神戸報告義会・神戸
市奨武会・婦人会等が成立し、市民の戦争協力は熱狂的」[18]なも
のになっていくのです。「川崎重工業百年史」（1997年）によれば、
日露戦争においても川崎造船所は、海軍の指示により広島市宇
品港に従業員210人を派遣し艦船の修理に尽力します。この

第4章　軍事港湾都市神戸と軍需産業

時期、初めて潜水艇の建造に手がけ、5隻の駆逐艦をはじめ水雷艇、砲艦を送り出していました。さらに海軍は、日露戦争後、大型艦の国産化を計画し、呉海軍工廠をはじめ川崎造船所、三菱造船所、横須賀海軍工廠で巡洋戦艦や2等巡洋艦など大型艦が建造されます。落合重信によれば、神戸市奨武会は、日露戦争時に組織を拡大し、神戸奉公会と神戸婦人奉公会とをつくります。奉公会は全国各地から神戸に集結する兵士のための宿泊所を用意します。市会はその費用として9万5千円を支出し、清酒・煙草を贈ったのです。また神戸市は、軍事費のための国債を、第1回全国募集額1億円に対し500万円を引き受けますが、実際は1,006万2千円も集まりました。日清戦争時に較べ15倍でした。また鉄道は軍隊に占拠され民間の利用は後回しになり、大型船舶も軍用徴発を免れず、一時は残った船舶が70隻（11万トン）に過ぎなかったのです。[20]

　さらに神戸製鋼所が、政府の軍需拡大策により重工業が発展した日露戦争後の1911年に設立されます。神戸製鋼所の社史『神戸製鋼100年史』2006年によれば、同製鋼所は1905年に小林製鋼所として設立されますが、事業はうまくいかず1カ月も経たずに融資元の鈴木商店に身売りします。1911年に鈴木商店から分離し独立の株式会社となります。

　神戸製鋼所が発展の緒につくのは、1909年に呉海軍工廠へ揚弾機部品などの兵器を納入し軍との太いパイプができた頃からです。この背景に、鈴木商店の番頭金子直吉が懇意にしていた吉井幸蔵伯爵（元海軍少佐）の尽力がありました。同製鋼所の初代社長は海軍造船少将を、第3代目には第6代呉海軍工廠長で元海軍技術本部長を招聘するなど海軍との深い関係を築き

第1部（過去）

ながら成長していきます。この時期の重工業は、国家の保護政
策のため好不況の影響は直接受けることなく順調に推移したの
です。

第4節　第一次世界大戦、アジア・太平洋戦争と神戸

　日本経済は、日清、日露の両戦役を経て急速な発展を遂げ、
第一次世界大戦によって未曽有の進展をみます。大戦の長期化
とともに欧州向けの軍需品輸出を初めとして、中国、東南アジ
ア、アフリカに対する欧州商品の代品的輸出が急増し、貿易は
俄然活況に転じます。日本経済は空前の好景気となり、その影
響をもっとも受けたのが神戸でした。

　海運では、「1917年の神戸出港の各航路船籍数が、欧州航路
（内国船59隻、外国船75隻）、北米航路（内国船322隻、外国船121
隻）、インド航路（内国船107隻、外国船20隻）、南洋航路（内国船
180隻、外国船56隻）[21]」に達します。第一次世界大戦により戦争
当事国が手を引いた航路を、日本郵船や大阪商船などが開拓し
た航路でした。さらに神戸の山下汽船、内田汽船、勝田商会な
どが『船成金』といわれるほど巨額の利益をあげます。また海
運と並び、神戸に本社を置く総合商社の鈴木商店は、この時期
急速に成長し、三井物産、三菱商事と肩を並べるまでになりま
す[22]」。

　新航路の開拓と海運業の成長は、船舶不足とともに新船建造
を促し、造船業は大量の発注を受け独自の見込み生産を行いま
す。造船業の活況は鉄鋼業にも波及します。神戸の造船業の旗
手である川崎造船所は、この大戦で莫大な利益をあげます。表

90

4のように第一次世界大戦前の1913年の981千円から、戦後の1918年には29,370千円と約30倍にも増加します。神戸三菱造船所も同時期に売上高、営業利益とも飛躍的に増大します。

(下掲資料グラフ参照)

表4 第一次世界大戦と川崎重工業の利益
単位．千円

年度	利益
1913	981
1914	1,263
1915	1,822
1916	4,341
1917	22,272
1918	29,370
1919	22,493

出所．川崎重工業株式会社『川崎重工業株式会社社史』1959年より作成

(右資料)「神戸三菱造船所における売上高と営業利益の推移(明治38年度〜大正6年度)」三菱重工業株式会社『新三菱重工業株式会社社史』1967年、7ページより転載

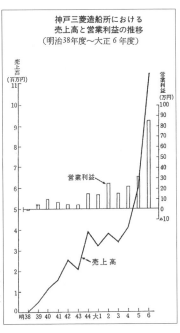

しかし、1918(大正7)年に第一次世界大戦が終結すると、それまでの好景気から一転、戦後不況に陥ります。たしかに、第1次世界大戦の好景気は、一部の軍需産業に巨額の利益をもたらしましたが、物価上昇を招き、とりわけコメ価格が急騰します。苦しい生活に喘ぐ一般庶民の怒りは頂点に達し、1918年に鈴木商店の神戸本社が焼打ちに遭う神戸「米騒動」事件が

起きます。さらに 1921 年には、川崎、三菱両神戸造船所など
で賃金など労働条件向上と団体交渉制の確立を目ざす、日本の
最大規模の労働争議が発生するのです。

　日本経済は、戦時中に拡大した生産設備と、戦後に狭められ
た市場とのアンバランスに追い詰められます。1920 年の〈反
動恐慌〉と 1923 年の関東大震災による打撃は、さらに大きい
ものでした。川崎重工業も飛行機工場・葺合工場等の拡張に巨
額の資金を投入してきたため、政府の救援を仰ぐほかないとい
う窮状に陥るのです。

　「1922 年のワシントン軍縮条約により、海軍工廠を初め民
間の各造船所も大幅の従業員整理を行います。川崎重工業も、
従業員約 16,000 名（1927 年）のうち約 3,300 名を解雇します。
海軍は『もはや一民間造船所の死活問題ではなく、国防上、看
過し得ない重大問題である』として川崎重工業の救援に乗り出
します。1927 年に岡田啓介海軍大臣は、閣議を経て海軍艦政
本部臨時艦船建造部の設置を決定します。海軍の艦船工事に関
する一切を、同建造部が川崎重工業に代わって続行することと
なったのです。

　さらに神戸市会が、1928 年に川崎重工業に 300 万円の特別
融資を決定します。その理由として、神戸大学教授の平井泰太
郎は『川崎への神戸市民の愛情』というタイトルでつぎのよう
に述べています。『一民間会社に神戸市が融資するのは不合理
だ…という意見があるが、川崎がその時までに如何に県や市の
財政に貢献したかを考えれば、県や市が今こそ川崎を救援すべ
きである。…川崎が倒れれば 16,000 人の従業員とその家族の
ほかに、多数の下請業者、福原・新開地方面の殆どの商人や、

第4章　軍事港湾都市神戸と軍需産業

　川崎の人々を客とする神戸市の商人およびこれらに連なる人々の打撃は極めて大きい。神戸市の人口66万のうち、これら関連をもつ人々の占める比率は50％にも達する』』。これは、神戸市が如何に川崎重工業の企業城下町であったかを示すものでしょう。

　以上、1920年代半ば頃から1930年代にかけて政商によって担われた造船、鉄鋼、機械などの軍需産業が神戸経済を牽引します。そしてこの時代の産業構造が、神戸経済の基本的な構造をかたちづくるのです。

　表5のように、神戸市内の製造業の従業員は、1904（明治37）年には軽工業の紡績業を営む鐘淵紡績が3,689人で第1位、第2位は川崎造船の2,060人、第3位はマッチ業の良燐合資の1,444人でした。

　それが日露、第一次世界大戦を経た1922年には、表6（次頁）のように第1位が川崎造船所の10,356人、第2位が三菱造船所の6,876人、第3位が鐘

表5　神戸市内の従業員数上位10社

順位	1904（明治37）年		1911（明治44）年	
	企業名	従業員数	企業名	従業員数
1	鐘淵紡績 紡績業	3,689	鐘淵紡績 紡績業	3,221
2	川崎造船 船舶車輌	2,060	川崎造船 船舶車輌	2,640
3	良燐合資 発火製造	1,444	日本燐寸 発火製造	1,797
4	精燧社 発火製造	959	神戸三菱造船 船舶車輌	1,477
5	直木燐寸 発火製造	697	滝川燐寸 発火製造	1,299
6	山陽鉄道 船舶車輌	565	良燐合資 発火製造	1,240
7	明治社 発火製造	501	日本毛織 織物	844
8	小泉工場 織物業	303	三菱製紙 製紙	487
9	神戸三中 発火物	297	小板合名 織物	417
10	黄駿源 発火製造	197	Ｈメーシー、 製茶	350

93

第1部（過去）

淵紡績の 4,814 人と、神戸の産業構造が重工業化していったことがわかります。この時期に形成された産業構造は戦後も基本的には変わりませんでした。1970 年の第 1 位が川崎重工業の11,624 人、第 2 位が三菱重工業 10,097 人、第 3 位は神戸製鋼所の 7,312 人というように、神戸経済をリードしていたのは大企業中心の重工業でした。

1920 年、株式市場の崩壊から始まった恐慌は、米、綿花、生糸等の大暴落となり、さらに商店、銀行の破綻、閉店を続出させました。さらに 1923 年の関東大震災と 1927 年の震災手形の処理を動因として、金融界に空前の大恐慌が起り、当時一流貿易商社であった鈴木商店を初めとして破産者が続出し、また、台湾銀行を初め各地方銀行の休業が続出するに至ります。

表6 神戸市内の従業員数上位 10 社

順位	1922（大正 11）年		1970（昭和 45）年	
	企業名	従業員数	企業名	従業員数
1	川崎造船 船舶車輌	10,356	川崎重工 輸送機器	11,624
2	三菱造船 船舶車輌	6,876	三菱重工 輸送機器	10,097
3	鐘淵紡績 紡績業	4,814	神戸製鋼 鉄鋼業	7,312
4	川崎造船 兵庫工場 船舶車輌	2,819	三菱電機 電機	4,425
5	神戸製鋼 金属品	2,105	川崎製鉄 鉄鋼業	4,217
6	神戸鉄道 局鉄道省	1,616	新明和 輸送機器	2,300
7	ダンロップ 護謨	1,354	阪神内燃機、 機器	1,900
8	川崎造船 葺合工場 金属品	796	日本エアブ レーキ 輸送機器	1,600
9	川崎造船 機械製造	757	住友ゴム ゴム製品	1,500
10	三菱内燃機、 機械	718	小泉製麻 繊維工業	1,500

表5、6　資料　『工場通覧』『全国工場鉱山名簿　第 1 巻』『全国工場通覧　1972 年版』『有価証券報告書　1972 年版』　出所　神戸市『新修神戸市史　産業経済編Ⅳ　総論』2014 年

第4章　軍事港湾都市神戸と軍需産業

　1929年に世界的大恐慌が勃発し、市場の奪い合いの手段と
して通貨戦争と、他国の輸出攻勢から自国をまもるための関税
引き下げなど輸入制限などブロック経済化を進めます。このブ
ロック化で打撃を受けたのが、有力な海外市場や植民地をもた
ない日本やドイツでした。そのため日本やドイツは、新たな植
民地獲得のための侵略戦争を引き起こしていくのです。このよ
うに、大恐慌を起因として、貿易をめぐる国家の「経済戦争」
が第二次世界大戦につながっていくのです。たしかに、1931
年の満州事変、1937年の日中戦争、1940年の太平洋戦争は、
日本経済をいっそう軍事優先化し経済統制をともないつつ、軍
需中心の重化学工業を飛躍的に発展させていきます。
　たとえば、「三菱重工業株式会社神戸造船所は、1940年に国
家総動員法にもとづき海軍管理工場に、1944年には軍需会社
法にもとづき軍需会社に指定されました。従業員数は1937年
末に9,400人だったが、終戦時には徴用工、学徒動員、女子挺
身隊などを含め、約32,000人にも達したのです。新造船や製
作品などの生産高も、1937年の約3,000万円から1944年に
は約18,000万円と約6倍に増加します」（25）。徴用工とは、第二
次世界大戦中、日本統治下の朝鮮および中国で募集し徴用し
た労働者でした。神戸製鋼所も、「戦争の拡大により、軍の要
請によって生産増強体制をとった。1935年から10年間の間
に売上高は5,300万円から6億3,700万円と12倍に、利益は
350万円から6,900万円と20倍に増加します」（26）。
　川崎造船所は、「軍部から艦艇・戦闘機の製造能力アップが
要求され、艦艇は1937年から1941年までの間に58隻、商
船は30隻を建造、戦闘機は1922年から1945年までに1万

95

第 1 部（過去）

1,676 機を生産している。潜水艦は 1942 年から 1945 年まで
に 30 隻を建造した。さらに車両や軍用トラック、製鉄・ター
ビンなどの機械へ拡張していきます[27]」。

「川崎造船所は事業が拡大し、社名と事業内容があわなくな
り、1939 年に川崎重工業株式会社に社名を変更した。その際
に資本金は 8 千万円から 2 億円に増額し、1943 年には資本金
を 6 億円にまで引き上げられた。民需生産用の設備は部分的
に改造を施され、軍需用に転換されていった[28]」のです。表 7 の
ように、川崎重工業の利益は、1935 年の 3,062 千円から 1944
年の 18,843 千円と約 6 倍に増加します。

「川崎重工業も 1940 年に『海軍管理工場』、1944 年に『陸
軍管理工場』に指定され、1944 年に入ると政府から一段と高
い生産目標が提示され増産を迫られます。しかし、熟練工員
5,000 人余りが召集あるいは入営したため労働者が不足します。
艦船工場だけでも 6,000 人の増員が必要でした。それを補うた
め、徴用工や学徒勤労隊、女子勤労挺身隊が雇用されたので
す[29]」。

表 7　第二次世界大戦と
川崎重工業の利益

単位．千円

出所　川崎重工業株式会社『川崎重工業
株式会社社史』1959 年より作成

年度	利益
1935	3,062
1936	4,287
1937	7,740
1938	9,014
1939	6,771
1940	10,877
1941	12,330
1942	13,930
1943	18,843
1944	31,050

第5節　朝鮮戦争と神戸

　戦後、日本は米国の単独占領のもとに置かれ、米国の国策に沿って占領政策が行われました。終戦直後の米国の対日政策は、日本経済の徹底した「非軍事化」でした。しかし、米国のソ連との対立激化、中国革命という国際環境の激変の中で、米国は日本をアジアの軍事拠点とする政策に転換します。日本も、日本国憲法の「平和主義」から再軍備の道へ急旋回するのです。

　朝鮮戦争（1950 - 53年）は、総額10億ドルという特需をもたらし日本経済の復興を一挙に促進します。この戦争の影響は、神戸経済にも端的に現れます。「神戸製鋼所では、戦争勃発の翌年には売上高、純益金の増加が著しく、配当も特別を含めて3割配当を行ない、しかも社内留保率は80ないし90%の超高率を示す状態となります。このことは、川崎製鉄、三菱造船、川崎重工業においても同様でした。また、神戸の工業の中で独特の地位を占めるゴム工業も朝鮮戦争によって好影響を受けました。この間、神戸港はアメリカ軍の兵站基地として軍貨物の移出入が激しく、民間輸出入も増加したから、港湾施設の大部分が接収されたままではあったが、港は活気と混乱に満ちた[30]」のでした。表8（次頁）は、1951年1月1日－15日の15日間の兵庫県特需受注額推計ですが、全国44,263千円のうち兵庫県2,603千円と5.9%を占めています。化学製品25.8%、紡績製品9.6%、機械・金属6.8%となっています。

　経済団体連合会・防衛生産委員会『防衛生産委員会10年史』によれば、朝鮮戦争にともなう米軍特需は「経済企画庁の『特需に関する統計』（1957年）では、朝鮮戦争勃発以降1957年

第1部（過去）

表8　兵庫県特需受注額推計　単位．千円

	職業部門	全国	兵庫県	全国比
	機械器具	11,829	801	6.8%
物　資	金属及び金属製品	7,884	533	6.8%
	紡績製品	3,258	312	9.6%
	化学製品	1,901	490	25.8%
	小計	24,872	2,136	8.6%
サービス	船舶修理		184	
	機具修理		43	
	輸送荷役倉庫		240	
	小計	19,391	467	2.4%
	合計	44,263	2,603	5.9%

資料　終連神戸事務局『執務半月報』昭和26年1月1日－15日
出所　神戸市『新修　神戸市史　歴史編Ⅳ　近代・現代』1994年、
982ページより作成

6月末までの主要品目の契約高累計は、兵器および同部品が1
億5,000万ドル、自動車部品3,400万ドル、トラック3億4,500
万ドル、自動車修理1億650万ドル、ブルドーザー・レッカー
等の施設機械修理6,270万ドル、船舶修理2,350マンドル、兵
器修理1,800万ドル、航空機修理2,480万ドルでした。兵器特
需の中でもっとも大きなウエイトを持つものは、弾薬類を中心
とする完成兵器の発注でした。日本に兵器工業の基盤を植え付
けることによって、極東ならびに東南アジア地域における兵站
基地的な役割を果せようとの意図のもとに行なわれたのです。
その契約高は520億円（1億4,460万ドル）に達しました。神戸
製鋼所（105ミリ榴弾各種75万発）、住友金属工業（75ミリ無反動
砲弾19万8千発）、大阪金属工業、小松製作所（81ミリ迫撃砲弾
63万発）などでした。

98

第 4 章　軍事港湾都市神戸と軍需産業

　防衛生産委員会と日本兵器工業会は、1955 年に朝鮮戦争における 100 万発の砲弾納入を記念する式典を行います。そこで神戸製鋼所社長（当時）は、設備が近代化された意義を次のように強調しました。「米軍当局の懇切なる御指導と御鞭撻により、所謂米国式の量産方式と検査方法に基づき、最も近代化せる設備を整え併せて技術の練磨向上に努めました結果、おかげ様で生産を順次軌道に乗せることが出来ました。…今後も米軍及び我国防衛庁の新規需要に応じ、又進んで東南アジア諸国への兵器輸出にも寄与致し度い」。

　さらに米軍による航空機の修理特需で特筆すべきは、ジェット機体とジェット・エンジンの修理でした。1953 年から 54 年にかけて新三菱重工と川崎航空機は、ジェット戦闘機ならびにジェット練習機の機体とエンジンの分解修理を受注します。それは当時まったく未経験の新機種に対する知識、技術を、わが国に体系的に植え付ける意味において大きな役割を果たしたのです。[31]

おわりに

　神戸は、戦争ごとに海運業や造船、機械、車両、鉄鋼などの重工業が成長し、これらが神戸産業の中核を担っていきます。さらに神戸市が、川崎造船所の倒産危機に際し特別融資を決定・実行したことは、神戸市政と軍需産業とが切っても切り離せない関係になっていたことを意味していました。しかし、以上は、米騒動や三菱・川崎労働争議にみられるように、神戸市民や労働者の貧困化と社会不安の過程でもありました。

　国民の生活水準の低下は、とりわけ「日中戦争がはじまっ

た 1937 年に経済統制が開始され、産業において重点産業とし
て鉄鋼・石炭・軽金属・船舶・航空機の生産が増強されたこと
で顕著になります。平和産業の軍需工業への転換がすすめられ、
軍事費は急速に増大します。政府支出に占める軍事費の割合は、
1928 年の 30%から 1938 年の 70%にまで上昇するのです。こ
のような産業構造および財政構造の変化に伴い、国民生活の消
費支出は 1935 年と 1945 年で比べると、その水準は 65%にま
で落ち込みます。[32]

　現在、日本の国は、武器輸出三原則の改定（2011 年、14 年）、
特定秘密保護法（2013 年）、そして安全保障法制（2015 年）
と、戦争と軍事化への道を歩みはじめています。それは、神戸
の軍需産業化をすすめることにつながります。表 9 のように、
2017 年度に防衛省が装備品を購入した相手は、第 2 位三菱重
工業、第 3 位川崎重工業、第 5 位三菱電機で、神戸とかかわ
りのある企業が名を連ねています。

表 9　2017 年度に
防衛省が装備品を購
入した相手

	契約相手	件数	金額（億円）
1	米国政府	221	3,807
2	三菱重工業	169	2,457
3	川崎重工業	138	1,735
4	NEC	275	1,177
5	三菱電機	85	957
6	東芝インフラシステムズ	51	632
7	富士通	122	479
8	小松製作所	14	280
9	沖電気工業	47	226
10	日立製作所	53	200

資料 『東京新聞』2018 年
10 月 29 日

第 4 章　軍事港湾都市神戸と軍需産業

　また神戸には、図1のように、潜水艦を製造する川崎重工業や三菱重工業、原子炉を製造する三菱重工業、救護飛行艇 US1 を製造する新明和工業、海上自衛隊阪神基地など軍事関連施設があります。軍事費の増大は、軍需関連産業の利益となっても、年金や生活保護、国民健康保険などの社会保障費や教育費の削減を伴い市民の生活を疲弊させるのです。

図1　神戸港と軍需関連施設　　　（①〜⑩の施設名は次頁参照）

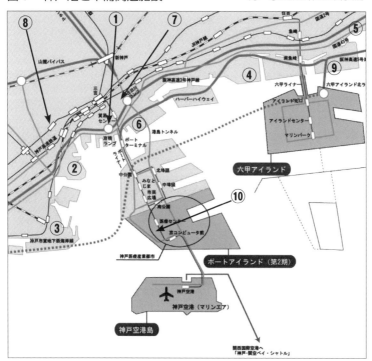

第1部（過去）

図1 施設名

① 旧外国人居留地

② 川崎重工業神戸工場　潜水艦の建造、修理

③ 三菱重工業神戸造船所　潜水艦の建造、修理

④ 神戸製鋼所

⑤ 新明和工業甲南工場　救護飛行艇 USI の製造、修理

⑥ 旧米軍基地第6突堤

⑦ 旧米軍イーストキャンプ

⑧ 旧米軍ウエストキャンプ

⑨ 海上自衛隊阪神基地　掃海艇2隻、隊員200人

⑩ 神戸医療産業都市構想関連施設群

「平成29年度事業概要神戸市みなと総局」22ページ掲載図をもとに作成。
http://www.city.kobe.lg.jp/information/municipal/giann_etc/H29/img/keizai290712-3.pdf

注

（1）吉免涼太によれば、神戸の川崎造船所や三菱造船所は、軍が直接保有するものではないが、大型の軍艦をつくる能力を持っていたことから、軍ときわめて強い結びつきを有する「間接的な軍事施設」といえると述べています（吉免涼太「神戸と造船所－『軍隊と地域』の視点から－神戸史学会『歴史と神戸』第57巻3号」）。

　　フリー百科事典『ウィキペディア（Wikipedia）』によれば、鎮守府とは、日本海軍の根拠地として艦隊の後方を統轄した機関。各鎮守府は、所轄の防備、所属艦艇の統率・補給・出動準備、兵員の徴募・訓練、施政の運営・監督にあたった。大本営とは、天皇に直属し陸海軍を統帥する最高統帥機関のことです。

（2）神戸市『神戸開港百年史　港勢編』1972年、363ページ。

（3）「Tactical Mission Report」Report of Operation,4Feburary 1945の米軍資料を翻訳。神戸市文書館保蔵「米軍爆撃概要報告第26号、1945年2月4日」。洲脇一郎の「神戸の要約と評価」（Air Objective Folder ,Japan Osaka Area No.90.25,1944年6月15

第 4 章 軍事港湾都市神戸と軍需産業

日付け）の研究によれば、神戸及び周辺地域の空爆対象にされた主
要な工場は、神戸製鋼所、日本ダンロップ、川崎重工業、三菱重工業、
神戸港湾地域、国鉄鷹取工場、湊川蒸気発電、川崎車両、鐘カ淵曹
達工場、日本エヤーブレーキ、川西機械工場、沖電気などであった
（洲脇一郎『空襲・疎開・動員−戦時・戦後の神戸の社会と教育−』
みるめ書房、2018 年、90 − 93 ページ。）
(4) 宇田川勝・法政大学イノベーション・マネジメント研究センター編
「明治期財閥形成者の起業家精神」2006 年、法政大学創設者薩埵正
邦の生誕 150 年記念講演。
(5) 森嶋通夫『なぜ日本は「成功」したか−先進技術と日本的心情』
TBS ブリタニカ、1984 年、116 ページ。
(6) 中岡哲郎『日本近代技術の形成』朝日新聞社、2006 年、359 ページ、
321 − 412 ページ、433 − 434 ページ。
(7) 中岡哲郎『日本近代技術の形成』朝日新聞社、2006 年、339 − 345 ペー
ジ、361 ページ、377 − 378 ページ。
(8) 川崎重工業株式会社『川崎重工業株式会社 100 年史』1997 年、9 ページ。
(9) 三菱重工業株式会社『新三菱重工業株式会社史』1967 年、4 − 5 ページ。
(10) 武田晴人『岩崎弥太郎−商会之実ハ一家之事業ナリ』ミネルヴァ
書房、2011 年、93 ページ。
(11) 成田誠一『評伝 岩崎弥太郎』株式会社毎日ワンズ、2014 年、
142 − 145 ページ。
(12) 武田晴人『岩崎弥太郎−商会之実ハ一家之事業ナリ』ミネルヴァ
書房、2011 年、116 − 120 ページ、140 − 145 ページ。
(13) 落合重信『増訂 神戸の歴史 通史編』後藤書店、1989 年、162 ペー
ジ。「政府は西南戦争で参謀局・会計本部・運輸局などの軍事中枢機
関を東京から神戸に移すとともに、ここを後方基地として戦地への
兵員と物資の補給に努めた（山崎整『幕末維新の兵庫・神戸』神戸
新聞総合出版センター、2018 年、202 ページ）。
(14) 神戸市『神戸開港百年史 港勢編』1972 年、362 ページ。
(15) 勝田銀次郎『神戸海運 50 年史』1923 年、114 ページ。
(16) 神戸市『神戸開港百年史 港勢編』1972 年、373 ページ。
(17) 川崎重工業株式会社『川崎重工業株式会社百年史』1997 年、10 −
11 ページ、14 ページ。
(18) 落合重信『増訂 神戸の歴史 通史編』後藤書店、1989 年、197 ペー
ジ。
(19) 『川崎重工業百年史』1997 年、16 − 23 ページ。
(20) 落合重信『増訂 神戸の歴史 通史編』後藤書店、1989 年、213

第1部（過去）

　　　-218 ページ。
（21）神戸市『神戸市史　本編総説』名著出版、1971 年、409 - 413 ページ。
（22）神戸市『新修　神戸市史　産業経済編IV　総論』2014 年、484 ページ。
（23）三菱重工業株式会社『新三菱重工業株式会社史』1967 年、7 ページ。
（24）川崎重工業株式会社『川崎重工業株式会社史（本史）』1959 年、
　　　101 - 102 ページ。
（25）三菱重工業株式会社神戸造船所『三菱重工業神戸造船所 75 年史』
　　　1982 年、15 - 16 ページ。
（26）神戸製鋼所『神戸製鋼 100 年』2006 年、61 ページ。
（27）産業編集者集団『川崎重工創立 100 周年 - 近代国家建設の歩みを
　　　支えた苦闘の 100 年』1997 年、173 ページ。
（28）神戸市『新修　神戸市史　産業経済編IV　総論』2014 年、174 -
　　　175 ページ。
（29）川崎重工業株式会社『川崎重工業株式会社百年史』1997 年、52 -
　　　53 ページ。
（30）神戸市『新修　神戸市史　歴史編IV　近代・現代』1994 年、982
　　　- 983 ページ。
（31）経済団体連合会・防衛生産委員会『防衛生産委員会 10 年史』1964 年、
　　　76 - 78 ページ、80 - 82 ページ、86 - 87 ページ。
（32）神戸市『新修　神戸市史　産業経済編IV　総論』2014 年、168 -
　　　169 ページ。

第2部 (現在)

「経済都市」神戸

―神戸市政と都市経営の検証―

第5章　神戸市都市経営の源流
－「大神戸の経営」と植民地型都市開発－

はじめに

　本章の目的は、神戸市の都市経営が、第1に、戦前の第一次世界大戦期に神戸市市区改正調査委員会で議論された「大神戸構想」、「大神戸の経営」に源流を見出せること、第2に、元神戸市長原口忠次郎（1949-69年在任）の植民地満州での都市計画やダム開発、そして神戸市の初代埋立事業部長・局長の宗宮義正らが手掛けた植民地朝鮮の釜山港の開発にもう一つの源流があることを検証することです。

第1節　日清・日露・第一次世界大戦と　　　　　　　　　　　　　「大神戸構想・大神戸の経営」

　神戸市は、日清・日露の戦争を経るごとに工業化と都市化がすすみ、1910年代ごろには、港湾整備、市営事業、都市計画事業、社会事業など多くの課題に直面していました。そのため、国や兵庫県からも優秀な人材を受け入れつつ、国や兵庫県から相対的に自立した行財政能力を強化していきます。

　神戸市の都市計画は、神戸市が1914年（大正3年）に神戸市区改正調査委員条例を定め、同条例に基づいて1915年（大正4年）に神戸市市区改正調査委員会を設置し、道路計画や神戸港の築港、鉄道、市域拡張などの計画を提案したことからはじまります。ちょうど神戸経済が絶頂期に達した第一次世界大戦の

第5章 神戸市都市経営の源流－「大神戸の経営」と植民地型都市開発－

時期でした。

　神戸市区改正調査委員会の主な業績は、神戸市役所都市計画部の「神戸市区改正調査委員会及市区改正委員会業蹟概観」（1923 年）によれば次の通りでした。第1に、市区を改正し交通機関を整理するために神戸電気株式会社事業を買収する。第2に、市内道路の拡張と改築。兵庫港の修築整備する（斎藤千次郎委員提案）。第3に、市内貫通国有鉄道線路の改良を国に申し入れる。第4に、「神戸市の将来」と題する「大神戸計画意見」（斎藤千次郎提案）でした。

　ここで都市経営との関連で特に注目すべきは、神戸市区改正調査委員で日本海員協会理事長の斎藤千次郎が、1917 年に「神戸市の将来」と題する市区改正意見書を出し大神戸計画を主張したことです。[1]斎藤によれば、「今や世界の文明を対象とし東洋第一の貿易港を抱擁し…我国を代表する貿易都市として必然的に大発展を為す可き…大神戸の経営」においては「市区拡張を緊急要項の第一類とせらを得す」と大神戸の建設が必要と訴えます。ここではじめて「大神戸の経営」という言葉が使われます。斎藤千次郎の「大神戸構想」の意見書は、神戸市都市経営が大港湾の開発と市域拡張、すなわち「大神戸の都市」を不可欠の条件とすることを強調していました。この提案を受けて神戸市都市計画部は、「神戸市都市計画区域決定に関する調査」（「大正 11 年神戸都市計画区域決定書類」兵庫県県政資料館所蔵）を神戸都市計画委員会に提出します。30 年後の人口を 150 万人と想定し、その範囲を須磨・武庫川までの約 2,280 万坪とする市域の大拡張計画と特別市制実施などの提案でした。

　斎藤千次郎が理事長として活躍した日本海員協会は、「日本

107

第2部（現在）

の海運界の発展とともに作られた高級海員の互助共済組織で、船舶所有者や海運関係者との意思疎通を図り、海事や海員関係法規の制定改正、海運諸制度の改廃、港湾及航路標識設備の改善等に関して当局の諮問を受け、あるいは当局に対し必要な建議、請願を為す団体でした[2]」。たとえば「海員協会は 1909 年（明治 42）、1921 年（大正 10）に、神戸港修築第 1 期および第 2 期計画にたいして修正意見を建議しています[3]」。斎藤千次郎の唱えた「大神戸構想」と「大神戸の経営」は、第一次世界大戦（1914－1918 年）の軍需景気などによって急成長した総合商社の鈴木商店や、商船・軍艦、兵器などをつくる川崎造船所、神戸三菱造船所、神戸製鋼所、そして軍事物資や兵員を輸送する日本郵船、大阪商船など海運関係者の意向を反映していたのでしょう。

　当時の神戸市長櫻井鐵太郎も、神戸開港 50 年を祝して「人口 2 万、貿易額百余万に過ぎない一寒村の神戸が、開港 50 年にして人口 70 万、貿易額 15 億円、帝国第 3 位の大都市の地位を占め、東洋有数の貿易港に成長した。市制実施 30 年と市直営による水道事業による給水、電気事業による交通機関の発達、さらに須磨町の合併を併せ祝す[4]」と式辞していました。

　このような「大神戸構想」「大神戸の経営」の背景には、第 1 に、神戸港が、横浜港とならび富国強兵と産業革命による資本主義化に不可欠の原材料や製品などの輸出入を行う国直轄の特定重要港と位置づけられ国際貿易の玄関口であったこと。第 2 に、神戸が、神戸港を拠点として造船、鉄鋼、機械、金属、化学、紡績など軍需産業化をすすめ日本経済を牽引する位置にあったこと。第 3 に、神戸は、西日本の拠点であり、台湾や朝鮮、中国などへの海上交通の要で重要な軍事的兵站基地であったこ

とです。また都市計画による道路整備は、戦争遂行のための物資輸送にも必要だったのです。

「大神戸構想」、「大神戸の経営」は、神戸市の工業化、都市化に対応するとともに、日本国家の大国主義、すなわち、台湾や朝鮮の植民地化と、満州や中国への侵略のために、神戸港や神戸産業の軍事化をすすめるためのインフラを構想したものでした。道路や港湾は、軍事（軍事物資の輸送や戦艦の出撃、停泊地）や軍需産業（造船、鉄鋼、機械、金属など）のインフラとしての機能を担い、市域拡大によってそのインフラ機能を効率的に経営でき、地域の拡張と人口増によって税収の増大を図ろうとしていたのです。

一方、神戸には、スラム街でその日暮らしをする多数の貧民層がひしめく一方で、鈴木商店のように第一次世界大戦の軍需景気を背景に投機的商法により急成長を遂げた大企業が存在しました。だからというべきか、鈴木商店が米騒動（1918年）の標的になったのでしょう。当時、川崎・三菱の大労働争議（1921年）も起きています。これらの都市社会の矛盾を市域拡張による大神戸によって克服することも課題だったのです。

第2節　植民地満州の都市計画と
朝鮮釜山港の港湾開発

神戸市都市経営の開発手法は、戦前からの植民地的都市開発の経験や技術、ノウハウを引き継ぎ「山を削り海を埋め立てる」大土木工事を実験してきたところに見出せます。この大規模開発を構想し実践したのが、戦前の内務省の技術官僚であ

109

第2部（現在）

り元神戸市長・原口忠次郎（1949 - 69 年在任）や、戦前の技術
官僚であり初代の埋立事業部長・局長の宗宮義正らでした。原
口忠次郎は、植民地満州の都市計画や鴨緑江ダム開発を手掛け、
宗宮義正は植民地釜山の港づくりの技術や経験を有していまし
た。植民地の朝鮮や満州では、国内で出来なかったことを実験
でき、新しい技術や知識、ノウハウを蓄積することができたの
です。[5]

　原口忠次郎は、表1のように、戦前は関東大震災復興事業
である荒川改修工事や満州国の首都新京の都市計画や道路建設、
ダム開発に従事し、さらに阪神大水害復興事業にもかかわって
います。戦後は、神戸の戦災復興計画を企画立案し、戦災復興
本部長、神戸市長として陣頭指揮をとり、ポートアイランドを
計画実行し国際空港も構想しています。

表1　原口忠次郎の履歴

1924 - 1932年	東京土木出張所の技師として関東大震災の復興事業である荒川改修工事に従事、1931 年に帝都復興記念憲章を授与される。
1933 - 1939年	満州国新京国道建設処長として新京 - 吉林間の道路建設に従事、水力電気建設委員会幹事、鮮満鴨緑江共同技術委員会委員、遼河改修計画調査をまとめる。
1939年	内務省神戸土木出張所長となり神戸の大水害復興計画を推進。
1945年	神戸市戦災復興計画に参画。
1946年	神戸市復興基本計画決定、復興本部長。
1949 - 1969年	神戸市長在任。
1959年	「明石海峡連絡橋計画調査概要」発表。
1966年	神戸港内にポートアイランド着工、淡路国際空港の構想を発表。

第5章　神戸市都市経営の源流－「大神戸の経営」と植民地型都市開発－

　原口の満州での体験が、戦後の神戸市の戦災復興に決定的な影響を与えたことは、次のような彼の回想録からもうかがえます。「在満6年…私の後半生を支配するような幾多の貴重な経験を重ねることができたのは確かだ」。「私の頭の中には新京の都市計画の思い出があった。私の目には焼け野原と化した神戸の町が満州の荒野に映った。…私の持っている技術と経験のありったけを満州に続いてこの神戸につぎ込もうと考えたのである。…戦災というわざわいを転じて福となす。いまこそ神戸という都市を、生まれ変わらす絶好のチャンス…どうせやるならただ復興するだけではおもしろくない。焼け跡に新しい神戸を造ってやろう」[6]と「復旧より復興」の都市づくりを推進していくのです。

　原口忠次郎は「満州国産業5カ年計画に依る安東省の東辺道開発に伴い鴨緑江河口港を中心とする一大臨海工業地帯の建設の実現」に助力します。[7]盧溝橋事件が1937年に起き、北京が陥落し当時日本占領下にあった華北を統治した北京臨時政府が誕生します。原口忠次郎の役割は、第1に、「華北における土木技術の基礎を固め」ること。第2に、「1937年末には河川審議会を開設し、満州国全般に亘る治水方針を確定」し、「満州国境鴨緑江の発電、水利、舟運の総合方針について満鮮両国間協定の骨子をつくる」[8]ことでした。

　また原口は、「大連とハルピンの間に総延長千キロ、幅百メートルの直線道路を計画し、松花江と遼河という南北の大河を運河で結びつけることを構想」するのです。原口は次のように述べています。「土木の技術や工法の面でも、日本の内地にいては考えられないような新しいものが取り入れられた。最新鋭の

111

機械と出来高払いといった近代的な労務制度で能率的な仕事ができた。土木工事の機械化の必要性を開眼した」[9]。原口のこのような構想力と経験、技術が、戦災復興やポートアイランド人工島、明石海峡架橋、神戸空港などの大規模開発を計画していくのです。

　さらに注目すべきは、戦前における釜山港の港湾開発です。車喆旭によれば、1931年の満州事変は、その直前の世界恐慌を克服する過程で日本が起こした戦争でした。1930年恐慌の打開と戦時経済への進入は、日本通貨圏内の物資流通量を増加させます。特に、満州、中国と日本との連結網の拡充は切実な課題で、輸出物量の急増は釜山港湾施設の拡充を必要としていたのです。つまり釜山港の建設過程は、日本の経済的、軍事的な国家利益と密接に連結していたのでした。「朝鮮では昭和[10]の初期に工業港の建設が始まり、続いて軍の要請に基づき南鮮港湾の港湾が着工された。工事は昭和10年に釜山港の北防波堤築造から始まり、よく年から麗水港の拡張計画も着工された。…戦争遂行のためには極めて大切な施設であった」[11]のです。

　朝鮮総督府は、釜山を大陸進出の足がかりと位置づけていましたが、釜山港は山が海にせまり平地が少ないために、「山を削り海を埋め立てる」大規模な港湾拡張事業が行われました。戦後の神戸市の初代埋め立て事業部長・局長である宗宮義正は、戦前は、朝鮮総督府技手平壌土木出張所長、交通局釜山建設事務所港湾部長など釜山港の開発事業にかかわります。宗宮義正は、在鮮中の半分を南鮮港湾の建設で過ごし、埋め立て用の土砂は各港裏山の花崗岩質の土砂を使用して好成績を得ていたといいます。このような経験から、宗宮義正は、原口市長

第5章　神戸市都市経営の源流―「大神戸の経営」と植民地型都市開発―

　に裏山に土源を求めることを提言します。また神戸市公共デベ
ロッパーによるベルトコンベヤーによる土砂運搬方式も、宗宮
義正の以下のような経験に依っていました。宗宮義正がベルト
コンベヤーに固執したのは、「釜山で大量の土砂を取り扱った
経験によるものでした」。「ベルトコンベヤーの動力は電気であ
るから空気の汚染はないこと、高い山にある土砂の位置のエネ
ルギーを有効に利用することが出来ると考えた」からでした。[12]

　さらに、この提言の背景には、次のような大阪市や横浜市と
の港湾開発競争がありました。「大阪市では終戦直後に大規模
な港湾拡張計画が樹立され、市街地の復興計画とうまく嚙み合
わせて既に立派な成果を発揮し、横浜市も数年前に埋立事業局
を設け着々と成果をあげ始めていた」。神戸市は「他都市に遅
れて総勢僅か23名で本格的な拡張工事に着手した」のでした。[13]

　しかし、戦前の釜山港開発における「山を削り海を埋め立て
る」方式によって、神戸港は他港に遅れることなく前進します。
つまり神戸市の「山を削り海を埋め立てる」大規模土木工事に
象徴される都市経営は、戦後の港湾開発競争（都市間競争）に優
位にたつべく、戦前の植民地における開発方式を継承・発展さ
せたものでした。

　以上のように戦前、植民地満州や朝鮮において原口忠次郎や
宗宮義正らが活躍した背景には、次のような日本帝国の工業化
政策がありました。山本有造の研究によれば、「後発資本主義
としての日本が周辺に開拓した植民地に期待したのが、狭い国
内市場を補完する商品販売市場、乏しい国内資源を補完する原
料供給基地の建設にあったことは、他の植民地帝国の場合と同
様であった。繊維・雑貨市場としての台湾・朝鮮・満州、ある

113

いは台湾からの砂糖・樟脳・米穀、朝鮮からの米穀・鉄鉱石・希少金属、満州からの大豆・石炭・鉄鉱石の移入などがこれである。…

　しかし日本が獲得しえた矮少な近隣植民地は、日本の工業化がすすむにつれて、垂直的分業を日本と分かち合う工業コンプレックスの一部としての位置を高めていく。製糖・缶詰など食品工業を中心に台湾における初期工業化は 1900 － 1910 年代から、また電力・製鉄などの基盤投資を含めて朝鮮におけるそれは 1910 - 1920 年代からはじまるが、植民地工業化政策の推進は 1930 年代以降に本格化する。…1930 年代の植民地工業化を先導したのは朝鮮であった。1931 年第 6 代朝鮮総督に就任した宇垣一成の『農工併進政策』の下で電源開発と配送電網整備が進むとともに、『安価な電力・安価な地価・低廉な労働力』を備えた朝鮮投資市場が準備された。

　加えて、一方に隣接する『満州国』市場への期待、他方に統制が進行する内地市場からの逃避が絡んで、日窒系の化学・電力投資を中核に、新旧財閥系資本の企業進出が相次ぐことになった。この趨勢は、日中戦争の開始にともなう『大陸兵站基地』建設の呼び声の下でさらに加速された。低廉な電力を原料とする電気化学工業、精錬工業等の重化学工業、低賃金を武器とする紡織、その他軽工業の成長がみられ、これらが朝鮮工業化を担う主要部門となった」[14]。

　以上のような満州と朝鮮工業化政策の一翼を担った原口忠次郎や宗宮義正らの技術や経験が、戦後の神戸の港湾開発を基盤とする重化学工業化を推進するうえで重要な役割を果たすのです。つまり戦後の神戸の都市づくりは、重化学工業を中心とし

た高度経済成長を達成するために戦前・戦中の植民地の統治や開発方式と深くかかわり、ある意味では植民地型都市開発とでもいうべき性格を有していたのでした。

おわりに

　神戸市都市経営の源流に位置づけられる「大神戸構想」「大神戸の経営」は、日本国家の大国主義、すなわち、台湾や朝鮮の植民地化と、満州や中国への侵略のために、神戸港や神戸産業の軍事化をすすめるためのインフラを構想したものでした。

　さらに戦後の神戸の都市づくりを担った原口忠次郎や宗宮義正は、植民地の満州と朝鮮の工業化政策の中で培った経験や技術、ノウハウを、戦後の重化学工業を中心とした高度経済成長を達成するための都市づくりに活かしていったのです。

注
（1）高野義大『神戸人名録』日本図書センター 1989 年によれば、斎藤千次郎は神戸市区改正調査委員、神戸港の水先案内業、日本海員協会理事長を経験しています。
（2）勝田銀次郎（神戸海運業組合代表者組合長）『神戸海運 50 年史』1923 年、156 – 157 ページ。
（3）米田富士雄『現代日本海運史観』海事産業研究所、1978 年、98 ページ。
（4）大澤米造『神戸開港 50 年祭記念写真帖』日本社、1921 年、1 ページ。
（5）橘内徳自によれば、原口忠次郎は朝鮮と満州にまたがる鴨緑江開発の共同技術委員会の満州側委員長として、水豊ダム建設の技術援助などで活躍しています（橘内徳自「理論に裏づけられた実行」原口忠次郎の横顔刊行会『原口忠次郎の横顔』中央公論、1966 年、126 ページ）。この水豊ダムは、琵琶湖の約半分という面積で出力 70 万 kW に達するもので、工事施行は満州側が西松組、朝鮮側は間組が請け負っていました。この豊富で低廉な電力によって、硫安をはじめと

115

第2部（現在）

する化学製品が製造されました。経営陣は、日本窒素コンツェルン
の野口遵社長、久保田豊取締役などでした（沢井実『帝国日本の技
術者たち』吉川弘文館、2015年、99‐100ページ）。

　医学者の原田正純によれば、環境問題の原点とされる水俣病事件
は、窒素株式会社が有機水銀をタレ流したことが主要な原因ですが、
それは第二次世界大戦時の朝鮮半島の鴨緑江での電源開発と化学肥
料を中心とした化学工業コンビナートに起源をもち、そこでの産業
経営と差別的な労務と住民管理を、戦後の水俣に持ち込んだ顛末で
した。国（当時の厚生省）も、徹底した原因を追究して発生を阻止
する責任を果たさず被害を拡大させてしまうのです（原田正純『水
俣が映す世界』日本評論社、1989年）。つまり国や企業の差別的体
質の、戦前と戦後の連続性の中で水俣病事件が引き起こされ、多く
の患者が棄民されたのでした。

　さらに戦前・戦中との連続性は政治にもあらわれています。岸信
介は、A級戦犯でありながら戦後、内閣総理大臣にまでなった人物
です。彼は、戦前の東条内閣のもとで商工大臣を、そののち軍需省
の次官を国務大臣として兼任します。岸はまた、満洲国国務院で要
職を勤め、『満州産業開発五カ年計画』を手がけた『革新官僚』の筆
頭格でもあったのです。彼らは、日本帝国主義が国策計画経済と災
害資本主義（侵略戦争や民族浄化などは人類史上最大規模の『災害（人
災）』である）による収奪（略奪）を行う上で決定的に重要な役割を
果たしたのでした（塚原東吾「マッハッタン時代と満州経験－戦後
日本のテクノポリティクスの起源」青土社『現代思想』２０１５年
８月号）。

(6) 原口忠次郎『わが心の自叙伝(4)』のじぎく文庫、1971年、42ペー
　　ジ、55‐56ページ。
(7) 黒田重治「信念に生きる人」原口忠次郎の横顔刊行会『原口忠次郎
　　の横顔』中央公論、1966年、143ページ。
(8) 本荘秀一「満州国での活躍」原口忠次郎の横顔刊行会『原口忠次郎
　　の横顔』中央公論、1966年、122ページ。
(9) 原口忠次郎『わが心の自叙伝(4)』のじぎく文庫、1971年、38‐39ペー
　　ジ。
(10) 車　喆旭「植民地期の釜山港湾の設備事業とその社会的意義」九
　　州国際大学『経営経済論集』第18巻1号、2011年。
(11) 宗宮義正『ある技術者の足跡』光村推古書院、2002年、17ページ。
(12) 宗宮義正『ある技術者の足跡』光村推古書院、2002年、18‐20ペー
　　ジ、55ページ、61ページ。

第 5 章　神戸市都市経営の源流－「大神戸の経営」と植民地型都市開発－

（13）宗宮義正『ある技術者の足跡』光村推古書院、2002 年、53 - 55 ページ。
（14）山本有造『「大東亜共栄圏」経済史研究』名古屋大学出版会、2011 年、
　　40 - 41 ページ。

第6章　宮崎辰雄神戸市政の検証（1）
　　　－神戸市都市経営と都市社会主義－

はじめに

　本章の目的は、宮崎辰雄神戸市政と都市経営を検証すること
です。宮崎辰雄は、戦災復興の要職を担い、戦後神戸の都市づ
くりの基本理念と骨格をあらわした神戸市総合基本計画審議会
（1965年）の副会長も務めています。宮崎辰雄の後に神戸市長
となった笹山幸俊（1989－2001年在任）や矢田立郎（2001－2013
年）も、基本的には宮崎辰雄の市政と都市経営を継承していま
した。宮崎は、表1の履歴のように、阪神大水害復興を経験し、
戦災復興計画の要職に就き、助役16年、市長20年と、戦後
の神戸市政と都市経営のキーパースンともいうべき人物だった
のです。

表1　　　宮崎辰雄の履歴

1937年	神戸市役所就職（文書課配属）
1938年	阪神大水害復興にかかわる
1939年	立命館大学法経学部法律学科入学
1945年	戦災復興本部庶務課長兼企画課長
1946年	復興本部計画局課長、復興本部整地部整地課長
1947年	復興局整地部長
1951年	建設局長、経済局長、調査（室長）、総務局長
1953－ 1969年	助役（「神戸市総合基本計画審議会」副会長）
1969－ 1989年	神戸市長在任

資料　宮崎辰雄『私の履歴書』神戸都市問題研究所、1985年

第6章　宮崎辰雄神戸市政の検証（1）－神戸市都市経営と都市社会主義－

　神戸市都市経営が席巻した 1980 年代は、大蔵省や通商産業省の官僚主導による経済運営と日本的経営が、日本経済の競争力強化と高度成長を推進し「Japan as Number One」と日本礼賛論が世界に流布されていました。神戸市も、都市官僚主導による起債主義、公共デベロッパー方式、外郭団体、基金制度などによる自立的財政運営や、人工島ポーアイランドの完成、ポートアイランド博覧会、ユニバーシアード、フェスピック開催などのイベントで独自の経営システムを開拓していったのです。

　さらに神戸市が、1973 年の石油ショックと不況のなかで、他の多くの自治体が赤字経営で呻吟するなかで、黒字経営を行ったことも注目されました。当時の神戸市は、戦後の日本の都市史のなかで、最も高い評価を受けた自治体であり、全国の都市が見習うべき自治体であったといっても過言ではないでしょう。だから研究者やメディアなども次のように神戸市政・都市経営を評価したのでした。

　元神戸市の幹部で神戸市都市経営の研究者である高寄昇三（当時、甲南大学教授）は、元宮崎神戸市長がすすめた市政の基本戦略は企業的都市経営であると定義しました。企業的都市経営は、地方自治にあって外圧たる中央支配に対抗し、また、行財政運営にあって内圧たる官僚制の克服をめざした政策感覚に溢れた都市自治像と評価しました。さらに公共デベロッパーこそ、開発利益の社会的還元をめざしたシステムだと自負したのでした。[1]

　日本経済新聞社は、人工島造成といった大規模プロジェクトや、ポートアイランド博覧会などで利益を出すなど民間顔負け

の商才を指して、神戸市を「株式会社神戸市」と表現しました。「山を削り海を埋め立てる」公共デベロッパーが、ポートアイランドや六甲アイランド、内陸部の造成など土地を生み出すだけでなく開発利益をもたらしたからでした。[2]

宮本憲一（当時、大阪市立大学教授）は、神戸市都市経営を日本における社会主義思想家片山潜や、都市経営の実践家であった関一などの都市経営の本流の中で位置づけ、「神戸市株式会社」という比喩は、片山潜の考えた「社会主義」実現の独立の法人という理念に上にあるのであって、たんに、神戸市が利益追求の民間法人と同じという意味ではないであろうと評価しました。神戸市都市経営の長所として、公共デベロッパーによる開発利益と、市民参加の長田区丸山や真野まちづくり、そして環境・福祉条例などソフトな取り組みを評価しました。ただし公共デベロッパーによる「山を削り海を埋め立てる」自然破壊やインナーシティ問題、都市官僚テクノクラートによる官僚的市政運営については批判的でした。[3]

広原盛明（当時、京都府立大学教授）は、「神戸市には、真野の運動への対応を通じて『インナーシティ再生の神戸モデル』をつくっていこうとする強い意気込みが感じられる」と、神戸市の行政姿勢を評価しました。[4]広原によれば、神戸市は、市民によるまちづくりを通じてインナーシティ再生を積極的に推し進める先進的自治体なのでした。以上のように神戸市都市経営の評価は論者によって異なりますが、本章では、宮崎辰雄の神戸市都市経営が、「都市社会主義」の本流に位置していたと言えるのかどうかを検証します。

第6章　宮崎辰雄神戸市政の検証 (1) −神戸市都市経営と都市社会主義−

第1節　日本の「都市社会主義」と革新自治体

　都市は、資本主義の発展とともに成長していきますが、資本主義の矛盾が都市問題を引き起こします。「都市社会主義」は、資本主義的枠組みを前提としつつ、都市自治体が主体となって、市民生活の改善を目的として、経済面および生活環境全般にわたり、社会主義的原理を適用してゆこうとする思想です。具体的には、都市自治体による公衆衛生や住宅改良施策、そして電気・ガス・水道・市街鉄道など経済的諸事業を所有・経営し、その収益を社会に還元することでした。片山潜や安倍磯雄らの「都市社会主義」グループは、S.ウェッブなどの英国フェビアン協会やロンドン、グラスゴー、バーミンガムなどで実践されていた都市改良事業、都市諸事業の公有化などを学び、日本の都市に応用しようとしました[5]。

　彼らの唱えた「都市社会主義」が、実際の都市自治体の経営に生かされたのは、高度経済成長の矛盾が激化した1960年から70年代にかけてでした。松下圭一によれば、この時代は、自然破壊、公害、住宅や保育所、公園など生活関連の社会資本の不足、交通地獄など都市問題が噴出しました。公害にともなう人間の生存の危機とむすびついて、「市民革命」といわれるほどに、市民運動の激発をみるにいたったのです。この時代は、東京都、大阪府、京都府という戦略拠点における革新知事をはじめ、606市のうち横浜市など100余市の革新市長が登場し、日本における民主主義の新しい可能性をしめしていました[6]。このような革新自治体と住民運動による福祉・環境・参加行政のうねりは、全国的に波及し政治的にも大きな影響力を持ちつつ

121

あったのです。

　戦後の革新自治体は、「憲法を暮らしの中に生かそう」をスローガンにする蜷川虎三京都府知事の誕生（1950年）に始まります。教育では、「高校三原則」の政策を原則堅持し、高校の小学校区・総合選抜入試をうちだします。福祉も全国で初めて「65歳以上のお年寄り医療費助成制度」をつくるなど革新的な施策を展開します。金融政策では、府の資金管理を地元銀行（京都銀行）に任せ、公共事業の資金も地元銀行から借り受けるなど、地元金融機関の育成をはかりました。農業・漁業なども、国が推し進める稲作減反に反対の姿勢を取り、独自の「京都食管」と呼ばれる価格保障制度を打ち出しています。

　しかし、蜷川京都府政の功績もさることながら、首都東京で革新知事美濃部亮吉（1967 - 79年在任）が誕生したことが、日本の地方自治に大きなインパクトを与えたことは否定できないでしょう。美濃部都政は、「憲法を暮らしに生かす」べく、都民の参加と対話、福祉や環境重視の都市政策をすすめ、神戸市をはじめ多くの自治体のモデルになったのでした。

　美濃部都知事のブレーンの太田久行によれば、「12年間の美濃部都政とは、明治以来、ほとんど接することのなかった都民と都政の距離を縮め、都政を通じて東京に憲法を実現しようとした」ことです。美濃部都政は、明治政府の国民統治方針「よらしむべし・知らしむべからず」の破壊から始まりました。美濃部知事は、「都政の主人は都民」と都民の対話と参加を重視し、そのために「知らしむべし」を実行し「ゲッペルスになるのを避けよう」が広報担当者の合言葉になったのです。「美濃部都政の『福祉観』は、都民の生活と生命を守るため、福祉充実の

第6章　宮崎辰雄神戸市政の検証 (1) －神戸市都市経営と都市社会主義－

施策をおこなうことは、都政（自治体）に課せられた最低限の
責任である。福祉ニーズの充足は、憲法を暮らしに生かす都民
の『権利』であり、行政のヒューマニズムの具現である」とい
うことでした。

　「美濃部知事は、1969年に都議会に公害防止条例を提案し、
その基本目標を核兵器と並んで人類の将来を脅かす最大の敵と
もいうべき公害に挑戦しようとする東京都民の宣言でありまし
た。これが、国に公害対策基本法をはじめとする公害関係法令
を改正させる機運のひとつとなった」のでした。美濃部知事は、
「公害追放」には、東京の都市構造をかえなければならないと
いう観点に到達し、次のような都市理念を打ち出します。第1
は、シビル・ミニマムの実現と底上げが、東京における都市づ
くりの根本である。第2に、都民による下からの都市づくり
でなければならない。都民参加のない都市づくりは真の都市改
造ではない。第3に、実現性と妥当性をもたなければならない。
科学的な資料と十分な討議に裏打ちされ、実現へのプログラム
がなければならない。第4に、都市づくりは鉄とコンクリー
トだけではない。都市づくりは技術を十分に使うが、人間を主
体として考えたい。第5に、生活機能優先の原理を確立する。
戦前は、軍事、治安の論理によって都市づくりがおこなわれ、
戦後は、都市機能の充実という名のもとに政治、経済優先の都
市づくりがおこなわれてきた。第6に、都市づくりは自治体
の責任とリーダーシップが確立されなければならない。都市改
造をおこなうためには多額の経費が必要である。そのための起
債など自治財政権が必要である。住民の生活に直接必要な住宅、
道路等については、国が公団をつくり、自治体のコントロール

123

のきかないところで、自ら事業を進めている。自治体が住民の
ための都市づくりについて、リーダーシップをとる権限をもつ
ことは、市民の論理を都市改造の基本とするためにも必要な条
件である。第7に、平和と民主主義が必要である。平和と民
主主義、それを保障する憲法がなかったならば、都市づくりに
ついて、都民の自由な意見、自由な試案など百家争鳴は期待で
きない。[7]

　美濃部都政が、東京の都市づくりの根幹にすえたのがシビル
ミニマム（市民生活基準）でした。政治学者の松下圭一によれば、
シビル・ミニマムは二重の性格をもっています。第1は、そ
れはすべての市民の権利という性格である。いわば市民の自然
権としての「生活権」を意味する。それは、生存権だけでなく
環境権をふくめて、都市における市民生活基準ないし都市生活
の市民的ルールとして保障されるべき私たちの権利である。第
2は、自治体の「政策公準」という性格である。それは自治体
による都市政策の市民的公準をあきらかにしようとする。「自
治体が市民生活に直接責任をもっているとするならば、自治体
レベルでシビル・ミニマム（市民生活基準）、すなわち生活基盤
を中心とする社会資本の拡充（住宅、道路、上下水道、電気ガス・
廃棄物処理をふくむ都市装置、学校・公園・保育所・高齢者施設など）、
社会保障の整備（老齢年金・健康保険・失業保険をふくむ給付制度、
困窮者保護制度など）、社会保健（公害防止、公衆衛生、食品衛生など）
を確立すべき[8]」なのです。

　しかし、シビル・ミニマム論は、1973年の石油ショックと
その後の不況のもとで革新自治体などの財政赤字が深刻化する
なかで、美濃部都政後の鈴木俊一東京都知事など都市経営論者

第6章　宮崎辰雄神戸市政の検証（1）－神戸市都市経営と都市社会主義－

からバラマキ福祉との批判を浴びることになります。宮本憲一によれば、シビルミニマム論には財政と産業政策がなかったのでした。[9]

第2節　宮崎辰雄の神戸市都市経営と「都市社会主義」

　一方、この時期、神戸市は、独自の経営システムを開拓し黒字経営を行なっています。宮本憲一によれば、宮崎辰雄の都市経営は「最小の経費で最大の福祉をめざす」ことにあり、「最大の福祉」は1960年代後半の美濃部都政などの革新自治体が唱えた「シビルミニマム」論と同じだが、「最小の経費」は革新自治体の衰退期の70年代後半にあらわれた行政改革の論理と同じようである。宮崎市政が他の革新自治体とひと味ちがい、1980年代に存続した理由は、シビルミニマム論と行革論とが矛盾なく結合していたところにあるように思える。そして宮崎市政は、片山潜の考えた「都市社会主義」（都市経営論）の本流の中に位置づけられると主張しました。[10]果たしてそうでしょうか。

　宮崎市政を評価する場合、市長在任の1969年から1989年までの20年間、そして助役時代の1953年から1969年の16年間を総合的に評価することが必要です。端的に言って、宮崎辰雄は、原口忠次郎市長の下での助役時代は都市官僚主義の開発主義者、引き続き市長1期目（1969-73年）も巨大な神戸空港を打ち出したことにみられるように開発主義をすすめました。しかし、2-3期目（1973-1981年）は、環境や福祉重視の世論や時代の風潮の流れのなかで、神戸空港を心ならずも断念し、

125

革新美濃部都政を倣いシビルミニマムや福祉・環境・景観など
の自治条例を制定するなど「都市社会主義」的な施策をすすめ
ます。このような政策転換は、宮崎辰雄の信念というよりも政
治家として延命するための方策であり、革新自治体の施策の模
倣という性格を免れませんでした。

　宮崎辰雄は、神戸空港が自分の信念ですが、市会や市民の意
思は神戸空港反対のため、市長再選のためには自身の信念にそ
ぐわない苦渋の選択をしたことを述懐しています。高寄昇三[11]
も「宮崎市長によって開発行政は得意であるが、生活行政は苦
手の分野である。飛鳥田市長や美濃部知事が自らの信条にもと
づいて環境福祉を推進していったのに比べて、宮崎市政は自ら
の信念とは異なる行政の遂行を政治的に強いられるという戸惑
を禁じえなかった[12]」と述べています。そのためか、「シビル・
ミニマムにしても所詮、美濃部都政の模倣であり、革新自治の
強かった時代はともかく、4・5期という最後まで目標を追い
求める義理はなかった[13]」のです。注意すべきは、革新的施策を
展開したこの時期においても、西神ニュータウンや六甲アイ
ランドなど大規模な開発を進めていたことです。4-5期目は、
革新自治体や住民運動の停滞・衰退と1981年のポートアイラ
ンド博覧会の「成功」などを契機に、自らの信念である神戸空
港を再度打ち上げ開発優先の政策に舵をきります。

　以上のように、宮崎市政・都市経営を助役時代から市長在任
の1期から5期までを総合すれば、巨大神戸空港に象徴され
る開発主義であり都市官僚主義であったと言わざるをえないで
しょう。だからというべきか、1980年代頃から急速にすすん
だ高齢化に対応するための特別養護老人ホームやデイケアサー

第6章　宮崎辰雄神戸市政の検証 ⑴ －神戸市都市経営と都市社会主義－

ビス行政には消極的でした。そのことは、阪神・淡路大震災時の神戸市に於ける在宅福祉サービスが、全国都道府県・12政令指定都市の中でも最下位クラスの水準でしかなかったことからも推察できます。ホームヘルパーやデイサービス、ショートステイを合わせた在宅福祉サービスの指標は 57 位と下から 3 番目でした（厚生省『老人保健福祉マップ数値表』平成 5 年版）。もし既成市街地で特別養護老人ホームやデイサービス施設が整備充実していたならば、阪神・淡路大震災において、避難所などの劣悪な生活条件のために死亡した震災関連死者の多くは救済されていたのかもしれません。

　以上のように宮崎辰雄神戸市政の特徴は、開発優先から生活優先へ、そして再び開発優先へ、と市政の舵を切り替えていったことであり、「風見鶏」とか「機を見るに敏」と揶揄されることにもなりました。ここで注目すべきは、宮崎辰雄神戸市長は、基本的には「開発主義者」であっても、「都市社会主義」を思想・信条としているわけではなかったということです。その理由を以下で検証しましょう。

　第 1 に、宮崎市政が革新自治体であるかどうかを判断する上で、決定的なプロジェクトである神戸沖空港についての宮崎の政治姿勢です。宮崎は 1971 年 7 月に神戸空港試案（第一次）を発表します。その内容はポートアイランド沖 6 キロの海上に 2,100ha の用地を造成し、4,000 m 滑走路 4 本、3,200 m の横風用滑走路 2 本をつくる。工費は 7,500 億円でポートアイランドと空港は海底トンネルで結ぶというものでした。試案の神戸空港は、現在の神戸空港の面積 271ha の約 8 倍、ポートアイランド 1 期の面積 436ha の約 5 倍もの巨大空港でした。

第2部（現在）

　ちなみに現在の関西国際空港は、515ha と 545ha の 2 島で合計 1,060ha、3,500m 級と 4,000m 級滑走路 2 本です。

　この間の事情を、大気汚染など公害反対の住民運動の先頭に立ってきた加藤恒雄は次のように記述しています。「神戸市当局の新空港誘致の姿勢は頑強で、宮崎辰雄神戸市長は新空港反対の住民とは会おうとさえしなかった。宮崎市長は、1971 年 7 月 1 日に神戸ポートアイランド沖の関西新空港計画神戸市試案を発表。背景には神戸財界の強い要望もあったのであろうが、新空港の神戸への誘致は、当時の宮崎市長の強い要望であった。

　一方、神戸市民の間でも関西新空港反対のムードが次第に広がりはじめていた。それに加えて阪神 3 市住民による新空港反対の勢いは、神戸市民と共に神戸市長、神戸市議会にも新空港反対を表明するよう強力に迫っていった。新空港神戸市試案公聴会で反対派の意見は、関西新空港は必要なのか、航空機騒音、大気汚染、六甲山や大阪湾の大規模な自然破壊に対する批判であった」。

　「1971 年 10 月 13 日に神戸市会は新空港反対の請願書を全会一致で採択。1972 年 3 月 31 日、神戸市会は関西新空港反対を決議する。…1973 年 3 月 6 日、宮崎市長は神戸市会の答弁で『関西新空港神戸沖案反対』を表明。…宮崎市長は、終始新空港を神戸沖に誘致しようと思い続けていたのだが、市長選挙を前にして選挙民の目を一時的に欺く目くらましとして『新空港反対』を表明したのだろうか、と推測される。

　宮崎市長の新空港に対する姿勢の変化の背景に、73 年秋の神戸市長選挙を前にして選挙事情の変化があった。当時、公害防止条例や老人医療無料化、無担保・無保証制度の中小企業融

第6章　宮崎辰雄神戸市政の検証 (1) －神戸市都市経営と都市社会主義－

資など、環境や福祉、地域産業重視の政策をすすめる京都府の
蜷川知事（1950‐78年在任）、東京都の美濃部知事（1967‐79年
在任）、大阪府の黒田知事（1971‐79年在任）、横浜市の飛鳥田市
長（1963‐77年在任）、名古屋市の本山市長（1973‐85年在任）の
ほか、社会党と共産党などが推す革新首長が全国各地に誕生し
ていた。また神戸市の市民世論も、公害や環境破壊をもたらす
神戸沖空港に反対し、老人医療無料化など福祉を重視する」方
向に傾いていたのでした。

　革新政党や市民の風潮も空港建設反対で、もし宮崎辰雄の信
念である神戸沖空港建設を貫こうとすれば市長再選は困難とな
ります。苦渋の選択として神戸空港反対を表明し、革新の看板
を掲げ再選を果たすのでした。宮崎は、空港反対の立場をとっ
たことを「一世一代の不覚」と述懐しています。空港問題は、「宮
崎の生涯をかけて取り組んだ『理想的な街・神戸』実現に、画
竜点睛を欠いた」ものだったのです。

　その後、約1,500万人もの入場者を記録した神戸市主催の
ポートアイランド博覧会（1981年）の成功などの実績をもとに、
「宮崎は82年6月に小坂運輸大臣に第二次関西新空港神戸沖
案を強引に説明しようとします。神戸沖案は運輸大臣に受け取
りを拒否されます。2度目の神戸沖案が失敗しても、伊丹空港、
泉州沖の関西空港が開港しても、神戸空港に執念を燃やし続け
ます」。1989年に神戸市会は神戸空港を全会一致で決議します。
神戸市会決議と宮崎市長の意を受け継いだ笹山幸俊神戸市長は、
1995年の阪神・淡路大震災直後に、神戸空港は震災復興の「希
望の星」と建設促進を表明。「『空港より生活再建』という被災
者の願いに背くかのように、『空港の是非は住民投票で』と求

める神戸市民の 30 万人をこえる直接請求署名を無視して空港
建設をすすめ、2006 年 2 月 16 日に開港します」[17]。

　しかし、市民の反対を押し切って開港した神戸空港は、計画
を大幅に下回る乗降客数で採算がとれず、別会計からの繰り入
れに依存し、空港運営を民間に売却するという顛末を迎えます。
たとえば表 2 のように、神戸市の利用者予測と実際の旅客数の
比率は、2005 年度 86%、2010 年度 55%、2015 年度は 56%
（旅客数は 2014 年度実績）と低迷しています。さらに空港島埋め
立て用地は、販売予定面積 82.44ha の 13.1%（10.8ha）しか売
却できていません。そのため新都市整備事業会計から借り入れ
や繰り入れで賄っています[18]。過大な需要予測のもと、市民の
意思やニーズを軽視した神戸市の開発推進のツケが市民負担と
して押し付けられたのです。

表 2　神戸空港の利用状況

	2005年度	2010年度	2015年度
旅客数	2,738,143 人	2,215,092 人	2,444,817 人 （2014 年度）
神戸市の予測	3,190,000 人	4,030,000 人	4,340,000 人
利用者予測比率	86%	55%	56%

資料　「ストップ神戸空港」の会発行『神戸空港「10 年検証」』2016 年、神戸市
HP、神戸空港利用状況より作成

　第 2 に、神戸市都市経営のセオリーである「最小の経費で最
大の市民福祉」の問題です。これは、公共デベロッパーによる
開発行政であげた収益（開発利益）を一般会計に繰り入れたこ
とを指しています。確かに神戸市は、1971 年度から 1990 年

第6章　宮崎辰雄神戸市政の検証 (1) －神戸市都市経営と都市社会主義－

度まで合計300億円余りを一般会計に繰り入れています。し
かし、神戸市の財政運営の特徴は、宮崎辰雄自ら述懐している
ように、「歳出は暦年の平均値に近い額にとどめ、残りは剰余
金として留保しておく」というものでした。つまり歳出が暦年
の平均値に留め置かれたことは、福祉優先の財政に転換するこ
とはなかったことを物語っています。

　好景気による税の増収や開発利益などは、新たな開発事業の
ための基金としてため込まれたのです。たとえば、1990年度
決算では、企業会計基金2,628億円、一般会計基金1,802億円、
公債基金626億円の合計5,056億円も内部留保されています。
この額は、市税の2,615億円の1.7倍にも達します。基金とし
て蓄えられた内部留保は、新たな開発のための資金源となって
いくのです。

　阪神・淡路大震災で被災者や市民が、神戸市や兵庫県、国
に求めたものは、生活と住宅再建のための「個人補償」でし
た。神戸市の都市経営の理念である「最小の経費で最大の市民
福祉」、すなわち都市経営の目的が市民福祉であるならば、貯
め込んだ基金（内部留保）を被災者のために使いつつ、憲法に
もとづき政府に「個人補償」を求めるべきだったのではないで
しょうか。しかし、宮崎市長を継承した笹山市長の下で、被災
者の「個人補償」は「私有財産の原則」に抵触するとして否定
されました。

　また、拙著『神戸都市財政の研究』（学文社、1997年）で検証
したように、開発利益の一般会計への繰り入れは、福祉や医療
など市民生活に特定した財源ではなかったという問題がありま
す。神戸市の会計は、一般会計と特別会計、企業会計、そして

131

外郭団体会計などから構成されますが、それぞれの会計が相互に繰り入れや貸付けなどを行なっています。一般会計も、福祉や医療など生活関連だけでなく、都市計画や土木、港湾、そして開発関連の企業会計、特別会計、外郭団体会計と関連を持っています。ですから一般会計は、神戸市全体の会計の性格に規定され、全体が開発優先ならば一般会計も開発優先の性格は免れないのです。つまり、開発利益を一般会計に繰り入れたからといって「最大の福祉」につながるものではなかったのです。

　さらに神戸市は、神戸沖空港の造成建設を3,140億円もの巨費をかけて1999年から始めます。しかし、造成建設が始まって以降、開発利益は一般会計に繰り入れられていないのです。[20]このことは、公共デベロッパーによる開発利益を捻出するという神戸市都市経営が、行き詰っていることを物語っているのではないでしょうか。

　第3に、片山潜や安倍磯雄らの都市社会主義グループの核心的主張は、（1）市街鉄道、電気事業、瓦斯事業等凡て独占的性質を有するものを市有とすること、（2）それらの事業が提供するサービスに対する市民の負担（市税・電車賃など）が軽減され、それらのサービスがもたらす都市生活の福祉をすべての市民が平等に享受できるようにする。さらにそれらの事業のもたらす独占利潤を財源として、住宅・公園・図書館など収益性のない事業に着手する。（3）中央政府、各府県、各市町村の所有せる公有地を払い下げることを禁ずる。（4）都市における土地は挙げて其都市の所有とする方針を採ること、若しこれに速に実行する能はざる場合には、法律を設けて土地兼併を禁ずること」[21]でした。

第6章　宮崎辰雄神戸市政の検証 (1) －神戸市都市経営と都市社会主義－

　神戸市都市経営は「山を削り海を埋め立て」土地を造成し、この公有地を民間などに売却することであり、また都市自治体の所有する土地を切り売りすることでした。それゆえ神戸市都市経営は、公有地を払い下げることを禁止した、片山潜らが唱えた「都市社会主義」と異なるものであったと言わなければなりません。

　第4に、神戸市のシビル・ミニマムのもつ問題です。一般にシビル・ミニマムは、住む（住宅、上下水道、清掃、公園緑地、文化施設、体育施設）、働く（道路、鉄軌道、バス、勤労者福祉）、育てる（学校、保育所、遊び場）、守る（公害防止、自然保護、消防救急、防災、保健、福祉、消費者保護）などで構成される概念です。ここでは、公園について検証しましょう。

　高寄昇三は、表3（135㌻）のように、シビル・ミニマムの達成状況を1971年度（昭和46年度）末状況と1990年度（平成2年度）末見込とを比較しています。公園は、この20年間ほどで市民1人当たり2.92㎡が14.3㎡に約5倍に増大しています。他の大都市の1人当たり公園面積が3㎡から8㎡ほどですから、神戸市の公園面積は広いというのです。

　たしかに神戸市統計書をみても、神戸市民1人当たり公園面積は、1970年度の2.64㎡から1990年度の13.25㎡と大幅に増えています（表4　135㌻）。しかし、表5（135㌻）のように、市民の生活圏にある住区基幹公園は、全体の23.02%にすぎません。住区基幹公園は、街区公園（街区に居住する者の利用に供するもので面積0.25haを標準とする）と近隣公園（近隣に居住する者の利用に供するもので面積2haを標準とする）、地区公園（徒歩圏内に居住する者の利用に供するもので面積4haを標準てする）の3種類から

133

成ります。住区基幹公園の市民1人当たり面積は、神戸市全体で3.05㎡、インナー指定地域の長田区は1.38㎡、灘区1.87㎡、兵庫区2.47㎡と狭く、それに対し郊外地域の西区5.97㎡、北区3.99㎡と相対的に広くなっています。神戸市の公園は、主として郊外に立地する墓園、運動公園、緑地などが9,553,262㎡（48.78%）と約半分を占め、神戸市立王子動物園の王子公園など総合公園が3,391,351㎡（17.32%）、国立公園六甲山などの風致公園が2,129,469㎡（10.87%）を占めています。

　この間、神戸市北区や垂水区を中心に民間の建設資本による宅地開発がすすみ、さらに神戸市の公共デベロッパーによる内陸部の宅地造成は、灘区や東灘区の六甲山麓の高尾台・鶴甲・渦森台（面積91ha、計画人口12,600人）、須磨区の高倉台・名谷・横尾など須磨ニュータウン（514ha、計画人口60,000人）、西区の西神住宅団地、学園南団地など西神ニュータウン（1,484ha、112,300人）と合計（2,089ha、計画人口184,900人）です。さらに埋立人工島も、ポートアイランド（埋立面積436ha、計画人口約2万人）、六甲アイランド（埋立面積580ha、計画人口約3万人）とすすみました。このように新たに開発されたニュータウンで公園が建設されたのです。神戸市の公園、下水道、保育所、児童館、市営住宅なども、おもにニュータウン開発にともなって建設されました。それに比して、インナー指定地域は見るべき成果はなかったのです。

第6章 宮崎辰雄神戸市政の検証 (1) −神戸市都市経営と都市社会主義−

表3 神戸市生活環境基準

施設名	昭和46年度末状況	平成2年度末見込
上水道	普及率96.0%	普及率99.9%
下水道	普及率41.6%	普及率96.7%
区民センター	全市で1か所	全市で14か所
体育館	全市で3館	全市で11館
公園	市民1人当たり2.92㎡	市民1人当たり14.3㎡
保育所	定員7,292人	定員15,428人
児童館	全市で16館	全市で94館
老人いこいの家	全市で41か所	全市で195か所

資料 高寄昇三『宮崎神戸市政の研究−自治体経営論−（第3巻)』勁草書房、1993年、51ページより作成

表4 神戸市の公園面積　単位.㎡

	1970年度	1990年度
神戸市合計	3,401,880	19,582,874
1人当たり面積	2.64	13.25

資料 神戸市「神戸市統計書」より作成

表5 神戸市の公園の構成　単位.㎡

	合計	住区基幹公園	総合公園	風致公園	墓園、運動公園、緑地など
1990年度	19,582,874	4,508,792 (23.02%)	3,391,351 (17.32%)	2,129,469 (10.87%)	9,553,262 (48.78%)

資料 神戸市「神戸市統計書」より作成

第2部（現在）

おわりに

1970-80年代にかけて、神戸市の都市経営は、「最小の経費で最大の市民福祉」を理念に、「山を削り海を埋め立て」大量の土地を造成し売却することで開発利益を捻出しました。このような都市官僚主導の自立的財政運営は、全国の自治体運営の模範生でもありました。

しかし、筆者は、神戸市の都市経営は、早晩、破綻するのではないかと危惧していました。なぜなら、住民の意思やニーズと乖離した都市官僚主導による市政・都市経営は、高い地価上昇、経済成長、人口増大を条件としていたからです。また神戸市の市民参加を全体としてみるならば、市政をそれぞれの立場や利害関係から評価する地元の住民諸組織の代表や経済界、労働界の代表、そして学者など、少なくとも市政に批判的でない人々が主体となっていることから、翼賛的な性格を有しているのではないかと思っていたからです。

とりわけ、衝撃的だったことは、1995年の阪神・淡路大震災が、戦後の高度成長過程とそれを背景とした神戸市都市経営による都市づくりの問題を顕在させたことでした。大震災は、産業革命以来の近代化の象徴であった大都市が、いかに脆く危険であるかを示したのです。神戸市の都市経営のシンボルであったポートアイランドは液状化現象をひきおこし、内陸部と接続する橋が1本のみで、その橋が大きくズレ孤立化しました。そのため最先端技術と施設を誇る島内の中央市民病院は、一時機能不全状態に陥りました。総じて、経済効率優先の大規模開発の問題点を露呈することになったのです。

大震災後、被災者は家族やコミュニティ、住宅や営業など暮

らしの再建を求めていました。神戸市都市経営が「最大の市民福祉」を目的としていたならば、被災者の願いに応えることが当然でした。しかし、実際は、被災者のための「個人補償」はかなえられず、自営業などは廃業や赤字経営に追い込まれていきます。さらに神戸市都市経営は、大規模開発優先の大震災復興政策の失敗によって破綻に追い込まれます。それは、復興のシンボルプロジェクトの神戸空港の赤字と民間売却、新長田再開発事業や地下鉄湾岸線、外郭団体の赤字となって顕在化するのです。

注———————————————————————————————————
(1) 高寄昇三『宮崎神戸市政の研究　第1巻』勁草書房、1992年。
(2) 日本経済新聞社編『神戸　ビジネスマンのための日経都市シリーズ』日本経済新聞社、1989年。
(3) 宮本憲一『都市政策の思想と現実』有斐閣、1999年、279-281ページ。
(4) 広原盛明「先進的まちづくの運動と町内会－神戸丸山、真野、藤沢市まちづくり運動と町内会」岩作信彦・鰺坂学・上田惟一・高木正明・広原盛明・吉原直樹編著『町内会の研究』御茶の水書房、1989年。
(5) 土岐寛「明治都市社会主義の射程－片山潜を中心に－」東京市政調査会『都市問題』第70巻第4号、1979年4月号。土岐寛「都市社会主義の形成と展開(1)」東京市政調査会『都市問題』第71巻第10号、1980年10月号。土岐寛「安倍磯雄の都市政策思想」東京市政調査会『都市問題』第71巻第11号、1980年11月号。
(6) 松下圭一『都市政策を考える』岩波書店、1971年、1-6ページ。
(7) 太田久行『美濃部都政12年　政策室長のメモ』毎日新聞社、1979年、6ページ、36-39ページ、109ページ、119-120ページ、126-128ページ。
(8) 松下圭一『都市政策を考える』岩波書店、1971年、108-114ページ。
(9) 宮本憲一『都市政策の思想と現実』有斐閣、1999年、265-269ページ。
(10) 宮本憲一『都市政策の思想と現実』有斐閣、1999年、279-281ページ。
(11) 宮崎辰雄『神戸を創る』河出書房新社、1993年、216-217ページ。

第2部（現在）

（12）高寄昇三『宮崎神戸市政の研究自治体経営論－（第3巻）』勁草書房、1992年、10ページ。

（13）高寄昇三『宮崎神戸市政の研究－自治体経営論－（第3巻）』勁草書房、1993年、8ページ。

（14）宮崎辰雄『神戸を創る』河出書房新社、1993年、214－215ページ。

（15）加藤恒雄『「公共性」をめぐる攻防』ウインかもがわ、2011年、168－177ページ。

（16）宮崎辰雄『神戸を創る』河出書房新社、1993年、212－218ページ。

（17）加藤恒雄『「公共性」をめぐる攻防』ウインかもがわ、2011年、178－179ページ。

（18）「ストップ神戸空港」の会発行『神戸空港「10年検証」』2016年。

（19）宮崎辰雄『神戸を創る』河出書房新社、1993年、233－234ページ。

（20）「ストップ！神戸空港」の会『神戸空港「10年検証」』2016年。

（21）大田英昭『日本社会民主主義－片山潜とその時代』日本評論社、2013年、第7章、334ページ、352ページ。「社会民主党百年」資料刊行会編『社会主義の誕生』論創社、2001年、270－272ページ、初出「社会民主党の宣言」『労働世界』臨時発刊79号、1901年5月。

第7章　宮崎辰雄神戸市政の検証 (2)
－コミュニティ政策と労務管理－

はじめに

　本章では、宮崎辰雄の神戸市政の問題を次の3点から検証します。第1に、憲法や教育基本法、社会教育法などで地域住民の自治的教育機関と位置づけられた公民館が、宮崎辰雄神戸市政のもとでいかに変容されていったのか。第2に、公民館に代わってつくられた近隣住区が、いかに上からのコミュニティ政策に統合されていったのか。第3に、宮崎辰雄神戸市政が、いかにして神戸市婦人団体協議会などの住民団体や、神戸市役所労働組合を上から統合していったかを検証します。

第1節　日本国憲法と公民館

　日本国憲法は、1946年11月公布、1947年5月施行され、「すべて国民は、法律の定めるところにより、その能力に応じて、ひとしく教育を受ける権利を有する」（第26条）と国民の教育権を規定しました。この憲法の趣旨は、その後の教育基本法（1947年）、社会教育法（1949年）、図書館法（1950年）、博物館法(1951年)等を経て、社会教育の自由と自治を根幹とする「権利としての社会教育」として発展していきます。教育基本法は、アジアへの侵略戦争と戦争を支えた天皇制教学体制に対する深い反省から出発した日本国憲法の精神と戦後教育の基礎に位置づけられます。[1]

第2部（現在）

　教育基本法前文は、「我々日本国民は、たゆまぬ努力によって築いてきた民主的で文化的な国家を更に発展させるとともに、世界の平和と人類の福祉の向上に貢献することを願うものである。我々は、この理想を実現するため、個人の尊厳を重んじ、真理と正義を希求し、公共の精神を尊び、豊かな人間性と創造性を備えた人間の育成を期するとともに、伝統を継承し、新しい文化の創造を目指す教育を推進する。ここに、我々は、日本国憲法の精神にのっとり、我が国の未来を切り拓く教育の基本を確立し、その振興を図るため、この法律を制定する」と記しています。

　同法第3条も「国民一人一人が、自己の人格を磨き、豊かな人生を送ることができるよう、その生涯にわたって、あらゆる機会に、あらゆる場所において学習することができ、その成果を適切に生かすことのできる社会の実現が図られなければならない」と規定し、教育を学校教育に限定せず社会教育も含めて広く捉えています。また第12条では「国及び地方公共団体は、図書館、博物館、公民館その他の社会教育施設の設置、学校の施設の利用、学習の機会及び情報の提供その他の適当な方法によって社会教育の振興に努めなければならない」としています。

　「当時の文部省で国民の社会教育を担当する課長だった寺中作雄は、戦争への反省から、日本が平和国家、文化国家となるため、全国に教養施設を作ることを呼びかけます。後の公民館制度につながる「寺中構想」と呼ばれます。そもそも戦後公民館が作られた大きな目的の1つは、憲法を学ぶことでした」[2]。

　「寺中にとって、民主国家（平和的文化国家）の建設は、上から政府主導で進められるのではなく、自発性、協同性を有した

第7章　宮崎辰雄神戸市政の検証 (2) －コミュニティ政策と労務管理－

国民によって、下からつくりあげられていくことによって、はじめて実現するものでした。寺中は、制度も機構も法律もすべて民主主義的に改革されなければならないが、最も重要であり難しい仕事は、日本人の性格や考え方を真正の民主主義的性格に改造しなければならないことだったのです。民主主義実現のためには、学校教育以外に公民教育が重要で、社会教育構想、具体的には公民館構想の提起へとつながっていくのでした[3]」。

　1946年7月に文部省から提唱された公民館の「設置運営の要綱」では、公民館の趣旨及目的として「これからの日本にも大切なことは、すべての国民が豊かな文化的教養を身につけ、他人に頼らず自主的に物を考え平和的協力的に行動する習性を養うことである。そして之を基礎として盛んに平和的産業を興し、新しい民主日本に生れ変ることである。その為には教育の普及を何よりも必要とする」と規定しています。

　しかしながら、「戦後、日本が最初に示した教育再建策は、1945年9月15日に出された文部省の『新日本建設の基本方針』でした。社会教育については『国民道義の昂揚と国民教養の向上は、新日本建設の根底をなすものであるので、成人教育、勤労者教育、家庭教育、図書館、博物館等社会教育の全般に亘り之が振作を図』り、同時に『美術、音楽、映画、演劇、出版等国民文化の興隆』を図るという戦前から続く社会教育観を踏襲したものでした[4]」。

　戦後直後の文部省の社会教育行政は、「学校教員による余暇的に社会教育を担わせたり、名目だけの社会教育委員を配置したりするといったように、社会教育を学校教育のつけ足し程度にしか捉えずに、本気で社会教育の振興に取り組もうとする姿

勢を示していませんでした」。寺中は、社会教育を本気で取り組まない政府文部省を批判し、「社会教育を地域に根ざしたものにしていくために、政治教育、自治教育、産業教育等を基調とした公民教育を実施する社会教育の専門家の配置とともに、その働き場所の必要性を強調します。そして、その働き場所こそが、戦前から存在していた図書館、青年学校、博物館、公会堂の施設や、青年団、婦人団、壮年団などの団体の様々な機能を複合的にもつ公民館構想でした」。つまり、図書館や公民館などは、地域住民が「学び合い育ち合い助けあい」、憲法を暮らしに生かす教養を身に付け、平和と民主主義の新しい日本をつくるために設置された地域の自治的教育機関なのでした。

第2節　神戸市の公民館

　「公民館は1949年の社会教育法によって法制化され、公民館職員については同法27条で『公民館長を置き、その他必要な職員を置くことができる』と規定されました。その後、1959年に社会教育法が改正され、『公民館に館長を置き、主事その他必要な職員を置くことができる』として『主事』規定が新設されます。さらに同法に第23条の2（公民館の基準）の新設によって『第1項　公民館には、専任の館長及び主事を置き、公民館の規模及び活動状況に応じて主事の数を増加するように務めるものとする。第2項　公民館の館長及び主事は、社会教育に関し、識見と経験を有し、かつ公民館の事業に関する専門的な知識と技術を有する者をもって充てるように努めるものとする』（文部省告示第5条）とされた。主事も必置とされ公民

第7章 宮崎辰雄神戸市政の検証 (2) －コミュニティ政策と労務管理－

館職員の専門性も規定された」[6]のです。

「神戸市は 1951 年に神戸市公民館条例を定め『1 区 1 出張所に 1 公民館』の方針を決めます。1961 年当時、8 区 15 出張所所管内の 5 区 6 出張所管内に 10 館が開設されました」[7]。しかし「神戸市の公民館の問題点は、専門職員を持たないことでした」。さらに「すでに市は、都心部の灘・葺合・兵庫の区役所の総合庁舎の建設にあたって公会堂を附設しているため、以後の公民館は出張所単位にのみ建設することとなります。これにより、1 区 1 館の公民館建設計画は事実上後退していきます」[8]。

公民館の「公民」は「citizen」、すなわち自治や民主主義の主体としての市民を意味しています。公民館は、自治や民主主義の主体たるべき市民を育てるための自治的学習機関です。公民館を構想した寺中作雄は、「『公民館活動の成果が上がると否とは職員の努力如何にかかわっている』(寺中作雄『公民館の建設』公民館協会刊、1946 年) という認識」[9]に立っていたように専門職員の配置は、公民館の成否の鍵を握っていました。しかし、市民の学習をサポートする専門職員を配置しない神戸市政は、市民主体の住民自治を育む理念を欠いていたのではないでしょうか。

そのことは、政令指定都市指定の中でもきわめて低い社会教育費にもあらわれています。寺島実郎監修・日本総合研究所・日本ユニセス総合技術研究所編『全 47 都道府県幸福度ランキング 2018 年版』によれば、社会教育費(公民館費、図書館費、博物館費、文化会館費、体育施設費、文化財保護費、教育委員会の社会教育活動費など)は 20 の政令指定都市の中で 18 位、市民一人当

143

たりの図書冊数 1.3 冊で 20 位と最下位となっているのです。

第 3 節　神戸市総合基本計画と近隣住区方式
　　　－公民館方式の後退－

　神戸市総合基本計画（第 1 次マスタープラン）は、原口忠次郎神戸市長のもと 1965 年 11 月に策定されます。マスタープランとは、都市づくりの基本計画のことで、都市の人口や産業、経済成長などの動向をふまえ、将来像を示す役割を持つものです。第 1 次マスタープランは、第一次世界大戦後の唱えられた「大神戸構想」の神戸都市計画や第二次世界大戦後の復興計画の「大神戸」の都市ビジョンを引き継ぎつつ、神戸の都市づくりの基本理念と骨格を提示しています。さらに、この計画は、その後に策定された 1976 年人間都市神戸の基本計画（第 2 次マスタープラン）や 1986 年人間都市神戸の基本計画・改定（第 3 次マスタープラン）、阪神・淡路大震災復興計画（1995 年 6 月）、第 4 次神戸市基本計画（1995 年 10 月）の基本的指針ともいうべき位置を占めています。

　神戸市総合基本計画審議会の会長は、建設省道路審議会会長の新居善太郎で、副会長は神戸市助役の宮崎辰雄と兵庫県副知事の坂井時忠でした。この計画は、神戸市の性格を①国際港都としての機能の一層の充実、②緑に囲まれ、美しく健康的なしかも近代的な活気ある都市づくり、③神戸の広域的役割として、西日本の中核たる阪神都市圏の西の核として、また、将来我国経済の重心となるであろう瀬戸内経済圏の東の核に位置づけるというものでした。

第7章　宮崎辰雄神戸市政の検証 (2) －コミュニティ政策と労務管理－

　計画は、30年後の1995年を目標年次とする長期計画で高度成長型の都市づくりを目的としていました。人口は1965年の約120万人から1995年の180-200万人を目標とし、人口増は主として市外からの流入人口を予定していました。人口増を扶養するために、港湾と産業用地など基盤整備拡充による市内経済の高度経済成長を期しています。経済成長には大量の労働力が必要となり、そのための受け皿として神戸市郊外の西神地区35万人、北神地区25万人のニュウタウンづくりが計画されました。

　このマスタープランの基本的特質である開発優先の行政をスムースにすすめていくには、開発行政と調和する生活空間を創出することが求められていました。当時、助役であった宮崎辰雄は、神戸市総合基本計画のなかに市民生活の快適な空間を保障する近隣住区方式を導入します。

　宮崎辰雄によれば、マスタープランの目的は、都市空間の経営戦略として、都市膨張のエネルギーに一定の方向づけを与え、ムダなく空間定着さす誘導性を注入することにありました。…しかし、都市空間の経営という視点から都市づくりを行なうと、どうしても空間経済の効率的利用に走り、生活空間の喪失という〝落し穴〟にはまります。マスタープランの土地利用の基本ベースとなった近隣住区（コミュニティ計画）は、激しい交通流動体と大型プロジェクトから、生活空間をまもる防波堤でもありました。…それは、各種のコミュニティ活動をつうじて、地域的連帯感をそだてる〝生きた空間〟をつくることを目的としていました。近隣住区は、新開発団地だけでなく既成市街地を66ブロックに分割し、具体的な市民の生活圏と都市計画の密

145

着を狙ったものでした。[10]

　1965年2月策定の『神戸市総合基本計画原案』によれば、近隣住区は「1住区に、原則として、小学校2校、中学校1校を配置する。小学校の適正規模は生徒数900 - 1200人であり、人口8000 - 10000人について1校必要とする。したがって、1住区の平均規模を15000人として配置する。1住区内に児童公園3 - 4カ所、近隣公園1カ所設ける。市場、商店、郵便局、集会場、幼稚園、診療所等の日常便益施設はすべて住区内でまかなえるよう計画する」というものでした。

　「この近隣住区で真に求めたことは、これらコミュニティ・ファシリティ（近隣施設）を通じて、住民が主体的に施設の管理能力を培い、機能組織を形成しつつ連帯を深め、自発的に住区をコミュニティに高めていくことを願ったのである」。[11]

　しかし、この近隣住区は、学校長などが学校開放に消極的で、地域の有力ボスなどが管理運営し、地域住民の生活に根ざしたコミュニティや人権、民主主義を培うことに成功しませんでした。それは何故か。マスタープランの審議会の専門委員であった河合慎吾は、近隣住区方式について次のように意見していました。「義務教育施設で、一近隣住区に二つの小学校、一つの中学校を整備するというのは結構ですし、これを地域の教育文化の中心にしようというのでしょうか。この場合、日本の学校が伝統的にもちつづけてきたし、現在もなお持っていると思われる、地域の文化との異質性、学校のもつ一種の『租界的性格』いいかえれば、地域の文化のなかから『生まれた学校』ではなくして、『作られた学校』であるという点を考えておかねばなるまいと思います。1930年代のコミュニティ・スクールに範

第7章　宮崎辰雄神戸市政の検証 (2) －コミュニティ政策と労務管理－

をとったわが国の地域社会学校の運動が、戦後の新教育運動の
なかで一時もてはやされながら、結局は、現実的な条件に支え
られない一種の空想計画に終わってしまった教訓に学ぶべきと
思うからです」。

　さらに専門委員の小川忠恵は、近隣住区は自治行政の強化と
セットでなければならないと次のように忠告しています。「近
隣住区計画に併わせて、区行政と住区の結び付きを強化するこ
とが必要である。日常行政の区への大幅移管と住区組織を通じ
ての市民との間の civic な結び付きが将来の自治行政の基礎を
なすと思う。行政計画は本計画に入っていないので、近隣住区
のうちにこのことに言及しておいいてはどうだろう」。神戸の
住民自治の課題は、小川忠恵の意見をさらにすすめ、コミュニ
ティと自治力を涵養するために、区長公選制による区自治体に
まで高めることだったのではないでしょうか。

　しかし、実際は、『神戸市総合基本計画原案』では、「『公民
館については本来、地縁的な文化活動の施設として設置されて
いるが、大都市内においては、むしろ機能的、同好的結合の方
に力をおく必要上、市街地内の公民館は一切廃止することにし、
公会堂、地区公会堂等会議室等の運用に切換える』こととされ
ました。これにより、公民館は出張所単位にのみ建設されるこ
ととなります。出張所職員が、教育委員会の公民館職員として
併任発令され、出張所所長が公民館長に、副所長が公民館主任
に、一般職員が公民館職員を兼務」し専門職員は配置されなかっ
たのです。1965 年 11 月に策定された神戸市『神戸市総合基
本計画』によって、旧市街地の公民館は、学校施設を開放し学
校を地域のコミュニティの核とする「近隣センター」（近隣住区

内に集会場・社会教育・社会福祉・保健所出張所等の諸機能を合わせ持つ施設）によって廃止されます。

　ここで注目すべきは、1965 年 4 月の神戸市総合基本計画審議会『専門委員意見集』において、河合慎吾専門委員（神戸市外国語大学教授）が、原案の公民館について次のように批判していることです。「教育基本法や社会教育法で、戦後の社会教育の象徴的存在として規定している公民館を、積極的に否定することはないでしょう。…近隣住区設定のねらいの一つは、そこに新しい近代的な人間関係を作りあげ、居住民の主体性をほりおこして、自発的に町づくりに参加できるようにすることではないかと思います。そこで、子どものための学校に対して、成人のための学習施設として包括的な機能を果たすものが必要でしょうが、いまの公民館の目ざすものはまさにそこにあると思うのです。もっとも、現代の都市生活は地縁的な閉鎖的な生活圏の消滅の方向に進んでいるから、子どものための学校施設はともかくとして、成人のための学習施設など不要というのであれば、近隣住区の設定それ自体が問題でしょう」。

　つまり、神戸市の近隣住区方式は、それぞれの地域の文化や歴史をふまえた住民の学習センターと位置づけられた公民館を否定することになったのです。

　その後、神戸市は、公民館に代わり①教育委員会所轄の学校施設の開放、②市民局所轄の勤労市民センターや区民センター、③民生局所轄の地域福祉センターを設置していきます。しかし、これらの施設は、部局縦割りで事業が競合するなど地域住民の生活ニーズにマッチしない問題をもたらしました。

　もともと公民館は、憲法や教育基本法、社会教育法の理念を

地域から実現すべく構想されました。しかし、神戸市政は、地域・コミュニティの市民的学習社会の可能性を有していた公民館方式を評価することはありませんでした。つまり、地域から「学び合い、育ち合う」関係性を構築し、豊かな暮らしと平和、民主主義を培っていくという公民館の本来の目的が失われていったのです。1965 年『神戸市総合基本計画』は、地域に根差した公民館活動などで、憲法を暮らしに生かし平和と民主主義を担う人材を育成することよりも、企業や学校などで育成された高度経済成長を担う人々を都市の中で適正配置する計画であったのです。次節では、公民館活動を重視したまちづくりを実践している長野県飯田市の取り組みを紹介します。

第 4 節　長野県飯田市の公民館

　飯田市の公民館は、戦争で荒廃した郷土の再建と新しい民主主義社会をつくるためにつくられました。自分たちの将来を自分たちでつくるには、憲法や地方自治法、教育基本法、社会教育法などの精神にもとづく青年教育と婦人教育が必要との認識がありました。以下では、私がおこなった飯田市公民館のヒヤリング（2018 年 12 月 26 日）と『飯田市の公民館のあらまし』（飯田市発行資料）などをもとに飯田市公民館を紹介します。

　飯田市は人口約 10 万 5 千人で、太陽光や小水力など市民共同発電事業による地域づくりで全国的に注目を集めています。これらの事業を創る人材を生み出し、事業を支える原動力が飯田市の公民館です。飯田市の公民館は、地域に密着して、市民の自由な文化学習活動を支援し、地域づくりの基盤である人づ

くりに大きな役割を果しています。

　「飯田」の語源は「結いの田」といわれています。飯田には昔から、田植えなどの　農作業の手間を交換しあう「結い」という仕組みがありました。これは互いの暮らしを支え合い、人と人を結ぶために先人が生み出した知恵です。「学び」の伝統としては、全国一の寺子屋の数、芝居小屋の数などがあります。飯田市の「結い」の精神と「学び」の伝統は、公民館活動に生かされ、「公民館は住民を巻き込む装置」の要になっています。

　「飯田市の公民館は1946年に設立され、その後、15の町村と合併を繰り返してきましたが、合併後もおおむね小学校区単位の20か所に公民館と自治振興センターが設置され、ボトムアップ型の住民活動の拠点としています。現在は統括館1館（館長会の互選で選出された公民館長・非常勤特別職1名、課長職の副館長1名）と地区公民館20館（地区住民から選出された公民館長・非常勤特別職1名、小学校区単位、若手の市職員を公民館主事に配置）、分館103館（集落単位、住民の自主管理）で構成されています。約5,000人もの住民（飯田市人口の5%）が公民館活動に従事しており、地縁的なつながりを深め、協働ということを学び、地域を支える原動力となっているのです。

　飯田市の公民館は、地域に暮らす住民が暮らしの課題や地域の課題を、皆で知恵と労力と資金を出し合って、住民主体で解決していく自治の力を学びを通じて高め合う「住民自治の学校」です。飯田市は、行政職員が法令と予算を背景に行政組織の中で事務事業を行っているため、「市民のためにしてあげる」という意識になりやすいことを戒めています。飯田市が行政職員に求める能力は、市民と良好にコミュニケーションができ、

対話を通して市民と行政の互いの役割を認識し合い、同じ目的に向かって、共に協力して地域づくりを進めていく「協働関係」を築きながら、実践できる能力です。ですから、飯田市の行政は、①若手職員を公民館主事として地区公民館に配属し、②地域住民の中に飛び込み、地域住民と一緒に悩み、喜怒哀楽を分かち合いながら、③支援者として、共に事業を創り出す体験を通して、④市民との協働関係を築き実践できる力の獲得を期待しています。

　飯田市は、2006年自治基本条例の制定、2007年の第5次基本構想基本計画の策定する一方、地域自治組織改革を行い、市政の新しい枠組みをスタートさせました。公民館がこれまでの社会教育法に基づく機関であるのに加え、自治基本条例により生まれた地域自治組織としての『まちづくり委員会』の構成団体となったのです。

　組織改革前は、市役所本庁各課、各種団体、地区自治会など縦割りの組織系統が存在していました。市役所の指示、予算執行など効率的に行なわれる反面、団体間、地域住民間の横断的な情報の共有、連携が難しいという弊害が起きていたのです。その課題を解決すべく導入されたのが『地域自治区』制度（地方自治法第202条の4）と『地域協議会』（地方自治法第202条の5）です。

　飯田市地域自治組織は、法定組織としての『地域協議会』に加え、自治基本条例により『まちづくり委員会』を設置したのが特徴です。『まちづくり委員会』では、生活安全、環境保全などの専門分野ごとの小委員会に統合・再編され、新たに一つにまとめられました。公民館もこれまでの社会教育法に基づく

機関であることに加えて、地域自治組織としての『まちづくり委員会』の構成団体となりました。その結果、公民館活動も教育委員会の社会教育の枠を越え、団体間地域住民間の横断的な情報の共有と施策実施に向けた連携が可能になり、自治機能が拡充されパワーアップすることとなったのです。[15]

　とりわけ注目すべきは、「公民館活動の中から環境 NPO 法人が生まれ、それが 21 世紀型ビジネスモデルに成長していることです。たとえば、おひさま進歩エネルギー（株）の創業者は、『自分が言いだして地域の公民館で地球温暖化などの環境問題について学び始めたのがきっかけ』と語っています」[16]。公民館が、これからの新しい産業を起こす苗床の役割を果しているのです。

第 5 節　宮崎辰雄神戸市政と神戸市婦人団体協議会

　毎日新聞神戸支局編『都市と主婦たち』（1977 年）によれば、神戸市長の原口忠次郎は思想的には保守の人でした。極端に言えば神戸市役所には「市民は黙って市役所の仕事をみていればいい」という官僚的体質がありました。しかし、1960 年代後半、横浜市は飛鳥田革新市長のリーダーシップのもとに 1 万人対話集会が開かれ、東京では美濃部が圧勝、都市部での政治情勢は変化していた。「『行政との対話・行政への市民参加』の波が神戸にも打ち寄せていた」と述べています。[17]

　しかし宮崎辰雄がすすめた市民参加は、美濃部都政や飛鳥田横浜市政のような「対話と行政への市民参加」というよりも、行政協力型市民参加を進めていくことでした。宮崎は次のように言っています。「住民、自治体の間に権限ある市民参加

第7章　宮崎辰雄神戸市政の検証 (2) －コミュニティ政策と労務管理－

が成熟していないのは、自治体側の官僚制とか制度上の不備だけでなく、住民運動側に抵抗・要求型のタイプが多く、参加・協力型の住民運動が低調であったからだといえる。…住民運動のアキレス腱は、自治体側からみれば責任なき市政参加であった[18]」と抵抗・要求型住民運動を批判し、市民参加のあるべき姿として参加・協力型を評価しています。参加・協力型市民参加が、神戸市婦人団体協議会や自治会（町内会）でした。

　とりわけ、神戸市婦人団体協議会は、宮崎辰雄のすすめた近隣住区方式のコミュニティ政策の中核に位置づけられます。このことは、宮崎辰雄が、専業主婦を近隣住区の地域コミュニティの中核的担い手として次のように述べていることからもうかがえます。「男性は職場コミュニティに参加しても地域コミュニティには疎遠である。地域コミュニティの中核はどうしても女性でなければならない。学校公園を契機として、婦人の社会参加を目的としたボランティア教育、ボランティア資格の付与と資格者に対する報償制の導入等を検討する必要があろう[19]」。

　神戸市の市民参加の中心的担い手と位置づけられた神戸市婦人団体協議会は、つぎのような前史を持っている団体です。神戸都市問題研究所編『地域住民組織の実態分析』（1980年）によれば、町内会は、昭和18年の市町村制の改正によって行政の末端機構となります。しかし、昭和22年5月、政令15号によって町内会は解散させられます。もともと日本の自治組織は、行政下請的な性格をもち、行政もまたこれを必要としました。そこで自治組織が解散させられ、駐在員や行政協力員制度を設けなかった神戸市においては、GHQと行政のアドバイスにもとづいて昭和22年ごろ婦人会を結成します。それ以降、

153

行政広報などの配布や各種の行事、催物の協力は婦人会が中心になって実施してきたのです。[20]

　神戸市における「行政と地域住民組織との関係は、行政と自治会が業務委託という形で直接に結びつくこともなければ、行政協力員を多数任命してこれに代えるといった方式もとっていない。むしろ社会教育団体である婦人会等を市が育成し、これに行政協力的役割の一部が担われています」[21]。

　神戸市婦人団体協議会のホームページ(2018 年 12 月 3 日確認)によれば、神戸市の婦人会は、小学校を単位として組織され、現在、125 団体、約 8 万人の会員が存在します。

　同団体は、行政広報の配布や選挙事務、婦人市政懇談会、婦人問題シンポジウム、神戸まつり、市の婦人会館の管理運営、消費者問題などにかかわり、神戸市の市民参加のシンボル的存在です。

　社会学者の江上渉が、神戸市の各課の課長・係長を対象に行った調査によれば、市政一般に大きな影響力のある団体は、婦人団体 (94.6%)、自治会・町内会 (65.4%)、商工団体 (53%)、労働団体 (41.1%) でした。また、市会議員を対象に行った同様の調査では、婦人団体 (98.4%)、商工団体 (63.5%)、労働団体 (46%)、政党 (46%)、自治会・町内会 (41.3%) などがあげられています。市の多くの審議会に代表を送ることによって、市の政策形成に直接的な影響力を持っている団体としても、これらと重なり合う団体をとらえることが出来ます。[22]中田作成の調査によれば、神戸市婦人団体協議会の幹部 2 人は、15 の審議会を兼任しています。審議会が政策決定にかかわる市民参加の一環として重要な役割を果していることから、神戸市が同協

第 7 章　宮崎辰雄神戸市政の検証 (2) －コミュニティ政策と労務管理－

議会をいかに重視していたかがうかがえます[23]。

　たとえば、神戸市の社会教育においても、次のように婦人団体協議会は大きな影響力を持っていたようです。「神戸市は、1950 年に『神戸市社会教育委員条例』が制定され、社会教育委員は社会教育に関する諸計画を立案し、教育委員会の諮問に応じ、これに対して意見を述べること、これらの職務を行うために必要な調査研究を行うことを職務とされました。委員定数10 名、任期は 2 年と定められました。神戸市婦人団体協議会会長は、神戸市社会教育委員を 1960 年の第 6 期から 1988 年の第 19 期までの 14 期間 28 年間連続して務めています。これは、他の社会教育委員が 1 期から多くて 6 期まで務めているのとは対照的です[24]」。

　このように同団体が、神戸市と密接につながっていることに対し、毎日新聞神戸支局編『都市と主婦たち』によれば、以下のような疑問や批判が投げかけられています。「『協議会は市と癒着している。新聞もきれいごとばかり書いて、協議会のチョウチンを持っているのではないか』(灘区会員)。『いま、協議会は危険なところにいる。市の下請けばかりして、ほんとうの社会活動はやっていない』(兵庫区会員)[25]」などです。これらは、神戸市の市民参加の問題の一面を示しているのかもしれません。いずれにせよ、神戸市は神戸市婦人団体協議会を育て社会教育や市民参加をすすめていくのです。

155

第2部（現在）

第6節　宮崎辰雄神戸市政の労務管理

　『神戸新聞』によれば、神戸市は、神戸市職員労働組合（市職労）の「ヤミ専従」問題で、2019年2月に組合役員（市職労前委員長、前副委員長、市職労元委員長、市職労役員5名、技能労務職員らの市従業員労働組合の5名を含む）や、違反状態を放置していた市行財政局の幹部経験者ら計189人を処分しました。同市の処分としては過去最多となりました。また退職した者についても処分相当額の自主返納を求めています。神戸市の「ヤミ専従」問題とは、組合役員が地方公務員法で規定されている期間の上限をこえて組合の専従をし、職務専念義務に違反している問題です。神戸市は、法定上限を超える組合専従を許可し、組合役員の所属部署に職員を増員する便宜を図っていたのでした。⁽²⁶⁾

　いわゆる「ヤミ専従」とは、自治体労働組合の役員が、在籍専従の発令がないままに市からの給与の支給を受けつつ、勤務時間内に組合活動をすることです。ここでいう組合役員、組合幹部とは、「ヤミ専従」に従事した組合員のことを指します。久元喜造神戸市長は、ヤミ専従問題で「長年にわたる組織ぐるみのコンプライアンス違反が、これまで是正されずに続けられてきたことの要因として、神戸市役所の閉鎖的な組織風土や前例踏襲の風潮があげられます」とコメントしました。⁽²⁷⁾

　今回の処分は、「ヤミ専従」問題に対する神戸市の調査と、神戸市長から委嘱を受けた弁護士6名で構成される「第三者委員会」の調査報告などに基づいています。本節では、「第三者委員会」の2つの調査報告書（『神戸市職員の職員団体等の活動における職務専念義務違反に関する調査委員会による中間報告等につい

156

第 7 章　宮崎辰雄神戸市政の検証 (2) －コミュニティ政策と労務管理－

て』総務財政委員会資料 2018 年 11 月 30 日。以下では『中間報告』と略す）と（『市職員の職員団体等の活動における職務専念義務違反に関する調査委員会からの最終報告提出にかかるブリーフィング資料について』行財政局長遠藤卓男、2019 年 2 月 1 日。以下では『最終報告』と略す）、宮崎辰雄の著書などの資料をもとに、「ヤミ専従」問題を検証します。

　神戸市の「ヤミ専従」問題の本質は、神戸市当局が閉鎖的な組織風土のなか、「ヤミ専従」を主導し黙認してきたという点にあります。労働組合も、市当局の「ヤミ専従」黙認のもと、神戸市長の市政方針を支持し協力し、その見返りとして組合幹部が「一般の市職員と異なる『特別な待遇』」（『最終報告』）にあずかるということが暗黙の了解事項になっていたことです。

　『中間報告』によれば、神戸市の「ヤミ専従」の発端は、1949 年の進駐軍司令部の指示に基づくレッドパージに遡ります。当時の神戸市職労の日本共産党系役員等大量の解雇時に、この追放措置に協力した「民主的労働組合」（民同）系の役員が当局に取り入れられ、幹部に登用される者もいました。また、これを契機に役員の組合活動を自由に振る舞える『ヤミ専従』が生じたのです。

　この時期、労働組合対策や財政再建などを担当したのが宮崎辰雄でした。宮崎辰雄は、いわゆる 1930 年の河本敏夫処分事件で、その処分に抗議してストライキの先頭にたち学校から追放されています。河本事件とは、河本敏夫が旧制姫路高校（神戸大学の教養及び文理学部の前身校）時代に軍部による戦争に対し、反戦運動に参加して退学処分となった問題です。また、戦後、復興本部整地課長であった宮崎辰雄は、1947 年の 2.1 ゼネラ

157

ル・ストライキ（決行直前に連合国軍最高司令官ダグラス・マッカーサーの指令によって中止）において、復興本部の関係から争議委員長に選出されています。宮崎辰雄が争議委員長に抜擢されたのは、「仕事ができ有能で指導力がある」と評価が高かったからといわれています。そのためか、ストライキ争議の後、部長職に出世しています。[28] 異例の出世ですが、「有能で指導力ある」職員ならば、労働組合で赤旗を振っても管理職に抜擢される「実力主義」人事といえるかもしれません。

　宮崎辰雄は、1947年に復興局復興部長、1950年に経済局長、建設局長、総務局調査室長、そして1951年に財政再建の司令部である総務局長のポストに就きます。宮崎は、神戸市役所労働組合と俸給切り下げや人員の整理などの折衝にあたります。当時、公務員はスト権が禁止されていましたが、市バス、市電を止めることを決定するなど組合の反撃は激しかったようです。宮崎は、新規採用を停止するなどして1万3千人の定数より千人圧縮し、解雇は200人に抑えたといいます。[29] その後、地方公務員については、1968年（昭和43）のILO第87号条約批准に伴う関係国内法の改正により、在籍専従者は当局の許可制となります。専従期間は5年とし、専従者を休職扱いとする一方、退職手当の算定の基礎となる勤務期間に算入しないことになりました。

　『最終報告』によれば、このような在籍専従休職期間5年の制限に係る規定が施行された1971（昭和46）年時点の神戸市長は宮崎辰雄（市長1期目）でした。宮崎は、市職労等の執行部役員の職務専念義務違反の実態を十分に認識しており、在籍専従期間が超過することとなる役員については、人事管理カー

ド上の過去の在籍専従の記載を抹消して、そのまま継続して発令して構わない旨を指示していたといいます。

『中間報告』は、この問題を次のように指摘しています。「神戸市においても法定の在籍専従者制度に移行すべきであったが、市職員出身の市長候補者を組合が推薦してきた経緯もあって、従前からの労使慣行が改善されることはなく、法定の制限期間を超えても続けられてきた。当時の市当局の上層部も了解していた」。このような状態はその後も続き、「2008 年 5 月総務省によって実施された『無許可専従に関する一斉点検』依頼に対する神戸市の回答は『ヤミ専従はない』との虚偽回答であった可能性も否定できない」と述べています。

『最終報告』も次のように述べています。「神戸市では、1949 年の原口忠次郎元市長以降、久元市長に至るまで、市職労等の推薦を受けた候補者が当選して市長となるというパターンが継続してきた。しかも、久元市長以外は、いずれも神戸市職員の経歴を有する者ばかりであり、市職労等の推薦は、単なる形式的なものではなく、相当の応援活動をしていた事実が認められる。何より重要なことは、管理職を含む一般の職員にとって、市長は市職労等の推薦を受けて当選し、次回の選挙時にも推薦を受けて出馬することが予想される以上、市職労等幹部に対し、強く出ることができないとの意識が醸成されてきたことである。

1995 年の阪神・淡路大震災により被った被害回復のために多額の起債をすることになり、その償還のため財政危機に陥り、人件費削減のために職員数を約 7,000 人も削減せざるをえない状況に追い込まれた。この大幅な人員削減を円滑に実現するた

第2部（現在）

めには、組合の協力が不可欠であった」。

　たしかに、この間の神戸市職員総定数は、1995年21,728人から2010年16,164人へ減少し、「行財政改革2015」により2011年15,845人、2015年14,538人へ、さらに「行財政改革2020」により2016年14,428人、2017年14,309人に大幅に減少しています（神戸市監査委員『2019年度　一般会計及び特別会計決算審査意見書』）。その結果、市民サービスの低下を招いたことは否めません。

　さらに『最終報告』は、「神戸市職労元委員長には個室の執務スペースが提供されるなど、一般の市職員と異なる特別な待遇をしていた。前行財政局長は、元委員長とこれまで数回旅行するなどの親しい交友関係にあった。…組合交渉の窓口である労務担当部署を所管する行財政局のトップが市職労委員長と親しく交際することは、労使関係の公正さに対する一般職員の疑問を招来しかねない」と当局と元委員長との癒着・なれ合いを批判しています。

　大切なことは、今回の「ヤミ専従」問題から正しい教訓を引き出し、これからの労働組合の活動に生かしていくことです。

　自治体の労働組合は、弱い立場の市民や労働者とともに「学び合い、育ちあい、助け合い、信頼しあう」関係を築くことが必要です。そして市役所の職場や労働組合は、官僚的威圧的で一方的なコミュニケーションではなく、自由に自分の意見や考えを言うことができ、個性や自主性が尊重される寛容で文化的な双方向のコミュニケーションが求められています。

第 7 章　宮崎辰雄神戸市政の検証 (2) －コミュニティ政策と労務管理－

おわりに

　本来、地方自治体は、地方自治の本旨、すなわち住民自治に基づき憲法を住民の生命とくらしに生かす責務を負っています。これからの神戸市政は、地方自治の原点に立ち戻り運営していくことが求められています。

注
（1）長澤成次『公民館はだれのもの－住民の学びを通して自治を築く公共空間』自治体研究社、2016 年、37 - 38 ページ。
（2）清永聡　NHK 解説委員。NHK 解説委員室「いま国民が憲法を議論する場は」（時論公論）2017 年 11 月 03 日（金）。www.nhk.or.jp/kaisetsu-blog/100/283369.htm
（3）上原直人『近代日本公民教育思想と社会教育－戦後公民館構想の思想構造－』大学教育出版、2017 年、312 - 314 ページ。
（4）上田幸夫『公民館を創る－地域に民主主義を紡ぐ学び』国土社、2017 年、29 ページ。
（5）上原直人『近代日本公民教育思想と社会教育－戦後公民館構想の思想構造－』大学教育出版、2017 年、319 ページ。
（6）長澤成次『公民館はだれのもの－住民の学びを通して自治を築く公共空間』自治体研究社、2016 年、138 - 139 ページ。
（7）神戸市教育史編集委員会『神戸市教育史第三集』1993 年、736 ページ。
（8）神戸市教育史編集委員会『神戸市教育史第二集』1964 年、864 ページ。
（9）上田幸夫『公民館を創る－地域に民主主義を紡ぐ学び』国土社、2017 年、52 ページ。
（10）宮崎辰雄「都市の実際的運営－神戸市の例」柴田徳衛・石原舜介編『都市の経営』日本放送出版、1971 年、237 - 238 ページ。
（11）宮崎辰雄「都市の実際的運営－神戸市の例」柴田徳衛・石原舜介編『都市の経営』日本放送出版、1971 年、282 ページ。
（12）1965 年 4 月神戸市総合基本計画審議会『専門委員意見集』河合慎吾専門委員・神戸市外国語大学教授。
（13）1965 年 4 月神戸市総合基本計画審議会『専門委員意見書』小川忠恵専門委員・神戸市外国語大学教授。
（14）神戸市教育史第三集編集委員会『神戸市教育史第三集』1993 年、

第 2 部 (現在)

736 - 737 ページ。

　その後、「公民館は、1973 年に策定された『神戸市同和対策事業長期計画』に沿って同和対策対象地域に設置されていきました。この公民館は、館長 (課長級) 以下指導主事を含めた専任職員が配置された。住之江公民館 (1976 年)、茸合公民館 (1977 年)、永田公民館 (1977 年)、玉津南公民館 (1977 年)、南須磨公民館 (1978 年)、清風公民館 (1979 年)、東垂水公民館 (1979 年)」(神戸市教育史第三集編集委員会『神戸市教育史第三集』1993 年、737 - 738 ページ) でした。

(15) NPO 法人フォーラム自治研究　副理事長三島康雄「地域の未来を紡ぐ人を育てる」大東文化大学経済研究所『第 36 回経済シンポジウム:「地方創生は」どう育てるべきか』2016 年 12 月 10 日。

(16) 鐘ヶ江晴彦「飯田市の公民館システム」専修大学社会科学研究所『2013 年度春季実態調査特集』2014 年 5 月・6 月合併号。

(17) 毎日新聞神戸支局編『都市と主婦たち』毎日新聞社、1977 年、84 - 85 ページ。

(18) 宮崎辰雄「市民参加と政策決定」神戸都市問題研究所『都市政策第 3 号』1976 年、19 ページ。

(19) 宮崎辰雄「学校公園−新しい都市生活の形成を求めて−(上・中・下)」東京市政調査会『都市問題』1968 年、4・5・6 号 (78 ページ)。

(20) 神戸都市問題研究所編『地域住民組織の実態分析』勁草書房、1980 年、6 - 8 ページ。

(21) 神戸都市問題研究所編『地域住民組織の実態分析』勁草書房、1980 年、16 - 23 ページ。

(22) 江上渉「地域における主要な団体とその活動」蓮見音彦・似田貝香門・矢澤澄子『都市政策と地域形成−神戸市を対象に−』東京大学出版会、1990 年、155 ページ。

(23) 中田作成『市民のまちづくりのために−神戸市政への提言とレポート−』1994 年、神戸市の条例・法令にもとづく 53 の審議会のうち、名簿が公開されている 46 の審議会についての調査。

(24) 神戸市教育史第三集編集委員会『神戸市教育史第三集』1993 年、641 - 643 ページ。

(25) 毎日新聞神戸支局編『都市と主婦たち』毎日新聞社、1977 年、160 ページ。

(26) 『神戸新聞』2019 年 2 月 7 日。

(27) 『神戸新聞 NEXT』2019 年 2 月 6 日。

(28) 宮崎辰雄『神戸を創る』河出書房新社、1993 年、36 - 41 ペー

第7章　宮崎辰雄神戸市政の検証 (2) －コミュニティ政策と労務管理－

ジ。宮崎辰雄『私の履歴書－神戸の都市経営』神戸都市問題研究所、
1985 年、68 - 69 ページ。
（29）宮崎辰雄『私の履歴書－神戸の都市経営』神戸都市問題研究所、
1985 年、86 - 88 ページ、190 ページ。

第 8 章　阪神大水害復興と戦災復興、
阪神・淡路大震災復興

はじめに

　近代以降、神戸市は、阪神大水害（1938 年）、戦災（1945 年）、
そして阪神・淡路大震災（1945 年）などの大災害にみまわれて
います。本章の目的は、神戸市の阪神大水害復興や戦災復興が、
被災者の生活再建よりも、道路や港湾などハードなインフラが
重視されたこと、この構図が阪神・淡路大震災の復興にも通底
していることを検証することです。

第 1 節　阪神大水害と復興

　神戸市役所『神戸市水害誌』によれば、神戸市は風光明媚、
気候温和な港都として古より伝承せられ、現代の市民また神戸
を以て泰平の都市、天災少なき地でした。しかし、古来より相
當の災害が免れ得ず、兵火による甚大な災禍、地震による大災
害も記録され、風数害も 1459 年から 1866 年までの約 4 百年
余りに 38 件、近代以後の 1868 年から 1938 年までの約 70 年
間で 47 件も発生しています。近代以降は、急速な都市化、重
化学工業（軍需産業）化による人口の急増や背山開発などで被
害の規模と犠牲者が増大しています。[1]

　1938 年に阪神大水害が起き、死者・行方不明 695 人、倒壊
家屋 2,658 戸、流出家屋 1,497 戸もの被害を出しています。こ
の大水害は、背山開発のための道路建設や森林伐採、そして市

第8章　　阪神大水害復興と戦災復興、阪神・淡路大震災復興

内河川の暗渠化（地下化）など人為的原因がありました。その
背景には、大正末期から昭和の初期にかけて、神戸市は人口増
加と経済活動が活発化し、市街地の拡大と都市基盤整備に追わ
れていたことがあります。[2]

　「1935年の国勢調査では、神戸市の人口は約91万人、1930
年からの5カ年の増加率は15.8%ですが、とくに市内灘区は
49.1%、須磨区は27.1%の高率を示しています。当時の市域の
総面積は83.03㎢で、平地部分は4割に過ぎませんでした。す
なわち『狭長帯の如き市街地を為すを以て、自ら海岸を埋め山
地を利用するの形勢に立ち至』（神戸市役所『神戸市水害誌』1937年、
115ページ）る状況がつくられていたのです。[3]

　「阪神大水害の当時、市の面積は8,140haでしたが、被災面
積は2,140haと被災率は26.4%でした。しかし、市街地では
被災率は59.3%にのぼり、総戸数20万9千戸のうち、被災戸
数15万1千戸でした。また人口96万4千人のうち、被災人
口は69万6千人（72.2%）に達しました。兵庫県下の被害は死
者731人（うち神戸市616人）、流失・全壊家屋5,492戸（うち
神戸市4,477戸）、半壊7,726戸（うち神戸市6,440戸）、床上浸水
39,021戸（うち神戸市22,940戸）、床下浸水100,423戸（うち神
戸市56,712戸）でした」。[4]

　この大災害の原因について、神戸市の山地課が、3反歩以上
の崩壊箇所（約680箇所、323町歩）原因別崩壊面積を調査した
ところ、山地開発に基づく工作物が原因とされる崩壊は全体
42%、特にドライブ・ウエーを設けた再度山では75%に達す
ることが判明しました。[5]「1928年の第3期道路建設事業で、生
田川の暗渠・遊歩道化が盛り込まれ1932年に完成した。だが

山から流れてきた岩石・土砂・流木は、暗渠化された河川でその入り口をふさいだ。生田川では第3期都市計画事業で暗渠にするとき、河口までを約2km流出時間を約2時間と見て、2時間連続の最大雨量を35ミリと想定したが、実際の雨量は1時間61ミリを記録し大災害となった」[6]。

　阪神大水害の陣頭指揮を執った当時の神戸市長の勝田銀次郎は1939年の水害記念放送で次のように語っています。「国家が総力を挙げて東亜における新秩序建設に戦って居りますさ中に、我国最大の貿易港であり、多数の外国人の居住する国際都市、経済的枢軸を構成せる大都市で派生した点において、神戸の水害が我が国土防衛上はもとより、我国の威信の上からも速かなる復興を期さねばならぬ。復興事業の進行にともなう多量の処分土砂を東部埋立造成に使用することにした」[7]。

　復興の目的が、国土防衛と我国の威信にあることが述べられていますが、復興の本来の目的であるべき被災者の生活再建が語られていません。また勝田銀次郎は、内務大臣末次信正に宛てた「神戸港東部埋立地促進に関する意見書」(1983年9月2日)において、「国港たる神戸港は、軍事上良く重大使命を全うし、内外貿易設備の拡充に努力し、…水害土砂の処分対策として東部海面埋立と、それによる貿易設備の拡充・港湾拡張の一石二鳥の効果があることを訴えている」[8]と述べています。つまり軍事と貿易目的の東部海面埋立が、復興計画の眼目だったのです。

　昭和13年の阪神大水害が、その後の神戸市政にもたらした政治的意義の一つは、「政府に対する神戸市を挙げての災害復興問題への陳情運動が、戦争への市民動員の契機となったことです」。すでに「前年の日中全面戦争の本格化とともに神戸市

においても戦時色が強まり、戦時体制への市民統合をいかに構築するかという問題に直面していた」からです。二つめの政治的意義は、「13年の大水害がその後の神戸市の都市計画に水害問題への対策を不可欠とさせたことにあった。すなわち、神戸市は『水害の影響並びに防空の見地より既定都市計画道路網の再検討を行う』必要にせまられたことになった。[9]

　阪神大水害が起きた翌年の「神戸港の輸出入合計は約19億円で、全国の35%を占めて日本第1位にあり、横浜・大阪の両港を凌駕しています。工業生産も第一次世界大戦後の不況を脱し、特に軍需産業と貿易の振興によって1935、36年は活況を呈していました』。[10]本書のカバーの絵図は、y.kojimaによって1938年に描かれた『神戸港眺望』（神戸市立博物館所蔵）です。日中戦争のさなか、多くの大船、小船、ガントリー・クレーン、工場の煙突群など賑わいのある港の風景が鮮やかに描かれています。阪神大水害の悲惨な光景と対照的です。神戸市の急激な都市化、工業化をあらわしているようです。

　神戸市都市経営の礎を築いた原口忠次郎は、阪神大水害の復興のために1939年に神戸土木出張所長を命ぜられます。当時の神戸土木出張所の所管事項は、①兵庫県南部と四国四県の国土計画②神戸港の拡張③六甲山の治山治水などでした。原口が立てた復興計画は、①花崗岩の表面が風化して崩壊しやすい六甲山に1千万円を投じて砂防ダムを造り植林を行なう②3千万円をかけて急傾斜でしかも短い各河川の底を深くし川幅を固めるという二面作戦でした。[11]しかし昭和1967年の豪雨で、死者・行方不明98人、全壊流出367戸もの被害を出していることから、この復興計画が十分な効果をあげているとはいい

がたい面があります。たしかに「相当の財政的援助はされたが、補助金支出の仕組は個別縦割り行政に則っている。そのなかで、水害防止を中心に据えた都市計画という『総合性』の追及がどのようになされたのか、検討すべき課題は残されていた」のです。つまりこの大水害が、道路や宅地などの山地開発が原因であることから、この根本にメスを入れない復興計画は、同じ過ちを繰り返すことにつながったのではないでしょうか。

「神戸市と兵庫県は、災害復興経費を（1）河川復興費37,605,400円、（2）公園新設費5,784,800円、（3）治山治水費27,833,000円、（4）上水道復興費4,251,323円の合計135,288,623円と見積もり政府に陳情した。災害復興承認額は、（1）河川改修費3,446万円（国庫補助1,723万円）、（2）道路費1,857万円（国庫補助619万円）、（3）水道復興費480万円（国庫補助93万円）の合計5,783万円と既定砂防費1,000万円で総額6,783万円であった」。

第2の課題は、被災者の生活再建の問題です。「避難所の被災者数は7月6日に約2万3千人、避難所数117か所であったが、8月5日にはゼロとなっている。当時、避難所は1938年12月末で閉鎖されることになっていた。流出倒壊家屋は約4千戸、中産階級以下の市民のために約435万円余りの経費で1戸2世帯の住宅500戸の建設を計画、差し当たり応急施設として1,034戸のバラック建設を計画し799戸を建設し被災者を収容した。伝染病患者は前年及び前々年の同日に比して、時には3倍の患者を出すに至った。特に消火器系統患者が多く、赤痢は最も多数を出した」。「夏の災害につきものの伝染病が19日に発生、9月5日までの2カ月間で1,369人にのぼって

第8章　　阪神大水害復興と戦災復興、阪神・淡路大震災復興

いる。市街地の衛生環境は最悪で、上下水道が利用できず、下水道設備のない当時は、汚物は汲取式で床下浸水は汚物の流出を意味していた」。表1のように、1938年の伝染病患者は1,738人で前年の935人の約2倍、とくに赤痢は2.5倍と急増しています。

表1　　神戸市の伝染病患者発生比較

	総数	赤痢	腸チフス	その他
1936年	1,026	642	298	86
1937年	935	570	289	76
1938年	1,738	1,369	270	99

資料　神戸市役所『神戸市水害誌』1939年より作成

　「義捐金は、1939年3月10迄で累計2,800,490円に達した。弔意見舞金は死者、行方不明50円、全潰流出30円、半潰15円を世帯当たりに支給、重傷は20円を1人に支給、合計418,185円、19,709件となった」。被災者の生活再建のための公費は投入されていたのでしょうか。疑問が残ります。さらに問題は、義捐金の総額2,800,490円に対し支給総額418,185円で、差額2,382,305円は何に対してどのように使われたのでしょうか。昭和10年ごろの1円は現在の約2千円に該当します。義捐金の累計は、約56億円で弔意見舞金は8億4千万円に相当します。

　神戸市経済部は、「主に中小の商工業が被害を受け、応急復興を要する戸数を16,659戸に見積もり、被害額を8,434,416円と算出しました。そのうち4割を使用または処分し得るも

のとし、これを除く純被害額を約 506 万円と算出して、中小業者復旧のための融資する最低金額とした。融資は年利 6% 以内、信用の保証を為し得る金額を 100 万円、1 人 1,000 以内としますが、法人に限られ個人営業者は除外された。貸付承認金額は総計 180,400 円、その内商業は 67.9%、工業 26.5%、サービス供給業 5.6% を占めていました」。以上のように、阪神大水害の復興は被災者の生活再建や自営業の再建はなおざりにされたのでした。

第 2 節　戦災復興

　建設省編『戦災復興誌第 1 巻』によれば、米軍による日本の空襲被害は 120 余りの都市に及び、罹災面積は 1 億 9 千万坪、罹災戸数 230 万戸（国内の 2 割）、罹災人口 970 万人（国内の 1 割強）に及びました。内務省は終戦の直前の 1945 年 7 月に戦災地復興計画基本方針をつくり、代表府県の意見を聞きながら復興都市計画の方針を立てます。その後、幣原喜重郎内閣は、1945 年 11 月に小林一三国務大臣を復興院総裁とする戦災復興院を設置します。

　同年 12 月に戦災地復興計画基本方針が閣議決定され、1946 年に神戸市など 115 都市が「戦災都市」の指定を受けます。都市計画を所管していた内務省は、被害の大きい 115 都市の都市基盤の近代化のために、戦災復興都市計画の策定を終戦直前から始めていたのです。ここに、日本の都市計画における戦前と戦後の連続性がみられます。

　「ドイツ行政法学の父」と呼ばれるオットー・マイヤーは「憲

法は変わる。されど行政法は変わらず」と語りました。彼が
つくり上げたドイツ行政法の体系は、その高度の技術性のゆ
え、憲法が変わったにもかかわらず、そのまま妥当することを
意味していました。たしかに、オットー・マイヤーの言うよう
に、都市計画法制は高度の技術性を有するために、戦災復興都
市計画は敗戦直前から策定され、戦後憲法が制定される前につ
くられ、憲法制定後も変わらずに生かされたのでした。そのた
め、戦災復興計画には、憲法理念である戦争被災者の生活や住
宅、生業の再建などの生存権の保障と、市民主体の都市計画な
ど人権や民主主義、住民自治は生かされなかったのです。また
神戸大空襲で多数の市民が死亡、負傷し、家を焼かれ、「最大
の不幸」をもたらした戦争を反省し、戦争のない神戸と平和確
立のために戦災復興を進めるという理念と実際の方策が欠如し
ていたのです。

　神戸市の空襲被害は、1945年2月6日から8月6日までで
死者6,235人、重傷者7,007人、罹災者470,820人、罹災地
面積590万坪、焼失破壊戸数128,189戸（住宅126,198、非住宅
1,072、工場922）で罹災前戸数209,220戸の54％でした。[19]「戦
災都市」の指定を受けた神戸市は、戦災復興の基本計画を策定
します。当時の中井一夫神戸市長（1945年8月－47年2月在任）
が、戦災復興本部の本部長に就き、副本部長（事実上の本部長）
に原口忠次郎が任命され、1946年3月に神戸市復興基本計画
その他要綱が策定されます。

　神戸市復興基本計画その他要綱を企画し立案したのが、戦災
復興副本部長の原口忠次郎（1949－1969年市長在任）で、原口
の右腕として補佐したのが宮崎辰雄（1969－1989年市長在任）

でした。また阪神・淡路大震災復興の陣頭指揮をとった元神戸市長笹山幸俊（1989 - 2001年市長在任）も、戦災復興本部で計画案作成に携わっています。

　神戸市の戦災復興事業や都市計画業務に従事した技術官僚の小原啓司によれば、当時の復興委員は、まだ、公職追放前で一同元気だったといいます。復興委員には、経済界から川崎芳熊（神戸川崎銀行）、川西竜三（川西航空機・川西機械製作所社長、新明和工業創業者）、高畑誠一（日商岩井会長）、宮崎彦一郎（神戸商工会議所会頭）、田中卯三郎（甲南汽船社長）、八馬謙介（神戸銀行頭取）、朝倉斯道（神戸新聞社長）、労働界からは全日本海員組合の小泉季吉、総同盟県連中央委員の中川光太郎、そして婦人代表もいました。委員会の顧問や参与には、三菱造船所の藤井深造、川崎造船所の鋳谷正輔、鐘紡の津田信吾が名を連ねていたので[20]。

　神戸市復興基本計画要綱は「都市の能率、保健、防災および美観を一段と発揮せしむることを目途とし」、神戸の都市の性格を「国際的貿易海運都市」として「これに付随して商工業都市、文化都市ならびに観光都市を併有する」都市づくりを目的としていました。また都市規模については、「一大国際港都たるの機能を十分に発揮せしむる」ために「東部および西部の数市町村」、および「北部の数市町村を合併」することが計画されました。主要施設として、街路、幹線道路、高速度道路、対外貿易の一大基地たるべき港湾の拡張整備、空港（現在の東灘区の深江海面に設置）などでした[21]。

　特にこの復興事業で注目すべきは、都市経営で名をはせた元神戸市長宮崎辰雄や大震災の復興の指揮を執った元神戸市長笹

第8章　　阪神大水害復興と戦災復興、阪神・淡路大震災復興

山幸俊などテクノクラートを養成する機会を提供したことでした。たとえば神戸市復興本部長の経歴をもつ宮崎辰雄は、次のように復興事業を明治維新以降の神戸の近代的都市づくりの総決算であり、理想的な大都市神戸の実現にとって不可欠なものであると捉えていました。「瓦礫の巷と化した6百万坪に及ぶ罹災地域には、復興基本計画要綱をはじめ街路、緑地、港湾、運河、高速度鉄道、下水道、地域地区等の諸計画が樹立せられ…戦災地域のみならず、全市域に通ずる理想的な大都市計画の実施によって、大神戸市は神戸港を中核とし、その機能を十全に発揮するとともに、…国際的貿易海運都市、商工業都市、文化都市たる大港都を建設し得るのである」。「復興事業は、以上に述べたような構想と計画のもとに推進せられ、実に過去80年の総決算であり、また本市再建の基盤をなすものであって、しかもこの焦土と化した今日を措いては決して実施することができない性質のものなのである」[22]。

　たしかに中井一夫も「原口の復興計画は雄大で、隣接町村合併して新市域を広げ、港も拡大して埋め立て、幅広い道路を造り、自動車時代を見越して高速道路を走らせ、神戸高速鉄道や地下鉄計画、空港計画など、当時の青写真が、今の神戸を実現させた」[23]と述べています。以上のように、スケールの大きい復興計画を構想したのが原口忠次郎で、それにもとづき復興道路、東西3幹線、河川沿い公園などの戦災復興計画を策定したのが宮崎辰雄でした。

　神戸市は、次にみるように6大都市の中でも区画整理や道路整備など戦災復興事業に積極的でした。「1946年夏、箱根で6大都市の復興局長会議があった。神戸からは原口さんが出席

173

した。この会議では意見が大きく2つに分かれた。あまり大きい計画を立てると将来それを収束するのに困難が来すだろうから、ほどほどにして置こうという消極的な意見と、今が都市を生まれ変わらせる絶好の機会であるから困難であっても敢えて遠い将来の見通しを立てて、それらを実行すべきであるという積極論とである。東京、横浜、大阪が前者で、名古屋と神戸が後者で、戦災を受けなかった京都が中立だった。大論争の末、お互いにわが道を往くことにしょうじやないかということで落ち着いたが、京都を除く5大都市のその後を見ると、その時の方針が大きく作用していることがわかる」[24]。

　原口は、戦後神戸の都市づくりの背景を次のように述べています。「神戸は、市街地の過密と六甲山系の裏側に広がる農村地帯の過疎など、日本が直面する地域開発の課題を抱えており、その意味で日本の縮図である。…このような過酷な自然条件が山を海に動かし、海に都市を築かせた」原口は、戦後の神戸を機能と効率を重視した都市にすべく次のように構想します。「世界の貿易港をもち、国際空港をもち、そして循環道路でつながれるならば、瀬戸内圏は一つのまとまりのある広域経済圏として集積の力を十分に発揮できるであろう。海に直結する高速道路、背後へつなぐ六甲トンネル、そして近代的港湾都市をめざし、海にポートアイランドを築く。そして日本の成長のため、私は『水のメガロポリス』を橋と道路と船と飛行機で結びたい。都市の本質は自由な交通にあるという学者さえいる。効率的な都市をつくることは、その意味で都市づくりのいちばん大切な課題である」[25]。

　宮崎辰雄によれば、神戸市の戦災復興計画の目玉は、道路、

第8章　　　阪神大水害復興と戦災復興、阪神・淡路大震災復興

交通体系の整備でした。東西の幹線道路、鉄道の地下埋設化、中央、海岸沿いの三本の幹線道路、地下鉄の建設、港湾や緑地、上下水道など神戸の将来の発展動向を見極め、大筋においてあやまるところがなかったと述べています。「戦後、間もなく復興院のお声がかりで六大都市建設担当者会議が開かれ、都市の復興は区画整理方式でとの方向が示された。中でも神戸と名古屋が積極的に取り組んだが、全国的にみて復興計画をほとんど実行したのは、おそらく神戸市だけではないだろうか」と自負しています。神戸市は、区画整理方式による道路を中心とした交通体系の整備を戦災都市復興の最重要課題として位置づけていたのです。

　神戸市は、市街地面積の7割に当たる2,240haを戦災復興土地区画整理事業区域に指定し、他都市をぬきんでて戦災復興計画のほとんどを実行します。復興計画の目的は「個人的、村落的な古来からの通路あるいは街路等の狭小なために生ずる近代都市的弊害を、この戦災を契機として根本的に区画整理して除去」し、「中央東西幹線を計画して産業交通の利便をはかると共に…土地の立体的使用を考慮して、将来の高層ビル街の建築敷地造成に力をそそぐ」ことでした。

　土地区画整理事業は、道路建設のために住民から宅地の一部を無償収容し、「公共減歩率は全市平均して25%」で大きな住民負担を伴いました。この事業によって「地価が上がる」「便利になる」「街が活性化する」と宣伝されたのです。

　しかし実際は、神戸市の言い分とは反対に、国道43号線など主要幹線沿いのインナーシティ地域は、大量の自動車道路による排気ガスや騒音、振動などの環境悪化によって住民の流出

175

第2部（現在）

が相次ぎ、そこでしか生活できない低所得者層や高齢者の滞留
と、零細自営業者の経営を悪化させ、インナーシティ問題と呼
ばれるコミュニティの衰退がもたらされました。

　笹山幸俊も、大震災の復興都市計画を策定する際に「戦災復
興計画」をモデルにしていました。『神戸新聞』によれば、笹
山幸俊は、「神戸戦災復興誌」は「市のバイブルのような存在
だ」と語っています。笹山が「震災直後に市役所に駆け付けた
時、頭に浮かんだのは、この戦災復興計画だった」。「建設省に
よると、戦災復興の区画整理事業は全国では昭和40年ごろに
ほぼ終わった。現在も続くのは神戸、大阪市のみ。百メートル
道路で有名な名古屋とともに、神戸は区画整理の積極推進派で
あり続けた。区画整理の〝優等生〟は再び、大規模な面的整備の
道を選んだ。区画整理、再開発などは6地区233ヘクタール。
都市計画畑一筋の笹山市長は震災直後から頭の中に絵があった。
『どの地域で何をしなければならないのか。どんな事業が残っ
ているか。それは分かっていた。戦災復興の延長だ。基本は変
わらない』。笹山市長は倒壊した建物を見た時、こんな思いを
抱いたという。『戦後のやり直しだ』[29]」。以上のように、阪神・
淡路大震災復興計画は、ある意味で戦災復興計画の延長線上に
あったといえるのではないか。だとすれば、阪神・淡路大震災
復興計画の問題は、戦災復興都市計画の中に見いだされるので
はないでしょうか。

　笹山幸俊によれば、「神戸市復興計画基本要綱」は、その後
マスタープランに変わりますが、鉄道や阪神沖飛行場などハー
ド面から美観といったソフトまで網羅した、神戸市の復興と都
市建設の方向性を定めた素晴らしいものだったのです[30]。

176

第8章　　阪神大水害復興と戦災復興、阪神・淡路大震災復興

第3節　戦災者の飢えと生活難

　戦災復興は、道路、港湾など交通体系の整備が重視されましたが、飢えと住宅難に苦しむ被災者の生活再建はなおざりにされました。当時の神戸市長中井一夫も、神戸市民は食糧を求めて殺気だち食糧不足で暴動が起きかねない状況にあったと述懐しています。[31]

　ジョン・ダワーによれば、日本本土の基本的な食糧は、朝鮮、台湾、中国に依存していました。真珠湾攻撃の前の時点で、日本人が消費する米の31%、砂糖の92%、大豆の58%、塩の45%がこれらの地域からの輸入に頼っていました。日本の敗北は、こうした食糧の供給が突然、断たれることを意味していたのです。そのため戦後の物不足は深刻で、物価の高騰などとの悪循環が4年以上も続きました。たいていの日本人は、日々の生活の必需品を手に入れることで頭がいっぱいでした。食卓に食べ物を並べるだけでも、必至の仕事だったのです。降伏から3カ月間で、東京で栄養失調により死亡した人は千人以上と推定されます。

　また1945年11月中旬、東京以外の5大都市（神戸、京都、大阪、名古屋、横浜）で733名が餓死したと報道されています。降伏後の結核の年間感染者は、おそらく100万人をはるかに上回ったと思われます。このような悲惨な国民生活の背景に、こうした飢餓が、たんに日本が負けたから起ったのだと考えるとすれば、それは単純すぎる。むしろ、ひどい不作、戦後の指導体制の混乱・腐敗・無能といった要因に加え、天皇の負け戦が絶望的なまでに長期化したことがその主たる原因でした。日本が降

177

伏した時点ですでに、日本人の過半数は栄養失調でした。食糧不足は、真珠湾攻撃以前から顕在化しはじめていたのでした。

　帝国陸海軍が保有していた全資産のおよそ70%、もともとこれは、本土約500万人と海外300万人余りの兵士のためのものでしたが、政府は、占領軍の到着する前に、軍の物資は地方政府、民間工場、民間人に適切に分配することを決定し実施し、戦後最初の略奪の狂乱の中で処分されました。さらに降伏から数カ月後、占領軍当局は、それまで手付かずできちんと管理されていた軍の資財の大半を、公共の福祉と経済復興に使用せよとの指示をつけて、うかつにも日本政府に譲渡してしまいます。これら物資の大半は、建設資材と機械類であり、内務省は財閥系企業の5人の代表からなる委員会にその処分を委任します。その総価値はおよそ1000億円と見積もられましたが、これらの資財も無数にあった隠し場所に置かれたか、または直接闇市に流れたかしてほとんど跡形もなく消えうせたのです。

　日本史上最大の危機のただ中にあって、一般民衆の福利のために献身しようという誠実で先見性のある軍人、政治家、官僚はほとんどいなかったのです。旧エリートたちからは、賢人も英雄も立派な政治家も、ただの一人も出現しませんでした。物不足は長期化し、インフレは歯止めなく進行し、産業再建は停滞していた状況にあって、軍需物資を盗み出して隠匿した軍人・実業家・官僚・政治家など、社会で有利な地位を占めた者たちの多くは、軍需物資を闇市に流し儲けたのでした。[32]

米軍の占領と戦災者の住宅難

　「敗戦に伴う膨大な政府支出は、巨大な占領軍のための住

第 8 章　　阪神大水害復興と戦災復興、阪神・淡路大震災復興

宅費と維持費の大半を支払わなければならなかった。この占
領軍向け支出は、占領開始時の国家予算の 3 分の 1 を占めた。
1948 年の時点で約 370 万世帯が住宅のない状態であった一方
で、日本政府は占領軍の住宅と施設に予算の相当部分をあてな
ければならなかった。しかも、それはアメリカの生活水準に合
わせる必要があった」。米占領軍のための住宅を優先する政策[33]
の中で、戦災者の生活や住宅問題は深刻化しました。
　米国第 6 占領軍の兵庫県進駐は、1945 年 9 月 25 から 26 日
にかけて始まり、神戸市などの戦災ビルの大半と港湾施設など
が接収されました。接収箇所は、面積 61 万坪と港湾施設 9 万
坪を合わせて 70 万坪でした。主な接収場所は、白人兵の宿舎・
兵舎であるイースト・キャンプ 9 万 5,481 坪（1946 年 1 月 1 日
接収、1953 年 4 月解除、現在の中央区中部にある三宮そごう百貨店の東
側付近）と、黒人兵の宿舎・兵舎であるウエスト・キャンプ 3
万 1,181 坪（1945 年 12 月 6 日接収、1955 年 9 月解除、現在の兵庫区
中部にある新開地の東側付近）、幹部宿舎の六甲ハイツ 103,013 坪
（現在の神戸大学文学部、理学部付近）、掃海した機雷などを集積す
るスクラップヤード 41,114 坪（現在の兵庫区切戸町など）でした。
これらを統括する軍の中枢管理組織は、旧居留地地区内の神港
ビルに置かれ、東遊園地 11,114 坪、六甲山ゴルフ場 91,587 坪、
再度山公園 144,300 坪などをレクリエイション施設として使
用していました。[34]
　米占領軍のキャンプ場は、戦災者に対する強制的、理不尽極
まる立ち退き命令によって接収されました。しかも、神戸市は、
戦災者のための住宅確保に消極的であったために、戦災者は住
宅に困窮するのです。『新修　神戸市史　行政編 II　くらしと

179

行政』は、この間の事情を次のように記しています。「神戸市の市営住宅は、昭和20年に20戸、21年に859戸、22年に1,362戸、23年に1,732戸、24年816戸、25年501戸で、25年までに5,270戸が供給された。だが市全体の復興計画のなかで住宅地を整備していこうとう発想は乏しかった[35]」。

『神戸新聞』も、「折角の復興住宅、撤去の破目　街路拡張計画で戦災者の苦心も水泡」という見出しで、道路優先の戦災復興が「戦災者に対して不適切な態度だと非難の声が高い」という声を次のように紹介しています。「戦災復興の根幹になる阪神間の幹線街路計画は、このほど漸く兵庫県戦災復興審議会で決定された。街路計画の決定が遅れたため新築住宅の大部分が現在道路に接近して建てられ、道路拡張工事の施行に伴ってこれらの家屋は新設道路の敷地内に取り残されることになり、罹災者が粒々辛苦のすえやっと建てることが出来た新築住宅も再び撤去しなければならぬ憂目にあうわけで、こんなことではひとり戦災者がひどい目にあうばかりでなく、道路工事は遅れるし、不必要な移転補償費を出さねばならぬことになって国家的にも大きな損失である。ところが不可解なのは県市当局の態度で…道路添いの復興住宅が建つのを徒らに傍観しているだけで何ら適切な手を打たぬのは余りにも戦災者に対して不適切な態度だと非難の声が高い[36]」。

『新修　神戸市史　行政編II　くらしと行政』によれば、「市の一般会計歳出に占める住宅関係予算の割合も、昭和23年22.9％に達したあと5.7％に激減し、27年には用地難などもあって1.4％にまで落ち込んだ。その後やや回復したものの、以後30年代半ばまで5％の水準にすら達することはありませ

第8章　　　阪神大水害復興と戦災復興、阪神・淡路大震災復興

んでした。これは、明らかに当時の神戸市が住宅政策を軽視するという政策選択の結果にほかならなかったのです。…神戸市は、昭和26年制定の「公営住宅法」の規定に基づき昭和27年度から毎年約千戸の公営住宅を建設するという3カ年計画をたてた。しかし、この計画の達成率は30%前後ときわめて低いものに終わった。神戸市以外の六大都市のなかで計画達成率がもっとも低かった東京都でさえ48%であった。神戸市の30%という数字がいかに低いものであったかがわかるであろう。昭和27年度に建てられた市営住宅は、わずかに276戸しかなかった。そもそも神戸市では『公営住宅法』が制定される前の昭和24年から、市営住宅建設戸数が極端に減っていたのである」。⁽³⁷⁾

　『神戸新聞』も「1946年1月10日現在、全県下の簡易住宅建設戸数は3,878戸、当初の1万3千戸の目標に対して3割という情けない状態で住宅政策の完全な失敗を物語っている。建設が最も進んでいるのは姫路市で2,230戸、武庫郡魚崎町の328戸、明石市の310戸、芦屋市290戸で比較的順調だが、大都市で神戸市211戸、尼崎市5戸、西宮市86戸というのは余りにも関係当局の熱意のなさを証明している」と報じました。⁽³⁸⁾

　以上、米国による日本占領のもと、米軍の生活や住宅が最優先される中にあって、神戸市の戦災復興計画も道路や港湾などハードなインフラが重視され、戦災者の生活再建や住宅政策が軽視されました。この構図は、阪神・淡路大震災の復興にも通底しているのではないでしょうか。以下で検証しましょう。

第2部（現在）

第4節　阪神・淡路大震災復興と被災者の生活再建

　大震災後、被災者は、震災前に暮らしていた地域で住宅や生活、生業を再建することを願いました。ですが、被災者の住宅は、災害救助法にもとづく避難所－仮設住宅－災害公営住宅という単線型の現物支給でした。さらに仮設住宅や災害公営住宅は、激震6区（東灘区、灘区、中央区、兵庫区、長田区、須磨区）には、「土地がない」、「個人の土地のうえに公共の仮設住宅を建てることはできない」などの理由で、六甲山の裏側や人工島などの郊外に大量に建設されました。そのため日常生活の人と人との絆が断ち切られ、仕事場やかかりつけの病院、学校などに通うのに多額の交通費と労力、時間を要し生活が困難を極めた。私の試算によれば、神戸市において、被災者の従前の居住区に対する仮設住宅の割合は、激震6区で28％に過ぎません。さらに「終のすみ家」となる災害公営住宅入居者は、激震6区で30－50％しか従前居住区に戻れていませんでした。[39]

参考
読売新聞
1995年1月17日夕刊

第8章　　　阪神大水害復興と戦災復興、阪神・淡路大震災復興

　兵庫県は、大震災の住宅関係の被害額を4兆300億円と試算しましたが、復旧・復興のための仮設住宅や災害公営住宅など住宅関係経費は1兆7,922億円と44％に過ぎませんでした。ちなみに私が試算した住宅被害額は13兆1,902億円で、兵庫県は住宅被害額を過少に評価していたのでした。一方、道路や河川、下水道など公共土木施設の被害額は2,961億円で、その復旧・復興費は3,498億円が充当され、港湾の被害額約1兆円に対し復旧・復興費は約1兆円と満額手当されています。詳しくは拙著（池田清『災害資本主義と復興災害』水曜社、2014年、112–114ページ）を参照されたい。

　以上のように大震災の復興は、道路や港湾などが重視されましたが、生活再建や住宅政策は軽視され被災者の失業や貧困とあいまって、家族の崩壊やコミュニティが喪失し多くの孤独死を出してしまうのです。さらに被災者に対する神戸市の住宅政策の貧困は、「借上公営住宅」問題で顕在化します。借上公営住宅は、震災復興公営住宅の大量供給の必要性から1996年（平成8年）から導入されました。それは、神戸市や兵庫県など被災自治体が、民間事業者が建設・保有する住宅を借り上げることにより公営住宅を供給する方式です。当初、7,633戸ありましたが、2016年11月末時点で2,913戸に減少しています。

　問題は、神戸市が「住宅困窮者とのバランス（公平性）、市の財政負担の拡大などを考慮し、制度上の期限である20年で返還することを原則とすべきである」（2013年3月15日）として、2016年1月末に20年の期限を迎えた3人の入居者に対し、明け渡しと損害賠償を求め神戸地裁に提訴した（2016年2月16日）ことです。その後、西宮市も入居者7人を提訴し、神戸市

が第2次として入居者4人を提訴するに至っています（2016年11月14日）。

　ここで注目すべきは、同じ被災自治体でも宝塚市や伊丹市は全員継続入居を決定していることです。それに対し、西宮市は全員退去、神戸市は①85歳以上②要介護3以上③重度障害者は継続入居、それ以外は退去しなければならないというものでした。兵庫県は①85歳以上②要介護3以上③重度障害者は継続入居できる。75歳から85歳までに入居者で中度障害の入居者、要介護者などについては、第3者機関である判定委員会が個別事情に応じて入居の可否を判断するというもので、自治体ごとに方針が異なっています。[40]被災自治体のなかで、とりわけ西宮市と神戸市が、被災入居者に対し冷たい対応をしていると言わざるを得ません。

　兵庫県弁護士会の会長米田耕士は、借上公営住宅が、被災者への住宅の復興支援の一環として行われたものであり、入居する被災者にとっては、一般の復興公営住宅も借上公営住宅も同じだといいます。従って、被災者の継続居住の必要性が続く限り、借上公営住宅につても、復興公営住宅の供与と同様の保障がなされるべきです。

　さらに、南海トラフ地震等の大規模災害の懸念が具体的に指摘される現状で、阪神・淡路大震災の全壊10万戸と比較にならない規模の甚大な被害（南海トラフ地震では全壊建物最大238万戸）が予測されています。この被災地域の住宅復興支援の必要性を考慮した場合、既存の公営住宅や新設の公営住宅のみでは対策は不十分で、借上公営住宅が重要な復興住宅施策として位置づけられる。この場合、被災者に、客観的に継続入居の必要

第8章　　阪神大水害復興と戦災復興、阪神・淡路大震災復興

性が存在するにもかかわらず、自治体が明け渡しを求めること
ができる、あるいは明け渡し訴訟等で強制される結果をもたら
すという先例を残すことは、復興住宅施策制度への信頼性を喪
失させる懸念が大であることが、十分配慮されなければならな
いとも述べています。[41]

　本来、被災自治体は、被災者に寄り添い生活をサポートする
ことを旨とすべきで、全員に継続入居を認めるべきであり、貧
困で生活に困窮している被災者を訴えることは避けるべきです。

おわりに

　もともと神戸は、六甲山と大阪湾との間の狭い空間に市街地
が形成された都市です。そのため神戸の発展は、戦前から「山
を削り海を埋め立てる」方向に向かいました。たとえば 1935
年の市域の総面積は 83.03㎢ですが、平地部分は 4 割に過ぎま
せんでした。すなわち「狭長帯の如き市街地を為すを以て、自
ら海岸を埋め山地を利用するの形勢に立ち至[42]」ったのです。神
戸市の「後背部の山地の開発については、1930 年神戸市会の
中に『裏山開発調査委員会』が設置され、山地開発の調査と促
進方法の検討に着手していました。1938 年 2 月の市会で、守
屋助役は『本市将来の発展の運命は実に山地の開発にかかると
言っても過言でない』として、市に山地課を置き、住宅、交通、
山林などに関する体系的計画を検討中であると述べていたこと
からもうかがえます。[43]

　内務省技術官僚の原口忠次郎は、阪神大水害の復興のために
1939 年に神戸土木出張所長となります。原口は、戦災復興計
画も企画・立案しています。この戦災復興計画は、戦中に企画

され、戦後の憲法の制定・施行よりも先に計画されました。このことは、戦災復興計画が、憲法理念である戦争被災者の生活や住宅、生業の再建など生存権の保障と、市民主体の都市計画など人権や民主主義、住民自治が生かされなかったことを意味します。このような問題が、阪神・淡路大震災における被災者の生活再建に負の影響を及ぼすことにつながったのではないでしょうか。

注

（1）神戸市役所『神戸市水害誌』1939年、24-53ページ。
　　　兵庫県治山林道協会『六甲山災害史』（1998年）は、阪神大水害が起きた1938年は、その前年の7月、盧溝橋事件をきっかけとして勃発した日中戦争の戦時下にあったことから、大水害は内外に知らされなかったことを次のように述べています。「『阪神大水害』の冒頭に記した甲南高等学校校長の保々氏は『当時、県当局は中央の意を奉じてか、此の災禍を新聞等に宣伝することは、事変下、内外、特に支那に悪用されるを怖れ、写真の撮影を禁じ、又新聞記事を拘束して居た為に、東京を背め全国に亘って此惨禍を知る者少く、又写真撮影等も比較的少なかった』（原文のまま）と『はしがき』で述べています」（兵庫県治山林道協会『六甲山災害史』1998年、83ページ）。
（2）神戸市役所『神戸市水害誌』1939年。田結庄良昭『南海トラフ地震・大規模災害に備える』自治体研究社、2016年。六甲砂防工事事務所『六甲砂防50周年記念誌』1990年。昌子佳江「1938年阪神大水害と神戸の復興計画」『土木史研究』第13号、1993年6月。
（3）昌子佳江「1938年阪神大水害と神戸の復興計画」『土木史研究』1993年6月。
（4）兵庫県治山林道協会『六甲山災害史』1998年、76ページ。
（5）神戸区復興委員会編『神戸区水害復興誌』1939年、156-157ページ。
（6）昌子佳江「1938年阪神大水害と神戸の復興計画」『土木史研究』1993年6月。
（7）神戸区復興委員会編『神戸区水害復興誌』1939年、2-5ページ。
（8）神戸市役所『神戸市水害誌』1939年、1010-1013ページ。

第8章　　　阪神大水害復興と戦災復興、阪神・淡路大震災復興

(9) 神戸市『新修　神戸市史　歴史編IV　近代・現代』1994年、847–
　　 848ページ。『神戸市会史　第3巻』。
(10) 神戸市役所『神戸市水害誌』1939年、112ページ。
(11) 原口忠次郎『わが心の自叙伝』のじぎく文庫、1970年、45–46ページ。
(12) 昌子佳江「1938年阪神大水害と神戸の復興計画」『土木史研究』
　　 第13号、1993年6月。
(13) 神戸市役所『神戸市水害誌』1939年、1068–1097ページ。
(14) 神戸市役所『神戸市水害誌』1939年、610–657ページ。
(15) 兵庫県治山林道協会『六甲山災害史』1998年、82ページ。
(16) 神戸市役所『神戸市水害誌』1939年、861ページ。
(17) 神戸市役所『神戸市水害誌』1939年、662–670ページ。
(18) 建設省編『戦災復興誌第1巻』財団法人都市計画協会、1959年、
　　 1–2ページ、56ページ。
(19) 神戸市建設局計画部『神戸戦災復興誌』1961年、19–20ページ。
(20) 小原啓司『神戸のまちづくりと戦災復興事業』2007年、23ページ。
(21) 神戸市建設局計画部『神戸戦災復興誌』1961年、26–28ページ。
(22) 宮崎辰雄「神戸市街建設の沿革と復興計画」神戸市発行・編集『神
　　 戸市制実施60年の回顧』。原忠明『激動期　6人の神戸市長－原忠
　　 明回想録』1988年、293–298ページ。
(23) 神戸市建設局計画部『神戸戦災復興誌』1961年。中井一夫伝編集
　　 委員会『百年を生きる　中井一夫伝』1985年。
(24) 小原啓司『神戸のまちづくりと戦災復興事業』2007年、453ページ。
(25) 原口忠次郎『過密都市への挑戦』日経新書、1968年、39ページ。
(26) 宮崎辰雄『私の履歴書－神戸の都市経営』神戸都市問題研究所、
　　 1985年、64–66ページ。
(27) 建設省『戦災復興誌(第10巻)』都市計画協会、618–619ページ。
(28) 建設省『戦災復興誌(第10巻)』都市計画協会、673ページ。
(29) 『神戸新聞』1995年8月10日。
(30) 笹山幸俊「戦後復興と街づくり」「都市経営の軌跡」刊行会編『都
　　 市経営の軌跡－神戸に描いた夢－』神戸都市問題研究所、1991年、
　　 135ページ。
(31) 中井一夫伝編集委員会『百年を生きる　中井一夫伝』1985年、
　　 131ページ。
(32) ジョン・ダワー『増補版　敗北を抱きしめて(上)』岩波書店、2004年、
　　 95ページ、98ページ、111ページ、124–127ページ。
(33) ジョン・ダワー『増補版　敗北を抱きしめて(上)』岩波書店、2004年、
　　 125–126ページ。

187

第2部 (現在)

(34) 小原啓司『神戸のまちづくりと戦災復興事業』2007 年、250 - 253 ページ。
(35) 神戸市『新修　神戸市史　行政編 II　くらしと行政』2002 年、268 ページ。
(36) 『神戸新聞』1946 年 3 月 30 日。
(37) 神戸市『新修　神戸市史　行政編 II　くらしと行政』2002 年、266 - 271 ページ。
(38) 『神戸新聞』1946 年 1 月 24 日。
(39) 池田清『災害資本主義と復興災害』水曜社、2014 年、106 ページ。
(40) 兵庫県震災復興研究センター・出口俊一「『借上公営住宅』の強制退去－自治体の強制退去策は人権侵害－」『震災研究センター』2017 年 1 月 17 日 No.163。
(41) 兵庫県弁護士会会長・米田耕士「借上公営住宅に関する意見書」2016 年 4 月 26 日
(42) 神戸市役所『神戸市水害誌』1939 年、106 ページ。
(43) 『神戸市会史』第 3 巻、811 ページ、昌子佳江「1938 年阪神大水害と神戸の復興計画」『土木史研究』1993 年 6 月。

第 3 部（未来）

「平和・文化・環境都市」神戸
－持続可能な幸福都市へ－

第9章 「非核神戸方式」と安全保障法制

はじめに

　非核「神戸方式」は、核兵器積載艦艇の神戸港入港を拒否する方式です。これは、日本国の国是とされる非核3原則を地方自治から実効する試みなのです。本章は、非核「神戸方式」の意義と、それを無効化する米国や日本政府の動き、そして核問題が原発やエネルギー問題とかかわっていることを検証します。

第1節　神戸の米軍基地と反戦の取り組み

　大川義篤の研究によれば、図1のように、神戸港は1945年から1951年まで、米軍によって占領されていました。現在の第1突堤の基部に設置された米軍ポートコマンドに常駐する基地司令官が、自由かつ無制限な権利を行使していました。1952年、第6突堤を除いて条件付で返還されましたが、第6突堤はその後も「日本人立入り禁止」区域として残され、米国第7艦隊の補給・輸送・休養・慰安の基地として使用されつづけました。また第5突堤も水深11メートルの神戸港最大のバースであることから、大型空母の入港には欠くことができないものとしてその後も優先使用されることになりました。

　朝鮮戦争やベトナム戦争時には、米国第7艦隊の旗艦をはじめ、多くの艦艇が自由に入港し、連日、軍用車・武器・弾薬・食糧その他あらゆる軍事物資が積み出されました。労働者

190

第9章 「非核神戸方式」と安全保障法制

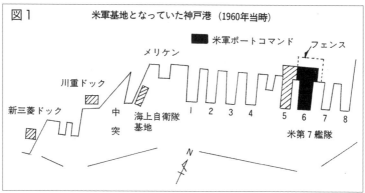

資料．大川義篤『非核神戸方式』兵庫部落問題研究所、1992年、ヒューマンブックレット No.18、17ページ

は、カービン銃をかまえた米兵の監視の下で、冷凍死体から肉片のついた戦車の荷役まで従事させられました。

港湾労働者は、港が戦争に直結していることを肌で感じ、労働条件改善のたたかいと結合して、「第7艦隊追放」、「第6突堤返還」のたたかいを展開します。1960年の「安保闘争」のなかで「第6突堤返還」は港で働く者の共同の要求課題となりました。1961年末からは、「米兵のいない静かなクリスマスを」といったスローガンを掲げた「クリスマス闘争」と呼ばれる市民運動がはじめられます。毎年、クリスマス休戦期間には、三宮や元町の繁華街にアメリカ軍兵士が溢れて一般市民とのトラブルを絶えず起こしていたからでした。

また原爆が広島と長崎に投下された、6日と9日に行う「6・9行動」が1966年からはじまります。そして新港第6突堤返還を求める港湾労働者の運動が頻発するようになります。これらの多彩な取り組みの中で、アメリカ軍がベトナムから撤収し

た1974年に、米軍は神戸港から完全撤収するに至りました[1]。

　以上のように米軍の神戸港からの撤収は、港湾労働者や市民による米軍基地返還闘争によるところがありましたが、米国政府と日本政府は沖縄に基地を集約し沖縄に犠牲を転嫁します。この問題を次節で検証しましょう。

第2節　日本の米軍基地と沖縄

　歴史学者の新崎盛暉によれば、1945年8月、日本はポツダム宣言を受諾して連合国に降伏し、米軍を中心とする連合国軍の占領下に置かれました。敗戦時の日本政府の最大の関心事は、天皇制（国体）の維持でした。連合国軍最高司令官マッカーサーも、占領政策をうまく進めるためには、日本国民の天皇崇拝をうまく利用したいと考えました。一方、ポツダム宣言は、日本の民主化を要求していました。そこで彼は、天皇に政治的権限を持たせることなく、「国民統合の象徴」として天皇を国家の最高位に置くことにしました。

　天皇制の存続に対しては、連合国の一部から、軍国主義日本と結びついた天皇の戦争責任の追及や天皇制存続の軍事的脅威を懸念する声が上がりました。そこでマッカーサーは、日本を非武装国家とすることによって批判の声をかわそうとします。そして非武装国家日本を監視し、周辺からの軍事的脅威に対抗するために、米軍が単独で占領していた沖縄を日本から分離し、アメリカの軍事要塞にするという方針をとるのです。

　1950年6月、朝鮮戦争が勃発するとアメリカは、軍事的覇権を維持していくためには、目下の同盟国の軍事力が必要であ

ると考えるようになり、日本にも再軍備を促します。そして、1952年4月28日に発効した対日平和条約と日米安保条約は、沖縄を米軍支配下に置き続けること、そして日本全土に米軍基地を置くことができると定めるのです。

構造的差別の上に立つ日米同盟

　1952年の対日平和条約が発効した時点で、日本（ヤマト）と沖縄の米軍基地の比率は、およそ8対1でした。したがってヤマトでも、沖縄の島ぐるみ闘争に呼応するような反米反基地闘争も続発していました。このような不安定な関係を安定させるための準備作業として、日米両政府は、日本に駐留している海兵隊など一切の地上戦闘部隊を日本から撤退させることに合意しました。撤退した海兵隊などは、日本ではない沖縄に移駐したのです。基地（矛盾）のしわ寄せでした。

　1960年、改定（現行）安保条約が成立した時点で、ヤマトと沖縄の米軍基地の比率は、ほぼ1対1になっていました。ヤマトの米軍基地が約4分の1に減り、沖縄の米軍基地が約2倍になったからです。60年代中期、アメリカが南ベトナム内戦に直接介入するようになると、米軍の出撃拠点沖縄でも反戦反基地闘争が盛り上がり、アメリカ単独での沖縄支配は困難になってきました。そこで日米両政府は協議の結果、民衆の闘いの矛先をそらし、沖縄を日本に返還して在沖米軍基地の維持責任を日本政府が負うという政策を練り上げました。72年沖縄返還政策です。

　沖縄が返還されることになると、日本政府は、ヤマトと沖縄を統合した在日米軍基地の再編を計画し、ヤマトの基地を約3

第 3 部（未来）

分の 1 に減らしました。このため 0.6％の国土面積の沖縄に在
日米軍基地の約 75％が集中するという状況が作り出されまし
た。[2]以上のように本土と沖縄との分断によって、米軍基地が強
固なものにされていきます。ここから言える教訓は、本土の基
地反対闘争は沖縄との連帯が必要であったということでしょう。

第 3 節　非核「神戸方式」

　神戸市会は、1975 年 3 月 18 日、全会一致で「核兵器積載
艦艇の神戸港入港拒否に関する決議」を採択しました。その全
文は次の通りです。「神戸港は、その入港船舶数及び取扱い貨
物量からみても、世界の代表的な国際商業貿易港である。利用
するものにとっては使いやすい港、働く人にとっては働きやす
い港として発展しつつある神戸港は、同時に市民に親しまれる
平和な港でなければならない。この港に核兵器が持ち込まれる
ことがあるとすれば、港湾機能の阻害はもとより、市民の不安
と混乱は想像に難くないものがある。よって神戸市会は核兵器
を積載した艦艇の神戸港入港を一切拒否するものである」。

　この決議を受けて、神戸港の管理者である神戸市が、寄港す
る外国軍の艦船に「非核三原則」に基づく「非核証明書」の提
出を義務づける行政措置の手続きを実施します。いわゆるこれ
が非核「神戸方式」と呼ばれるものです。「非核三原則」とは、
1971 年 11 月 24 日に衆議院本会議で「政府は核兵器を持たず、
作らず、持ち込ませずの非核三原則を遵守するとともに…核が
沖縄に存在しないこと、ならびに返還後も核を持ち込ませない
ことを明らかにする措置をとるべきである」との国会決議です。

194

第9章 「非核神戸方式」と安全保障法制

「神戸方式」は、港湾管理者の地方自治体の市長の権限にもとづいて執行されています。現行の港湾法は、戦後の 1950 年にできたもので、戦前、神戸港は国の直轄港で軍事秘密もある軍事を優先した港でした。このように港が戦争に利用された反省から、市民参加によって港を地方自治体が管理するように港湾法が制定されたのです。港湾法第 2 条 1 項によれば「地方公共団体」が港湾管理者であり、神戸港湾施設条例第 3 条で「港湾施設を使用しようとするものは、市長の許可を受けなければならない」と規定されています。さらに「神戸方式」は、憲法第 8 章（92 条から 95 条）にもとづく地方自治法に根拠づけられます。地方自治法第 2 条第 3 項第 1 号は、地方公共団体が実施しなければならない行政事務として「地方公共の秩序を維持し、住民及び滞在者の安全、健康及び福祉を保持すること」と記しています。非核「神戸方式」は、以上の国会決議と憲法、地方自治法、港湾法、港湾施設条例に基づいて実施されているのです。

このような非核「神戸方式」には、次にみるように前史がありました。1954 年に第五福竜丸が、米軍のビキニ環礁水爆実験で被爆します。「全港湾神戸地方本部は、1956 年 5 月 1 日、在神戸の米総領事館にビキニ水爆実験計画の中止を要請するとともに、神戸市長、神戸海運局に対し、①神戸港入港のすべての船舶の船体、積荷について放射能による被害の有無の検査、被害船舶の入港、荷役を拒否し公表する。②危険のない船舶については安全を証明し公表する、③船舶の検査には労働組合の参加。④具体策が不満足な場合、労組の判断で危険な船舶の荷役を拒否する、の 4 項目を要求」[3] します。放射能から神戸港

195

第3部（未来）

と神戸市民の生命と暮らしをまもる取り組みでした。

　このような市民活動は、1960年代から70年代にかけて、公害反対、神戸空港設置反対、福祉拡充などの生活要求運動とあいまって、非核「神戸方式」を誕生させていきます。非核「神戸方式」には次のような背景がありました。

　第1に、三菱重工神戸造船所の原子力事業と、原子力船「むつ」の寄港問題です。三菱重工神戸造船所の原子力事業は、1955年の三菱グループ各社による三菱原子動力委員会の結成を受け、1956年に研究部に原子力係りが発足したことがルーツとなっています。その後、1958年に設立された三菱原子力工業（MAPI）のもとで活動を続けていましたが、1969年に原子力事業がMAPIから三菱重工に移管され、本社と三菱重工神戸造船所に原子力部が設立されます。当社は商業用原子力発電プラントメーカーとして、アメリカのウエスチングハウス社（W社）と提携して加圧水型軽水炉の技術を導入し日本国内へ展開していきます。1970年に運転開始した関西電力美浜1号機以来、1997年に運転を開始した九州電力玄海4号機まで23機のプラントを完成させています。

　一方、わが国最初の原子力船「むつ」は、1968年に日本原子力船開発事業団から発注され、船体は石川島播磨重工業（東京第二工場）が建造しました。三菱原子力工業（MAPI）は、採用された原子炉設備は加圧水型軽水炉の基本計画を担当、三菱重工神戸造船所が詳細設計・制作・船装工事を行って進水します。1974年9月に出力上昇試験をした際に放射能漏れを起こしてしまうのです。[4]

　原子力船「むつ」の母港むつ港（青森県むつ市）では、住民の

196

寄港反対運動が繰り広げられ、原子炉修理のためこの原子炉を製造した三菱重工神戸造船所のある神戸港が寄港有力地として名前が挙がります。この寄港に対し、神戸市民や神戸港湾労働者から強い反対の声があがり、神戸市会の港湾交通委員会は、「市民の安全、港湾環境の保全、船舶航行の安全並びに市民感情の見地から、入港を強く反対する」と関係省庁に申し入れます。当時の宮崎辰雄神戸市長も、「神戸市として絶対に認めるわけにはいかない」と反対を表明し、「神戸港に回航し、三菱重工神戸造船所にドッグ入りさせ、原子炉を修理させる」との正式決定が発表された。神戸市会で「原子力船むつの神戸港入港に反対に関する決議」が議員提案され、全会一致で採択される[5]。その後、「原子力船「むつ」は、1978年に長崎県佐世保港に回航し、1980年に遮へい改修・安全性総点検工事が実施されます。1993年解役工事に着手、1995年に原子炉室一括撤去完了する[6]」のです。

第2は、ラロック元提督が米議会で「日本の港に寄港する米艦隊は、積載している核兵器をおろしていないと証言」（74年10月6日公表）したことです。後に日米両政府間に「核兵器持込み密約」の存在が明らかとなります。宮崎辰雄神戸市長は「私は、港湾管理者の立場として、この問題が正確に解明されない以上、この艦艇の入港に対しては拒否したいと考えています」と1974年12月の市会で答弁します。この背景に、港湾労働者や市民の神戸港に核兵器持込みに反対する運動や、全国に革新自治体が誕生するという動きがありました。

宮崎辰雄神戸市長は「一切の軍事基地と軍事使用に反対し、国際親善と協力で世界に開かれた神戸市を実現する」との公約

を掲げ当選したのです。特に注目すべきは、神戸港以外の一般港には、1975‐2014年の40年間に米艦船が59港に779回も入港していますが、神戸市会決議後、米艦船の神戸港の入港はゼロということです。[7]

第4節　非核「神戸方式」無効化の動き

　非核三原則は、わが国の国是ですが、それを否定する現実があります。それは核密約と呼ばれるものです。春名幹男によれば「核密約」は、「1960年の日米安保条約改定時に交わされた。核兵器を搭載した米軍の艦船および航空機が日本国内の港湾や飛行場に寄港ないしは通過する場合、事前協議を必要としない、という密約」です。また「2015年に米国防省が刊行した公式の歴史文書で、『危機の際に沖縄に核兵器を再持ち込みする』のは『権利』だと明記しています」。この「核密約は、1969年の沖縄返還合意の際に当時の佐藤栄作首相とニクソン米大統領が交わした」のでした。「米国は、核戦略を軍事戦略の中心に置き、核抑止力の維持を図っている。日本は日米安全保障条約でアメリカと同盟関係にあり、非核三原則を『国是』とする一方、アメリカの核の傘で覆われています。そのことによって、日本の戦略は核抑止論に依存する形となってきた」[8]のです。

　非核「神戸方式」は、この核抑止論の戦略の一角を地方自治の立場から抉るものです。だからこそ、米国や国は、防衛や外交は国の専管事項であるとして、地方自治体が介入すべきでないと、非核「神戸方式」の無効化への働きかけをおこなっています。『神戸新聞』によれば、米国総領事のロバート・ルーダ

ンは「米国艦船は他の港と同様、神戸港にも出入りするのが望ましい。安保条約で確保されている」と述べ、入港については「国と調整するもので神戸市との協議は必要ない」と条約を優先する姿勢を強調しています。「米国がなぜ神戸港にこだわるのか」との問いに「神戸方式が他の自治体に波及することを懸念している」との自衛隊幹部の発言が紹介されています。

「自衛隊内部では『日本海での有事を想定すれば、神戸港が使用される可能性が高い』との見方がある。有事の際、米国の物資は神戸港で陸揚げされ、陸路で日本海方面まで運ぶ。坂上氏（海上自衛隊阪神基地隊元司令）は『神戸港は施設が整備されており、高速道路も近い。安全保障上、欠かせない港』」と神戸港に高い価値を置いている。財界にも入港を支持する声がある。太田敏郎・神戸商工会議所副会頭は『神戸港はアジアの港と厳しい競争をしており、発展のためには足かせを解決しないと勝てない。議論する時期にきているのではないか』」と述べています。

第5節　非核「神戸方式」と安全保障法制（戦争法）

2015年に安倍政権によって強行採決された安全保障関連法は、集団的自衛権の行使を認め、外国軍隊の武力行使と一体となる後方支援など、憲法9条に違反するものです。2016年5月に広島訪問したオバマ大統領は「核兵器先制使用宣言」を検討していましたが、米紙『ワシントン・ポスト』（8月15日）は、安倍首相が米太平洋軍のハリス司令官に「北朝鮮に対する抑止力が弱体化する」と宣言に反対の意向を伝えた、と報道しまし

た。もしこれが事実ならば、安倍政権が強行した「安全保障法制」は抑止力を高める軍事力強化に他なりません。富田宏治によれば、「抑止力」とは、「もし攻撃を仕掛けてきたら、圧倒的な軍事力で報復して、徹底的なダメージを与えるぞ」と脅迫し、敵の攻撃を「抑止」しようとすることです。「報復」「脅迫」「恐怖」で相手を支配しようとする考え方を「抑止力」論といいます。「抑止力」は、相手の本拠地に壊滅的な打撃を与えられるような「攻撃力」です。[10]

「安全保障法制」の自衛隊法第76条（防衛出動）2項は「我が国と密接な関係にある他国に対する武力攻撃が発生し、これにより我が国の存立が脅かされ、国民の生命と自由及び幸福追求の権利が根底から覆される明白な危険がある場合」と規定し、政府が「我が国の存立が脅かされる」と判断すれば武力行使できる法律となっています。

特に非核「神戸方式」を無効化するに問題は、2015年の日米ガイドライン（日米防衛協力指針）に規定されている次の項目です。「日本政府は、中央政府及び地方公共団体の機関が有する権限及び能力並びに民間が有する能力を適切に活用する」（『後方支援』）、「日本政府は、日米安全保障条約及びその関連取極に従い、必要に応じて、民間の空港及び港湾を含む施設を一時的な使用に供する。日米両政府は、施設・区域の共同使用における協力を強化する」（『施設の使用』）。

さらに安全保障関連法の特定公共施設利用法では、「（武力攻撃事態への）対処措置」のため、「港湾・飛行場ほかの公共施設の効率的な利用を定める（4条・5条）」などの規定があります。港湾などの施設の管理者（自治体首長など）による「許可取り消

し」の権限（8条）があります。しかし、その取り消しによって「対処措置が確保されない場合」に国が管理者の裁定を「取り消し・変更」させることができる（9条）のです。つまり国が、自治体権限を抑制する権限（指示、代執行）が付与されているという問題があるのです。

　今、「非核『神戸方式』をどのような状況下でも堅持するかどうかが問われています。そのためにも、非核『神戸方式』自体の説明を市内外に伝えることは、神戸市として当然の責務であり、神戸市が平和、非核三原則厳守、核兵器廃絶の立場に立つかどうかの試金石にもなっている」と指摘されています。神戸市が非核「神戸方式」を堅持する姿勢が本物かどうかが問われているのです。

第6節　非核「神戸方式」と核兵器、原発

　非核「神戸方式」の誕生には、原子力船「むつ」の神戸寄港問題が大きな契機となっています。原子力船「むつ」の積載している原子炉は、エネルギーを生み出す原発と深く関係しています。原発が生むプルトニウムは核兵器の材料となります。ということは、非核「神戸方式」は、核兵器を廃絶する課題に応えることにその価値が見出されるのではないでしょうか。

　核兵器を廃絶する「核兵器禁止条約」が、2017年7月に国連で採択されました。条約制定の賛否を問う投票では122カ国・地域の賛成で採択されました。米国やロシアなどの核保有国や米国の『核の傘』に頼る日本は、条約の交渉会議に参加しませんでした。

第3部（未来）

　国際非政府組織「核兵器廃絶国際キャンペーン」（ICAN）は、
世界各国の「パートナー団体」と連携し、核兵器禁止条約採択
に貢献したとしてノーベル平和賞を受賞しています。「パート
ナー団体」の一つに「平和首長会議」（会長・広島市長）があり、
この「平和首長会議」は核兵器のない世界の実現に向けて、広島、
長崎両市を中心に各国都市が連携する非政府組織（NGO）です。
1982年6月の国連軍縮特別総会で、荒木武・広島市長（当時）
が提唱し発足しました。趣旨に賛同する世界162カ国・地域
の7469都市（11月1日時点）で構成されています。日本は市区
町村が加盟対象で97％に当たる1691自治体が参加しています。
　神戸新聞社は、表1のように、兵庫県内の市町長（41ある市
町のうち選挙で首長の交代が決まったたつの市、新温泉町を除く39市町
が回答）に、①「条約に署名しない政府判断は適切か」、②「日
本は条約に署名すべきか、その理由は」などの項目をアンケー
ト調査しています。西宮市や非核「神戸方式」の神戸市は①、
②に無回答で、理由として国の専権事項をあげています。反対
に、尼崎市、明石市、芦屋市、宝塚市、篠山市は、①、②に「速
やかに」と回答し、核のない世界に向けて取り組むべきとして
います。地方自治体の責務は、住民の生命と暮らしを守ること
であり、核兵器は生命と生活を脅かすことであることから、核
兵器禁止に向けた取り組みを打ち出すべきでしょう。
　さらに、福島原発事故で未曽有の大災害を出した原発（原子
力発電）にどのような態度で臨むかは、非核「神戸方式」を掲
げる神戸市や神戸市民にとって決定的に重要な問題です。原発
はエネルギー政策における重要な位置を占めますが、政府はエ
ネルギー政策基本法に基づいて、2018年7月に第5次エネル

202

第9章 「非核神戸方式」と安全保障法制

ギー基本計画を策定し閣議決定しました。その内容の骨子は、
2030年目標の電源構成を原発20‐22%、石炭26%、再生可
能エネルギー22‐24%とするものです。

表1 核兵器禁止条約に関する兵庫県内の市町長アンケート

自治体	市町長名	質問①	質問②	理由
		質問① 条約に署名しない政府判断は適切か		
		質問② 日本は条約に署名すべきか		
神戸市	久元喜造	無回答	無回答	条約の批准は国の専権事項であり、国において適切に判断されるべき課題と考えている。
西宮市	今村岳司	無回答	無回答	国際政治上の戦略の判断材料を持ち得ない基礎自治体として判断すべき立場にない。
尼崎市	稲村和美	適切でない	速やかに	「核兵器廃絶と恒久平和実現を求める意見書」の議決などにより速やかな署名を望む。
明石市	泉　房雄	適切でない	速やかに	被爆国である日本が、核兵器廃絶に向けて世界のリーダーシップをとるのは当然だ。
芦屋市	山中　健	適切でない	速やかに	日本に核保有国と非核保有国の橋渡し役などを求める平和首長会議の趣旨に賛同する。
宝塚市	中川智子	適切でない	速やかに	ヒバクシャの苦難と核兵器の非人道性を認識し、核のない世界に向けた取り組みを。
篠山市	酒井隆明	適切でない	速やかに	核兵器の全世界禁止に向け、日本は被爆国としてリーダーシップを果すべきだ。

資料　『神戸新聞』2017年11月9日

203

第 3 部（未来）

　政府のエネルギー基本計画は、原発を重要なベースロード電源と位置づけ、①安全性が確保できる原子炉、②安定供給が確保でき効率性（経済性）がある、③温室効果ガスの排出がない、と評価します。しかし、環境経済学者の大島堅一によれば、①については、スリーマイル島やチェリノブイリ事故、福島原発事故をみてもわかるように、絶対に安全な原発は存在せず、原発を再稼働することは危険を受け容れることになる。②については、核燃料サイクルが行き詰っていることから供給確保が困難です。また原発は高い建設費用、社会的費用がかかり経済性があるとはいえない。③については、原子力を用いると将来世代に放射性廃棄物を押しつけ、事故が起きた場合、社会や環境への影響が大きいと批判しています。

　またエネルギー基本計画は、次のような理由で石炭火力を重要なベースロード電源と位置づけています。①発電コストが低いなど経済性に優れていること。②石炭は資源量（賦存量）が多い。③CO_2 排出量が多い。高効率石炭火力の技術開発を進め、高効率石炭火力発電所にリプレースする。①については、石炭と LNG との変動する相対価格から、必ずしも発電コストが「低い」とは言えない。環境的側面（気候変動問題）を考慮すれば「高い」と言える。②については、石炭は気候変動対策上、早晩使用できなくなる可能性が高い。③について、高効率にしても CO_2 を排出することは止めることはできない。そして、決定的問題は、原発と石炭火力をベースロード電源とすることが、再生可能エネルギーの大量導入を妨げることです。[12]

　神戸市長は、原発再稼働について、2015 年 2 月 24 日の第 1 回定例市会での本会議で「原子力発電所の再起動に関して、原

204

子力規制委員会により世界で最も厳しい水準の規制基準に適合すると認められた場合では、その判断を尊重し、原子力発電所の再稼働を進めるという方針が示されておりますので、国の判断と責任において最終的には決せられるべき事柄ではないかというふうに考えております」と答弁しています。さらに市長は、2016年6月27日の第1回定例市会の本会議で「原発の問題というのは、非常に専門的見地からの検討が必要です。原発の安全性ということについては専門家の判断が尊重されるべきであると思います。住民投票や国民投票で全て事柄が決められるべきでもない」とも答弁しています。

鈴木達治郎（福島原発事故当時の内閣府原子力委員会委員長代理、原子力工学者、現在長崎大学核兵器廃絶研究センター長・教授）によれば、原発の再稼働に求められる安全性の確保には実効性が担保された「避難計画（防災計画）」が不可欠です。しかし新しい規制基準には「避難計画（防災計画）」が含まれていず、地方自治体にその判断が任されているという問題があることを指摘しています。さらに、福島原発事故で、安全性のみならず原子力行政全般、ひいては政府や科学技術専門家への信頼性も失墜しました。その回復のためには①行政における意思決定の透明性、公正性、②意思決定過程への国民の参加、双方向コミュニケーション、③科学技術に関して、国民が信頼できる情報提供機関の設置、が必要と言います。[13]これらは、政府や神戸市の公共政策に生かすべき見解でしょう。

また神戸市には石炭火力発電所問題があります。「神戸の石炭火力発電を考える会」の発行している資料（『神戸製鋼石炭火力発電所計画の問題点』2017年9月。『神鋼石炭火力発電所問題につい

て－環境保全上の問題点、公害調停、訴訟提起－』）などを参考にし
てこの問題を検証しましょう。現在、神戸市灘区にある神戸製
鋼所の神戸製鉄所工場には、阪神・淡路大震災の復興事業で石
炭火力発電2基（各70万キロワット）が稼働しています。そこ
の高炉跡地に、既存の2基にプラスして石炭火力発電2基（各
65万キロワット、1号機は2021年、2号機は2022年運転開始予定）
の増設工事が進められています。既設と併せて合計270万キ
ロワットで原発3基分もの発電所が出現します。これら工場は、
住宅地から400mの至近距離にあり、日本や世界で最も住宅
地に近いのです。

　この石炭火力発電所は、第1に、CO_2の排出量が大きいと
いう問題があります。新設発電所は、年間692万トンのCO_2
を排出する見込みで、既設と合わせ1482万トンの排出となり
ます。LNG火力と比較して、1kW時あたり2倍以上のCO_2
を排出し、温暖化対策という観点からも最悪の電源です。政府
は、2050年に温室効果ガスを80%削減することを閣議決定し
ていますが、今後30年以上にわたり、年間692万トンのCO_2
を排出する計画は、政府の気候変動防止政策と整合しないので
す。第2に、Sox、NOx、ばいじんなどを大量に排出し大気を
汚染する危険性が高いのです。

　今、求められているのは、地球温暖化問題や原発問題を克服
するために再生可能エネルギーを大幅に普及させることで、そ
れは神戸市民や協同組合の取り組みの中に見出されます。たと
えば、コープこうべの電力小売り事業が、2016年4月から始
まった一般家庭への「電力小売り自由化」とともにスタートし、
現在は約3万世帯に提供しています。この事業は、①くらし

に必要不可欠な電気を供給し、組合員のくらしを支える、②再
生可能エネルギーやより環境負荷の小さい電気を選びたいとい
う組合員のニーズに応える、③地球温暖化やエネルギー問題な
どに対し、電気という商品の供給を通じて組合員と一緒に考え
行動していく、という３つの想いがあるということでした。そ
の目的は、持続可能な社会への転換と自然エネルギーで豊かな
日本を創ることを目指すことです。

　このような取り組みの背景には、① 2011 年の福島原発の過
酷事故以降、脱原発の世論やさまざまなアクション、そして再
生可能エネルギーの普及などの動き、②日本のエネルギー自給
率が世界各国に比べ極端に低く（日本 6％、韓国 18.3％、イギリス
60.3％）、二酸化炭素の増大による地球温暖化が進んでいること、
③ 2015 年 9 月に国連で「我々の世界を変革する、持続可能な
開発のための 2030 アジェンダ」が採択され、"誰一人取り残
さない"社会の実現にむけた、世界を変えるための 17 の「SDGs
（持続可能な開発目標）」が盛り込まれたことがあります。"誰一
人取り残さない"は、コープこうべを創った賀川豊彦の「万人
は一人のために、一人は万人のために」の理念と符合するもの
です。

　コープこうべの電源構成は、FIT 電気約 30％（太陽光、バイ
オマスなど再生可能エネルギー）と、天然ガス約 70％（石炭、石油
に比べ二酸化炭素排出量が少ない）です。再生可能エネルギーは、
コープこうべの 17 カ所のグループ施設に設置された太陽光発
電と、広島県の製材大手や県内のバイオマス発電所から調達し、
天然ガスは大阪ガスの火力発電所によって賄っているというこ
とです。⁽¹⁴⁾

第3部（未来）

　これからの課題としては、①電源構成を再生可能エネルギーにシフトしていくことです。天然ガスも、少ないといえども二酸化炭素を排出しますし、中東からの輸入に依存しています。その分、国内の所得が流出し国富を減らすことになります。②コープこうべの事業は、組合員だけに供給されるという制約があります。すべての市民に提供するには、神戸市や兵庫県など自治体が電気事業にかかわることが必要です。戦前、神戸市や大阪市などの都市は、市電や電燈などを経営し収益をあげ一般財源としていました。現在、再生可能エネルギーが進んでいるドイツでは、市町村の外郭団体である「都市公社」が発電・送電・小売などを担い、地元に雇用や所得をもたらしています。また福岡県みやま市や長野県飯田市など多くの市町村も、再生可能エネルギーに取り組んでいます。参考にすべきでしょう。

　たとえば神戸市が、六甲アイランド南建設事業（埋め立て面積約286ha、平成40年完成予定）やポートアイランド2期などの空地に、太陽光発電や風力発電などを設置し経営するというのはどうでしょうか。市民が太陽光パネルを買うなどの工夫をすれば財源はつくることができます。地元でつくられる再生可能エネルギーは、地元に雇用や所得を生み地域の経済循環をつくり出します。市民参加による神戸市の再生可能エネルギーの経営は、神戸経済再生につながるでしょう。原発が生むプルトニウムは核兵器の材料になってしまいます。核戦争を起こさせないためにも、原発にかわる再生可能エネルギーの大幅な普及が必要です。足元の生活や地域・都市からの「静かな革命」が求められているのです。

208

第 9 章 「非核神戸方式」と安全保障法制

おわりに

　非核「神戸方式」は、米艦船（核搭載の艦船を含む）の神戸港
への入港がゼロにみられるように非核に有効性を発揮する方式
です。ですから米国や日本政府も、日米安全保障条約や安全保
障法制などを盾にとりで無効化しようとしています。また非核
は、沖縄米軍基地や原発問題と深くかかわっています。それゆ
え、非核「神戸方式」を守り発展させるためには、沖縄の基地
反対や原発再稼働反対の取り組みと連帯していくことが求めら
れています。さらに、核兵器廃絶や原発再稼働を止める取り組
みは、草の根の生活からの再生可能エネルギーの取り組みなど
とつながることが必要なのではないでしょうか。

注————————————————————————————————

（1）大川義篤『非核「神戸方式」』兵庫部落問題研究所、ヒューマンブッ
　　　クレット No.18、1992 年。
（2）新崎盛暉「日本にとって沖縄とは何か」第 33 回日本環境会議沖縄
　　　大会『環境・平和・自治・人権－沖縄から未来を拓く』2016 年 10
　　　月 22 日。
（3）非核「神戸方式」決議 44 周年記念集会実行委員会『非核「神戸方式」
　　　決議 44 周年のつどい』2019 年 3 月 18 日資料。
（4）三菱重工業株式会社神戸造船所『三菱重工神戸造船所百年史』
　　　2005 年、343 ページ、374 - 375 ページ。
（5）梶本修史『非核「神戸方式」と地方自治』の講演資料、2015 年 12
　　　月 8 日。
（6）独立行政法人日本原子力研究開発機構『むつ科学技術館』資料。
（7）梶本修史『非核「神戸方式」と地方自治』の講演資料、2015 年 12
　　　月 8 日。
（8）春名幹男「新資料・沖縄核密約」岩波書店『世界』2016 年 6 月号。
（9）『神戸新聞』2000 年 2 月 18 日。
（10）富田宏治「核兵器禁止条約に向けて」市民社会フォーラム第 197

209

第 3 部（未来）

　　回学習会資料、2017 年 4 月 8 日。
（11）非核「神戸方式」決議 41 周年記念集会実行委員会「非核『神戸方式』
　　決議 41 周年記念のつどい」2016 年 3 月 18 日の資料。
（12）大島堅一「エネルギー政策の課題と展望－脱原発と脱石炭の視点
　　から－」（神戸の石炭火力発電を考える会『神戸の石炭火力問題と私
　　たちの選択』2019 年 1 月 27 日の講演と資料。
（13）鈴木達治郎「核兵器と原発－日本が抱える『核』のジレンマ－」
　　非核の政府を求める兵庫の会主催『第 33 回総会記念講演会』資料、
　　2019 年 2 月 9 日。
（14）2018 年 9 月 28 日コープこうべの電気事業についてヒヤリング、
　　「コープこうべのコープでんきガイドブック」2018 年 1 月改定版。

第10章　人口減少時代と持続可能な幸福都市

はじめに

　社会学者の見田宗介は、地球人口が爆発的に増加した時代を1960年代とし、70年代以降を急速に増殖率が低下する安定平衡期に入りつつある時代とみています。これは、生物学者が呼ぶロジスティック曲線（S字型曲線）の見方に基づいています。ロジスティック曲線とは、ある種の生物が一定の環境のもとで増殖する場合、その環境容量の限界に近づくと、増殖を減速し、やがて停止して安定平衡期に入る生物学理論です。地球という有限な環境下の人間という生物種もまた、持続可能な生存を求めるならば、このロジスティック曲線を免れることはできないのです。なぜなら、増殖し続ける限り破滅に至るのは必至だからです。[1]

　日本や神戸市が直面している人口減少問題は、大局的に見れば近代の爆発期が終焉していることを意味しています。しかし、問題は、日本や神戸市の人口減少があまりに急激なため、過度のストレスが社会にかかり、経済や社会、家族、コミュニティなどでさまざまな問題を引き起こし、人々の幸福度を低下させていることです。本章の目的は、第1にこのような人口減少問題に的確に対応するには、政府や神戸市が、ひとり一人の市民の持続可能な幸福を追求する公共政策を展開すること。第2にコミュニティを基礎とした市民福祉の充実と、個人を尊重した「学び合い育ちあい助け合い信頼し合う」人間性文化の市民的学習都市を築いていく必要性を検証することです。

211

第3部（未来）

第1節　近代日本における人口動態の特徴

　日本の近代は、人口の急激な増加と減少を特徴としています。日本の人口は、図1のように江戸時代の1700年頃から1850年くらいまでの150年間は約3,000万人程度で安定していました。しかし、近代という時代に入り、たび重なる戦争ごとに急激に人口が増加していきます。1872(明治5)年の人口は3,481万人でしたが、日清戦争（1894年）、日露戦争（1904年）、第一次世界大戦（1914-17年）を経た1920年には5,596万人に増加します。さらに満州事変（1931年）、日中戦争（1937年）を経て1940年には7,193万人にまで達します。

　戦後は、1945年の71,998万人からスタートし、戦災復興

図1　「長期的な我が国の人口推移」

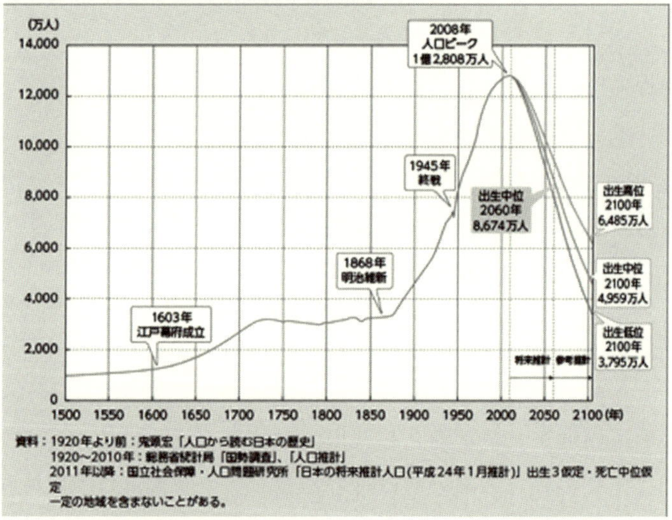

資料『平成27年版厚生労働白書 - 人口減少社会を考える 』より転載

212

第 10 章　人口減少時代と持続可能な幸福都市

と朝鮮戦争、高度経済成長期の 1965 年に 9,828 万人に達します。その後、引き続く高度経済成長とベトナム戦争を経て 1975 年には 11,194 万人にまで増加します。特に注目すべきは、第 2 次世界大戦後の 1947 年から 1949 年まで、毎年の出生数は 260 万人をこえ、第 1 次ベビーブームが起きていることです。さらに、朝鮮戦争を契機とした高度経済成長の波に乗って人口が増加していきます。その後、出生率は急激に低下し、1947 年に 4.54 あった合計特殊出生率は、10 年後の 1957 年に人口置き換え水準である 2.04 にまで下がります。夫婦に子ども 2 人という標準家庭のモデルが確立し、以後はこの水準を 1970 年頃まで維持することとなります。

　しかし、1970 年には、65 歳以上の人口割合が 7％を超え高齢化社会が到来します。1975 年以降、合計特殊出生率は 2 以下に低下をはじめ、寿命は男女とも世界最高となります。1996 年には、高齢者人口は 15％を超え、国連の定義する高齢社会となります。1989 年に合計特殊出生率が 1.57 を記録し、その後も出生率低下はとどまらず、2005 年には過去最低である 1.26 まで落ち込み、人口減少が起きることになります。2013 年は、1.43 と、近年微増傾向が続いているものの、欧米諸国と比較するとなお低い水準にとどまっています。[2]

　国立社会保障・人口問題研究所「日本の将来推計人口（平成 24 年推計）」（出生中位仮定）によれば、わが国の総人口は長期にわたって減少が続くと予測しています。2008 年に 1 億 2,808 万人となり人口ピークを迎え、2060 年には 8,674 万人、2100 年には 4,959 万人まで減少します。実際の人口は、この予測よりも早い 2004 年にピークを迎え 2005 年に減少に転じています。

213

第3部（未来）

　政府の『少子化社会対策大綱』（2015年3月閣議決定）は、「現在の少子化の状況は、我が国の社会経済の根幹を揺るがしかねない危機的状況にある」と述べています。なぜなら、「少子化社会は、個人にとっては結婚や出産を希望しても実現が困難な社会である。と同時に、地域・企業・国家にとっても、地域・社会の担い手の減少、現役世代の負担増加、経済や市場の規模の縮小や経済成長率の低下など、個人・地域・企業・国家に至るまで、多大な影響を及ぼす」からです。歴史人口学者のエマニュエル・トッドも、「日本が直面している最大の課題は人口減少と高齢化だ。意識革命をして出生率を高めないと30-40年後に突然災いがやってくる[3]」と警告を発しています。

　急激な出生率低下の根本には、出生を妨げる貨幣経済があります。政治経済学者のJ.ラスキンは、貨幣経済の本質を次のように述べています。「貨幣は生を犠牲にしてあるいは、生を制限することによって蓄積されることが、しばしば、起こり得る。すなわち、人間の死を速めるか、あるいは、また、その出生を妨げることによってである[4]」。

　たしかに、「貨幣資本の支配の下で仕事が行なわれると、多くの仕事は労働を伴い、労働の犠牲から回復するには、犠牲への対価として賃金が支払われ、労働時間が制限されて、生を回復させる機会が保障されなければならない」。しかし、人間的な生活をするための適正な賃金と労働時間の制限は、「労働を支配する人間にとっては『費用[5]』となるため、できるだけ節約される傾向があります。このことは、女性が、子どもを産み育てることと働くことを両立させ、幸福な人生を送ることを困難にします。「近代とは、貨幣経済の圧倒的な力の前に幻惑され、

214

自己目的化し、価値基準化し、幸福のためのツールの一つとして使いこなすには至らなかった時代」[6]なのです。

その点、20世紀末の北欧諸国は、貨幣経済を幸福のためにコントロールし、男女平等と女性の自立と人権を保障し出生率を回復させています。見田宗介によれば、北欧諸国の試みは、多くの困難に直面する試行錯誤の途上にありますが、少なくとも、経済の領域における「社会主義」的な理念－万人に最低限の物質的な生活諸条件を確保するための再分配システムが、思想言論の自由と、政治の領域における民主制とが、現実に両立可能であることを立証してきたと評価しています[7]。以下では、出生率を回復させた北欧諸国の試みを検証していくことにしましょう。

第2節　北欧諸国の試み
―出生率向上と高い女性の労働力率―

内閣府男女共同参画局『平成18年度版男女共同参画白書』によれば、OECD24か国（1人当たりGDP1万ドル以上）において、1970年時点で女性の労働力率の高い国ほど出生率が低いという傾向がありました。それに対し、2000年時点では、女性の労働力率が高い国ほど出生率が高いという傾向がみられます。デンマークやノルウェー、フィンランド、スウェーデンなどの北欧諸国は、この30年の間に、子どもを産み育てることと仕事の両立が可能な社会環境を整えてきたのです。

北欧諸国などの女性の高い労働力率と高い出生率は、日本とは異なる次のような社会的諸制度と国民意識を背景にして成り

第3部（未来）

立っています。第1に、日本に比べ男女とも労働時間が短く、子どもを産み育てる生活時間が確保され、家族とともに過ごす時間を大切にするという文化があります。これには、労働組合の高い組織率（日本が18％程度、米国11％程度なのに対しスウェーデンは約70％）のもと、第二次世界大戦後から「長時間労働」を排除する取り組みを実践してきたことがあります。週40時間労働制と、制度自体は日本と違いはありませんが、残業する習慣がないうえ、最低5週間の有給休暇取得が法律で義務付けられています。デンマークとノルウェーは週平均33時間労働といわれます。[8]

　たしかに日本は、労働基準法で1日8時間、週40時間の労働時間を法定しています。しかし、経済学者の森岡孝二の研究によると、実際は、男性の「正規の職員・従業員」は週平均53.1時間働いています。この時間は、アメリカ・イギリス・ドイツ・フランス・イタリアなど主要先進諸国と比較すると、週当たり約10時間、年間ベースで500時間余り長いのです。

　とりわけ子どもを産み育てる時期に当たる25‒40歳の男性正社員のうち、70％以上の男性正社員が週平均労働時間が50時間以上であり、35‒40％の男性正社員が週平均60時間を超えています。[9] これでは、女性も正社員として働き、男女が協力して子どもを産み育てることが事実上できないことになります。ですから、女性は30歳前後に退職を余儀なくされ、子育てが一段落した後、低い賃金と労働条件のパートなど非正規雇用として働かざるを得ないのです。

　第2に、北欧諸国は柔軟な働き方が可能だということです。日本総合研究所副理事長の湯元健治によれば、裁量労働制のた

め、子どもを保育所に迎えに行くため 15 時に退社してもいい
のです。在宅勤務を認める企業も多く、貸与されたパソコンの
起動時間から就業時間を算出されます。仕事のための時間の使
い方は裁量に任されているのです。⁽¹⁰⁾

第 3 に、仕事と子育ての両立支援施策があります。北欧で
は、女性の 25 歳から 60 歳まで労働参加率が一定で、日本の
ように 30 歳代前半に退職してしまう「M 字曲線問題」は見ら
れません。「北欧の人々は非常に合理的なものの考え方をしま
す。人口の大半を占める女性に向けたモノやサービスを作るに
は、女性の能力を活用するのことが不可欠で、ひいては生産性
が上がると考えています」（湯元健治）。ノルウェーやスウェー
デンの父親の育児休業率は約 8 割で、スウェーデンの専業主
婦世帯は約 2％と非常に少ないのです。⁽¹¹⁾

第 3 に、市町村自治が充実し住民の生活サービスの多くを
担い、医療・介護もほぼ無料で老後の生活が安定し、OECD
諸国の中で最も貧困率が低いことです。

第 4 に、保育園から大学までほぼ無料で、学校を卒業した
後も再び学べる充実した生涯学習システムと成熟した民主主義
があります。たとえばデンマークの国会議員選挙の投票率は、
80％台と高い水準を保っていますが、日本は 50％台と低くなっ
ています。⁽¹²⁾

以上のように北欧諸国は、女性の労働力率と出生率を高める
ための社会的諸制度を整備し意識改革を進めていますが、同時
に国民の幸福度も高いという傾向があります。とりわけ、デ
ンマークは、国連の「世界各国の幸福度ランキング」で 2013
年、2014 年、2016 年は第 1 位、2017 年、2019 年は第 2 位、

2018年第3位と、毎年ベスト3の中にランクされています。

　つまり、女性の高い労働力率と出生率は、幸福度と正の相関関係があるのではないか。とすれば、人口減少に的確に対処するには、国民の幸福度を高めるために近代社会システムの構造を転換し意識改革が必要となるのではないでしょうか。以下では、幸福度の高い北欧諸国の理論的バックボーンともいうべき幸福の経済理論を検証します。

第3節　幸福と持続可能な社会の経済学

　これまでの経済学は、幸福を測る指標として所得の高低によってきました。ところが、近年の幸福度研究によって、自己申告による主観的幸福が、所得よりも優れた指標であることが明らかにされています。ここで「自己申告による主観的幸福」とは、肯定的・否定的な感情、幸福、生活の満足度などに関する個人の評価であり、心理学で用いられている科学的な用語です。

　「2000年代初めに行われた『世界価値観調査の第4回調査（63ヵ国）』によれば、自己申告による主観的幸福は所得と共に高まっています。平均で見る限り、発展段階が低い水準の国では所得は幸福をもたらしますが、1万ドルを超える国では、所得水準は主観的幸福度にほとんど影響を与えていないのです」。たとえば、「アメリカ、イギリス、ベルギー、日本など先進諸国では、1人当たりの所得はこの数十年間に急上昇したのに対し、平均的な幸福度では実際に変化がなく低下している場合さえあります。表（注…次頁グラフ）のように、1958年から1991

218

第 10 章　人口減少時代と持続可能な幸福都市

年の間に、日本の 1 人当たりの所得は 6 倍になりました。この所得上昇によって、日本では大半の世帯が屋内トイレ、洗濯機、電話、カラーテレビ、自動車を所有するようになりました。しかし、物質面の幸福度は大きく高まる一方、平均的な生活満足度は上昇していません。このことは、所得水準だけでは主観的幸福を説明できないことを意味しています」(13)。

　とくに日本人の主観的幸福度を低下させてきたのは、第 1 に、この間、所得を増加させるために、長時間過密労働と過度のストレスを強いられ、家族や友人との時間が犠牲にされてきたこと。第 2 に、生存をかけた過酷な競争と分断のなかで、人々は孤独な戦いを強いられ、人と人との信頼関係が希薄になったこと。第 3 に、生活よりも大規模開発が優先され自然や社会

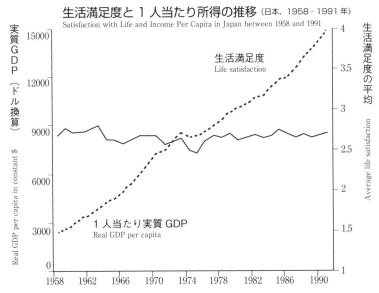

資料　ブルーノ・S・フライ『幸福度をはかる経済学』(白石小百合訳、NTT 出版、2012 年)、web サイト　https://www.researchgate.net/figure/Satisfaction-with-Life-and-Income-Per-Capita-in-Japan-1958-1991_fig1_239920593　より作成。

環境が破壊されてきたこと。第4に、人は幸福を他者との比較で評価する傾向がありますが、この間、貧困や格差が拡大したため幸福感が低下したためです。

S・フライとアロイス・スタッツアーによれば、個々人の幸福はその人が生活する社会によって大きく左右されるといいます。フライは、ドーンの「自己申告による幸福度の国別割合」の研究（Dorn et al.2007）から、民主主義制度が充実している国に暮らしている国民の方が、生活に満足している度合いが高いことを検証しています。またヘリウェルとユアング（HeLLiwell and Huang 2008）の研究をふまえ、幸福度は「政府の質」、すなわち政府の公正さ・能力と、法による統治や汚職がないことなどと関係していることを指摘しています。さらにフライは、スイスで「自己申告による生活満足度と直接参政権との関係」について行った研究にもとづき、住民発議と住民投票を通じて政治的決定に直接参加する権利と地方自治が充実するほど、人々の幸福度が高くなることを実証しています。[14]

また社会学者のR.パットナムも、米国ではGDPが上昇しているにもかかわらず、幸福度が低下していることを検証しています。幸福度低下の理由の一つは、住民間の信頼関係が失われ、地域でのボランティア活動などへの参加率が低下しているため、所得の増加が必ずしも幸福度の向上に結びついていないからです。[15]

ここで注意しなければならないのは、「幸福」と同じような概念に「福祉」があることです。経済学者のP.ダスグプタによれば、「幸福は福祉の最も重要な構成要素です」が、「幸福は経験的状態を意味し、それは福祉と同じではない」といいます。

第 10 章　人口減少時代と持続可能な幸福都市

　たとえば「人は、麻薬を濫用しているとき、一時的には幸福な気分になるが、悪い状態にもある。経験的状態を定量化することもまた困難である。問題は、心の状態が伴っているということである」と述べています。ここでは、以上のような「幸福」と「福祉」との差異を念頭に置きつつ、大きな括りとして「幸福」を「福祉」とほぼ同様の概念として検証することにします。

　経済学者の A. センは、個人の福祉は、貨幣や貨幣価値だけで達成することができず、「生活の質」ともいうべき「良い暮らし、幸せな状態」(Well-Being) にあるといっています。生活は、相互に関連した「機能」であり、「なしうること（doing）」や「なりうること（being）」の集合体です。一般的に言って、個人の「幸せな状態」に必要な「機能」とは、栄養状態が良好なこと、住まいが保障され健康を維持していること、早死にしないこと、自尊心をもつこと、社会生活（仕事やコミュニティなど）に積極的に参加できること、安全や自由が保障されていることなど、人が人として生きるうえで必要とされるさまざまなものを含む概念と捉えることが出来ます。

　またセンは、個人が達成することが出来る諸機能の組み合わせを自由に選択することができる能力を「潜在能力」と呼んでいます。すなわち、「センは、福祉を、個人が自分にとって価値ある行為をする能力や、価値がある状態になるという能力の観点からとらえ、個人の『生活の質』は価値ある機能を達成する潜在能力の観点から評価されるべきである」といいます。

　環境経済学者の植田和弘は、以上のような A. センの「福祉」の概念を「持続可能な社会」にまで発展させた P. ダスグプタの議論を次のように紹介しています。「われわれが追求すべき

は単なる経済成長率ではなく、人々の暮らし向きを改善し、善き生を実現する、すなわち生活の質や福祉の水準を向上させることである。P.ダスグプタは、ある経済社会の持続可能な発展を、その経済社会における『一人あたり福祉（＝生活の質）が持続的に向上していくこと』と定式化した」のです。とすれば、本書の課題である「持続可能な幸福都市」とは、ひとり一人の市民の福祉＝生活の質が持続的に向上していく都市と捉え直すことができるでしょう。

　さらに「ダスグプタは、福祉をその構成要素と決定要因に分類します。福祉の構成要素とは、福祉そのものといってよいが、健康、幸福、生存と行為の自由、そして、より広くは基本的自由が含まれます。一方、福祉の決定要因とは、福祉（の構成要素）を担う財・サービスをつくりだす生産的基盤のことで、ダスグプタによれば、資本資産と制度の組み合わせです。資本資産としては、人工資本、人的資本、知識、そして自然資本が含まれる。人工資本とは道路や機械のように人工的につくられた資本、人的資本は人間のもつ能力のことであり、伝統的に経済学では、それぞれ生産に貢献する資本と労働とよばれてきました。自然資本は、人間社会が営まれるのに不可欠な自然の恵みを資本とみなしたものです。もともと経済学では土地として生産に貢献するものが自然資本と位置づけられていました」[19]。

　ひとり一人の健康や安全、自由という良き人生を持続させるための財やサービスの提供には、ダスグプタが言う人的能力・資本資産・制度の三つの要素は決定的な役割を果します。とりわけ人的能力が重要だと文化経済学者の池上惇は指摘します。人的能力は、自然や社会からお互いが学びあい育ちあい、自然

第 10 章　人口減少時代と持続可能な幸福都市

と人間、人間と人間が共生しつつ、ひとり一人の福祉＝生活の質を向上させる社会システムを構想し実現するうえで決定的な役割を果すからです。[20]

　このような人的能力開発の試みに、北欧諸国の生涯教育システムがあります。北欧諸国は、権利としての福祉・教育、生きるための福祉・教育、持続可能な経済発展のための福祉・教育を統合すべく生涯教育を実践しています。教育学者である福田誠治によれば、アメリカのように経済成長と福祉・教育を対立させないで、北欧諸国はそれらをリンクさせ「二兎を追う」政策をとっています。北欧諸国の教育目標は「自立した個人」を育てることにあります。「自立した個人」を育てれば、国の競争力を高める質の高い労働力を育成することができるのです。このことは、つぎのように教育を重視した財政にあらわれています。OECD 加盟諸国の教育への公的支出（生活補助を含む）の対 GDP 比（2010 年）は、デンマーク・ノルウェーが 8.8％と第 1 位、第 3 位アイスランド、第 4 位ニュージーランド、第 5 位スウェーデン、第 6 位フィンランドなど北欧諸国が上位を占めているのです。それに対し、日本は 3.8％（第 30 位）ときわめて低い水準で、国際競争力の低下を招いているのです。

　北欧諸国は、親の学歴や教養、家庭の経済格差の影響を小さくし、どの子の能力もそれなりに最大限引き出し、教育による人的能力開発でイノベーションを生み出しています。教育や福祉は個人の消費ではなく、国の将来への投資であり、「落ちこぼれ」を防ぐように早期に介入すれば、「学習が学習を生み」、「投資リターン」はより大きくなるのです。[21]

　世界経済フォーラムが 2013 年 4 月に発表した「IT 競争力

223

ランキング」では、フィンランドが１位で、以下、シンガポール、スウェーデン、オランダ、ノルウェー、スイス、英国、デンマーク、米国、台湾、韓国と続き、日本は21位でした。北欧諸国は、小国ながら常にイノベーション・ランキングの上位にあります。また、北欧諸国は、持続可能な経済成長と安定した社会として評価されています。ですが、大方の日本人の予想とは違って、北欧の福祉国家は経済不振に陥った企業を救済するようなことをせず、労働組合も整理解雇を受け入れます。その代わり、失業手当があり、失業中に学校に入り直して新たな資格を身につけ、次の職に備え国の競争力を高める人材が育成されています。成人学生（25歳以上）の大学入学者に占める割合は、日本2%に対し、アイスランド39%、スウェーデン33%、ノルウェー28%、デンマーク24%、フィンランド24%と圧倒的に高く、学習することでチャレンジし幸福になることができる機会があるのです。[22]

第4節　世界各国の幸福度

　国連の「世界各国の幸福度に関する2019年版報告書」によれば、日本の幸福度は必ずしも高くありません。幸福度が最も高かった国はフィンランド（7.769点）、日本は58位（5.886点）でした。2位はデンマーク（7.600点）、3位ノルウェー（7.554点）、4位アイスランド（7.494点）、5位オランダ（7.488点）、英国は15位（7.054点）、米国19位（6.892点）、台湾25位（6.446点）、韓国54位（5.8695点）、中国93位（5.191点）です（調査対象156カ国）。この報告書の「幸福度」とは、主観的な幸福感を

第 10 章　人口減少時代と持続可能な幸福都市

測る尺度で、最高の人生を 10 点、「最低の人生」を 0 点として場合、今の感覚を 0 – 10 点で答えてもらった数値の平均値です。原則として毎年、各国約 1000 人に聞き取り、2019 年版は 2016 – 18 年の 3 年間の平均値から順位を付けています。

　この「報告書」は、幸福が社会や政治のあり方から大きな影響を受けるという見方から、①1 人当たり実質国内総生産（GDP）、②健康寿命、③社会的支援（困ったときに頼ることができる親戚や友人がいるのか）、④人生選択の自由度（人生における自由な選択に満足しているのか）、⑤社会的寛容（チャリティなどに寄付をしたことがあるのか）、⑥政府や企業の腐敗度の 6 つの指標の相関関係を分析し幸福度を評価しています。

　幸福は、人々の生き方に深くかかわり、それぞれの国の文化や伝統などに影響されるため、同じ尺度の比較に対して、厳密な正確性を期すことはできません。しかし、6 つの指標は、幸福の客観的な物差しとして、ある程度の妥当性を有しているようです。ちなみに日本は、「1 人当たり GDP」（24 位）、「社会的支援」（50 位）、「人生選択の自由度」（64 位）、「社会的寛容」（92 位）でした。[23]

　福祉国家を標榜する北欧諸国が、上位 4 位まで占めていることは注目すべきでしょう。これらの国は、主観的幸福感だけでなく、「社会的支援」や「人生選択の自由度」「腐敗度」「社会的寛容」などの指標で幸福度を高めています。以下では、これらの指標の国際比較によって日本が抱えている問題を検証しましょう。

　第 1 に、この報告書では、「社会的支援」を「困ったときに頼ることができる親戚や友人がいるのか」という、どちらかと

225

いえば個人的な人間関係による「支援」を問うています。しかし、「社会的支援」を政府の弱者救済のための社会政策と考えてみれば、次のような問題点を見出すことが出来ます。Pew Research Center（米国の民間のシンクタンク）の調査によれば、「競争社会から落ちこぼれた最も貧しい人々を、政府が助けることに賛成か」との質問に、「全く賛成が」ドイツ52％、フランス49％、米国28％に対し、日本は15％ときわめて低い水準にあります。(24)

　このことは、日本の母子家庭の貧困問題に典型的にあらわれています。阿部彩や水無田気流の研究によれば、厚生労働省報道資料で「ひとり親世帯の貧困率の国際比較」をすると、日本の現役世代のひとり親世帯の貧困率が、OECD諸国30カ国中、最下位の58.7％ということでした。ひとり親世帯の圧倒的多数が母子世帯で、他の先進諸国に比べ就労率が高いにもかかわらず、非正規労働すなわちワーキングプア（働いているのに所得が貧困基準を超えない人々）が多いために貧困状況に陥っているのです。

　つまり、母子世帯の貧困問題は、日本社会の雇用環境の問題点を凝縮しています。ちなみに、ひとり親世帯の貧困率が最も低いのは、第1位がデンマークで6.8％、第2位スウェーデン7.9％、第3位ノルウェー13.3％、第4位フィンランド13.7％と北欧諸国が並びます。(25)

　このことは、日本が「自己責任」を過度に強いる国であることを示唆しています。たとえば、今村雅弘復興相（当時）が2017年4月の記者会見で、福島原発事故で住宅無償提供が打ち切られた自主避難者に対し「本人の責任、判断だ」と冷たい

態度を示したことに象徴されています。宗教学者の島薗進も、「原発事故で苦難を被った責任は、原発を推進してきた国や自治体、企業、科学者ではなく、被害者自身に帰せられる。つまりは原発事故そのものではなく、不安を持ち、勝手に避難するなどしたことによる自己責任になってしまう。その考え方は、社会的公正さよりも個人の責任を重視する新自由主義とつながっている。だから弱い立場にある被災者たちが健康不安を口にすると『風評被害を起こすのか』と、ものを言えない状況になっているのです」[26]と述べています。

　幸福とは、「人によろこばれることが人のよろこびであるという、人間の根源的な欲望」[27]を満たすことであるとすれば、社会的弱者に「自己責任」を強いる日本は不幸な国と言わなければならないのでしょう。

　第2に、「社会的寛容性」や「人生選択の自由度」は、未婚の母や婚外子婚に対する考え方にもあらわれています。「子どもは欲しいが、特定の男性と永続的な関係は持ちたくない、つまり未婚の母でありたい」という考え方を認めるは、フランス62.0%、オランダ54.9%、フィンランド54.0%、アメリカ49.7%、スウェーデン47.3%です。それに対し日本は20.5%と、調査対象の24カ国中19番目と低い位置にあります。中国5.5%、韓国5.1%も低い水準です。[28]

　平川克美によれば、世界各国の婚外子割合は、スウェーデンが54.6%（2014年）、フランス56.3%（2012年）ですが、日本は2.3%（2015年）ときわめて低くなっています。北欧諸国をはじめヨーロッパの高い婚外子率が、人口減少に歯止めがかかった要因です。少子化対策は、結婚していなくとも子どもが産める環境を

第3部（未来）

作り出すことなのです。フランスやスウェーデンにおける少子化対策は、法律婚で生まれた子どもでなくとも、同等の法的保護や社会的信用が与えられるようにすることでした。日本のような婚姻の奨励などの個人の生活の分野には、政治権力が介入すべきではないと考えているからです。

　大切なのは、女性が働きつつ子どもを産み育てることができる人権を保障することで出生率を回復させることなのです。スウェーデンでは 1987 年に同棲者を保護するサムボ法が成立し、フランスでは 1999 年に事実婚や同性愛のカップルに対し、税控除や社会保障などについて、結婚に準じる権利を付与するパクス（連帯市民協約）法が制定され、結婚や家族の考え方が大きく変わります。⁽²⁹⁾

　かつて太宰治は、戦後間もない 1947 年に小説『斜陽』を発表します。この小説は、主人公のかず子を、家父長制の古い道徳や常識と争い「太陽のように生きる」新しい女性として描いています。太宰治は、かず子が、不義の子を産み一人で育てていくことを決意し、畑仕事や力仕事など大地を足で踏みしめていく生きざまを書いています。女性が、誰かのいいなりになるだけの「人形」から、自立した「人間」へと目覚めることのなかに、新しい社会のあり方をみたのでした。太宰治は、女性たちが、かず子のように自分の人生や社会の主人公に成長していくことこそ真の革命であると言いたかったのでしょう。⁽³⁰⁾

　現在のフランスやスウェーデンなど先進諸国の取り組みは、まさに太宰治が、小説『斜陽』で書いた新しい女性の生き方、新しい男女のあり方を認知することで、近代の理念である自由と平等を実現しようとしているのではないでしょうか。

第10章　人口減少時代と持続可能な幸福都市

　見田宗介によれば、このような性の自由や男女平等などの新
しい動きは、男女の性別役割分担（男は仕事、女は家庭）を基本
とする「近代家父長制家族」システムと、これを支えるモラル
と感覚の総体が解体し始めていることを意味していました。「近
代家父長制家族」は、近代の理念である自由（性の自由を含む）
や平等（男女平等など）の「封印」を実行する装置でした。しか
し、近代という時代を支えて来た「近代家父長制家族」の解体
は、平等を求める女性たちや自由を求める青年たちの声が、現
在の生の自由や平等とそれにもとづく幸福を求めるものであり、
近代という時代を超克する兆候と言えるかもしれません。[31]

第5節　神戸市の幸福度－政令指定都市との比較－

　国連は「世界幸福度ランキング」を作成していますが、日本
においても都道府県や政令指定都市における幸福度の指標をつ
くり公共政策に役立てる動きが出ています。寺島実郎監修・日
本総合研究所・日本ユニセス総合技術研究所編（『全47都道府
県幸福度ランキング2018年版』東洋経済新報社、2018年）によれば、
神戸市の幸福度は、表1（次頁）のように20ある政令指定都市
のなかで総合指標が15位、基本指標19位と最低クラスでした。
　この調査の総合指標は、人々の「幸福度」に関連する度合い
が高いと判断した「基本指標」と、「健康」、「文化」、「仕事」、「生
活」、「教育」の5分野の指標を総合したものです。表2（次頁）
のように、神戸市は「健康」が17位、「文化」が5位、「仕事」
と「生活」が16位、「教育」11位となっています。
　一方、「基本指標」は、都市の持続可能性や住民生活の根

229

第3部（未来）

表1 政令指定都市の幸福度指標ランク－総合と基本指標－

	浜松市	埼玉市	川崎市	京都市	名古屋市	横浜市	広島市	福岡市	千葉市	仙台市	岡山市	新潟市	静岡市	熊本市	神戸市	相模原市	札幌市	北九州市	堺市	大阪市
総合指標	1位	2位	3位	4位	5位	6位	7位	8位	9位	10位	11位	12位	13位	14位	15位	16位	17位	18位	19位	20位
基本指標	3位	1位	2位	15位	9位	4位	8位	5位	10位	16位	7位	17位	14位	13位	19位	6位	11位	18位	12位	20位

表2 神戸市の幸福度指標ランク（20の政令指定都市との比較）

	基本指標	健康	文化	仕事	生活	教育	総合
神戸市	19位	17位	5位	16位	16位	11位	15位

幹を支えるもので、神戸市のランクは、表3（次頁）のように、自殺死亡者数（19位）、勤労者世帯可処分所得（19位）、人口増加率（18位）、合計特殊出生率（11位）、財政健全度（12位）、選挙投票率（10位）、一人あたり市民所得（6位）となっています。モダンやハイカラなど明るく幸福なイメージとは異なる結果となっています。ちなみに兵庫県の「幸福度」は47都道府県の中で総合指標38位、基本指標で42位と低いランクに位置しています。

　幸福度に関連する指標は、「経済発展のみでなく持続可能な発展」の考慮や、「安定した日常性に対する幸福」、「向上心や創造性に刺激を与える環境に対する幸福」などを考慮しているといいます。今回の調査は、幸福の基本要素である本人の自己意識という主観的な要因について割愛されている点で不十分な

第 10 章　人口減少時代と持続可能な幸福都市

表 3　神戸市の基本指標ランク（20の政令指定都市との比較）

基本指標　19位			
基本指標の構成要素			
自殺死亡者数 19位	勤労者世帯 可処分所得 19位	人口増加率 18位	合計特殊出生率 11位
財政健全度 12位	選挙投票率 （国政選挙） 10位	一人あたり 市民所得 6位	

面を有していますが、幸福に関係する客観的な要素を選び出し測定している点で、ある程度の妥当性を有しているといえるでしょう。

　神戸市の幸福度の根本的問題は、第 1 に、基本指標の構成要素で政令指定都市のなかで 19 位とランクされた自殺率の高さです。表 4 のように、神戸市の自殺死亡率は 19.8 と大阪市の 22.0 に次ぐ高さです。精神科医で医学研究者の河西千秋によれば、人は、失業や大切な人との死別、病など急激な環境変化による過度ストレスで自殺を選択する可能性が高くなります。

　このことは、自殺者の約 4 割が高齢者であることことからも推

表 4
自殺死亡率（2015 年）
ワースト 10

全国／ 政令指定都市	自殺死亡率 （注※）
全国	18.5
大阪市	22
神戸市	19.8
堺市	19.8
千葉市	19.8
相模原市	19.4
新潟市	19.2
北九州市	18.5
静岡市	18.2
名古屋市	17.3
熊本市	17.2

※　人口 10 万人当たり
資料　厚生労働省『人口動態統計』

231

第3部（未来）

察できます。高齢者は、仕事からの引退や子の独立といった人間関係の狭小化や、経済的な退潮が起こり、また身体的な衰えがあり、病気の起こりやすい年代でもあります。不安や抑うつに陥りやすくするようなさまざまな要因があるのです。[32]

寺島実郎監修の「政令指定都市・幸福度ランキング」によれば、神戸市の「悩みやストレスのある者の率」（12歳以上の男女のうち、日常生活で悩みやストレスのある者の割合）は18位（表5）、「一人暮らし高齢者率」（65歳以上のうち、単独世帯である者の割合）18位（表6）で自殺の要因が潜在する都市のようです。

さらに自殺の背景に失業問題があります。「日本では、失業率と自殺率との間に強い相関関係がある。失業率と自殺の相関関係が日本においては、他の OECD 諸国にくらべて大きい」[33]のです。とりわけ、表7のように、神戸市の「若者完全失業率」（15−34歳の労働力人口のうち完全失業者の割合）は15位、「女性の労働力人口率」（15歳以上のうち労働力人口の割合）18位、「高齢者有業率」（65歳以上のうち就業している者の割合）は17位と失

表5　教育指標11位

教育の構成要素	
学校2位	社会19位
学校の構成要素	社会の構成要素
不登校児童生徒率　　　　2位	悩みやストレスのある者の率　　　　18位
教員一人あたり児童生徒数　　　　5位	図書冊数　　　　20位
大学進学率　　　　6位	社会教育費　　　　18位

第 10 章　人口減少時代と持続可能な幸福都市

業率が高いことを表しています。

　さらに 25 – 54 才女性の就業希望実現者割合は、表 8（次頁）
のように 69.7%と政令指定都市・東京特別区の中で最低です。
神戸市の「待機児童率（保育所等の利用を希望する児童のうち、待機
児童の割合）」も 15 位（表 6）で、子持ち女性が働きづらい環境
にあることをあらわしています。

表 6　　生活者指標 16 位

生活の構成要素	
個人（家族）16 位	地域 12 位
個人の構成要素	地域の構成要素
一人暮らし高齢者率　　　18 位	都市公園面積　　　　　　1 位
生活保護受給率　　　　　17 位	刑法犯認知件数　　　　　15 位
待機児童率　　　　　　　15 位	一般廃棄物リサイクル率　15 位

表 7　　仕事指標 16 位

仕事の構成要素	
雇用 18 位	企業 10 位
雇用の構成要素	企業の構成要素
若者完全失業率　　　　　15 位	女性の労働力人口比率　　18 位
正規雇用者比率　　　　　16 位	製造業生産性　　　　　　4 位
高齢者有業率　　　　　　17 位	小売業販売額　　　　　　9 位

表8 政令指定都市、特別区の25－54歳女性の就業希望実現者割合

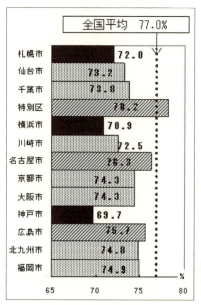

資料 厚生労働省・児童家庭局『「平成16年版 働く女性の実情」のあらまし』より転載

　第2に、健康問題です。平均寿命（健康・長寿）は、国連開発計画のHDI（人間開発指数、豊かさ指数）の重要な項目にあげられていますが、神戸市は表9のように16位と低い位置にあります。さらに、2010年の平均寿命は男性は79.6歳、女性は86.0歳で、10大都市のなかでは、大阪市に次ぐワーストクラスです（表10）。この順位は1990年と比較しても基本的には変わっていません。さらに表11（236ページ）のように、神戸市全体では、男性79.6歳、女性86.0歳に対し、兵庫区（男性77.7歳、女性84.8歳）、長田区（男性78.5歳、女性85.0歳）とインナーシティ地域で低く、市内での健康格差を示唆しています。

第 10 章　人口減少時代と持続可能な幸福都市

表 9　健康指標 17 位

健康の構成要素	
医療・福祉 14 位	運動・体力 16 位
医療・福祉の構成要素	運動・体力の構成要素
生活習慣病による死亡者数 15 位 一人当たり医療費 14 位 産科・産婦人科医師数 12 位	体育・スポーツ施設数 18 位 平均寿命 16 位 要介護等認定率 12 位

表 10　政令指定都市の平均寿命

	1990年				2010年			
	男性	順位	女性	順位	男性	順位	女性	順位
札幌市	76.27	3	82.57	2	79.8	6	86.6	5
東京都	76.07	5	81.94	6	79.9	4	86.4	6
川崎市	76.38	2	82.07	4	80	2	86.7	2
横浜市	76.62	1	82.19	3	80.3	1	86.8	1
名古屋市	75.78	6	81.32	9	79.2	8	86.3	7
京都市	76.23	4	81.95	5	80	2	86.7	2
大阪市	73.97	10	80.6	10	77.4	10	85.2	10
神戸市	75.2	8	81.52	8	79.6	7	86.0	9
北九州市	74.73	9	81.91	7	78.9	9	86.2	8
福岡市	75.81	7	82.63	1	79.9	8	86.7	2
全国	75.9		81.8		79.6		86.4	

資料　政府統計「平成 22 年市区町村別生命表」、大都市比較統計年表より作成

235

第3部（未来）

　神戸市内の「健康格差」の背景に地域的階層格差があります。社会学者の西山八重子の研究によれば、表12のように東灘区北部の御影山手は、年収1,000万円以上の住民の割合

表11　神戸市区別平均寿命2010年

	男	順位	女	順位
東灘区	80.8	1	86.7	1
灘区	79.2	6	86.2	5
兵庫区	77.7	9	84.8	9
長田区	78.5	8	85.0	8
須磨区	79.4	5	86.2	4
垂水区	79.8	4	85.7	7
北区	80	3	86.7	1
中央区	78.8	7	85.8	6
西区	80.6	2	86.5	3
神戸市	79.6		86.0	

資料　政府統計「平成22年市区町村別生命表」より作成

表12　住民階層の地区別比較　年収（万円）

	400万円以下	400−1,000万円	1,000万円以上
御影山手（東灘区北部）	25.0%	40.1%	35.1%
高倉台（須磨区北部）	13.3%	55.4%	31.3%
板宿（長田区中部）	32.8%	57.9%	9.4%
真野（長田区南部）	64.8%	32.3	2.8%

資料　西山八重子「社会的階層と都市空間」蓮見音彦ほか編『都市政策と地域形成』東京大学出版会、1990年。（蓮見音彦『地域政策と都市形成に関する実証的研究』文部省科学研究費報告書1989年、1987年12月実施、4地域の住民票から抽出したという）

は35.1%です。それに対し長田区南部の真野では2.8%に過ぎません。反対に、年収400万円以下は御影山手25.0%ですが、真野64.8%と高くなっています。

　今、「健康格差」が問題となっていますが、低所得者層、非正規雇用者、受けた教育年数など、社会・経済的な階層が低い集団ほど健康状態が悪く平均寿命が短いといわれます。千葉大学予防医学センター教授の近藤克則の調査によれば、65歳以上の高齢者約2万8,162人の4年にわたる追跡調査で、所得に応じた5段階の介護保険料の負担区分でみると、最低所得層の人たちは高所得層の人たちより、男性は約3倍、女性で約2倍も死亡率が高くなっているのです。[34]

　第3に、人口増加率が第18位と最低クラスの位置にあることです。国立社会保障人口問題研究所『日本の地域別将来推計人口』2018年推計によれば、表13（次頁）のように、神戸市は政令指定都市20の中で、減少率が高いほうから4番目で,2015年から2045年までの減少率は15.7%に達します。

　この減少率は神戸市内で一様ではなく、1960年代以降開発した郊外地域の北区、須磨区が29.7%、西区19.8%、垂水区15.6%、そしてインナーシティの長田区28.4%と高い減少率です。三宮の都心がある中央区のみ110.2%と増加しています（次頁　表14）。

　人口減少の主な要因は出生率の低下にあり、「未婚化」「晩婚化」「晩産化」が大きく影響しています。表15（239ページ）のように一般に大都市は、35－37歳の未婚率が27.3%と全国平均の23.1%に比べ高くなっていますが、その主な理由に非正規雇用問題があります。

237

第 3 部（未来）

表13 2045年予測人口と政令指定都市20の減少率ワーストランキング10

順位	都市名	2015年人口	2045年人口	増減率 (%)
1	北九州市	961,286	771,168	− 19.8
2	静岡市	704,989	567,831	− 19.5
3	堺市	839,310	707,314	− 15.7
4	神戸市	1,537,272	1,295,786	− 15.7
5	新潟市	810,157	688,878	− 15.0
6	仙台市	1,082,159	922,655	− 14.7
7	京都市	1,475,183	1,297,241	− 12.1
8	浜松市	797,980	704,349	− 11.7
9	相模原市	720,780	636,888	− 11.6
10	大阪市	2,691,185	2,410,820	− 10.4

資料　国立社会保障人口問題研究所『日本の地域別将来推計人口』2018 年推計

表14 神戸市9区の2045年予測人口と減少率

	2015年 (A)	2045年 (B)	A − B ／ A
神戸市	1,537,272	1,295,786	− 15.7%
東灘区	213,634	198,202	− 7.2%
灘区	136,088	133,146	− 2.2%
中央区	135,153	149,003	10.3%
兵庫区	106,956	94,017	− 12.1%
長田区	97,912	70,158	− 28.4%
北区	219,805	154,436	− 29.7%
須磨区	162,468	114,267	− 29.7%
垂水区	219,805	185,457	− 15.6%
西区	245,782	197,100	− 19.8%

資料　国立社会保障人口問題研究所『日本の地域別将来推計人口』2018 年推計

238

第 10 章　人口減少時代と持続可能な幸福都市

表 15　主な年齢別女性の未婚率（2010 年）

	21 大都市平均	全国
25 - 29 歳	65.30%	60.30%
30 - 34 歳	39.10%	34.50%
35 - 39 歳	27.30%	23.10%

資料　総務省『国勢調査』

表 16　　年収別・雇用形態別既婚率　（単位 :%）

	男性		女性	
	20 代	30 代	20 代	30 代
合計平均	18.9	23.3	24.4	30.0
300 万円未満	8.7	9.3	25.7	35.7
300 - 400 万円未満	25.7	26.5	16.2	17.1
400 - 500 万円未満	36.5	29.4	22.7	20.0
500 - 600 万円未満	39.2	35.3	32.9	23.0
600 万円以上	29.7	37.6	34.0	16.3
正規雇用	25.5	29.3	8.8	15.5
非正規雇用	4.1	5.6	16.9	18.1

出所　内閣府「平成 22 年度結婚・家族形成に関する調査報告書」
資料　岡田知弘「さらなる『選択と集中』は地方都市の衰退を加速させる」岩波書店『世界』2014 年 10 月号

　地域経済学者である岡田知弘は、少子化の決定的な問題は、男性の 300 万円未満年収層の既婚率が一ケタにあることを指摘します。表 16 のように、300 万円未満の 20 代男性は8.7％、30 代でも 9.3％に過ぎない。これは、非正規雇用の既婚率が 30 歳代でも 5％台にとどまっていることに対応しています。低所得の不安定就業状態は、長時間労働を強制し、「ブラック企業」の下で肉体的精神的な不健康状態をつくりだすのです。

239

第3部（未来）

　つまり、若年層の就業機会の安定化と所得向上なしには、子どもをつくる大前提である結婚がきわめて困難となっているのです。[35]

　ちなみに、神戸市の正規雇用は、表17のように1992年の45万2千人から大震災後の1997年には40万5千人へと約5万人も減少しています。それに対し、非正規雇用は、92年の11万人から97年の15万8千人へ約5万人も増加しているのです。非正規雇用の割合も、92年の17.46％から97年の26.25％へ8.79％も増加し、同時期の全国の6.76％増より2％ほど高くなっています。その後も、非正規雇用の割合は増加し、

表17　神戸市と全国の正規雇用者数、非正規雇用者数

単位　千人（千人未満四捨五入）

	神戸市			全国		
	雇用者総数	正規	非正規	雇用者総数	正規	非正規
1992年	630	452 (71.75％)	110 (17.46％)	52,575	38,062 (73.42％)	8481 (16.13％)
1997年	602	405 (67.28％)	158 (26.25％)	54,997	38,542 (70.08％)	12,590 (22.89％)
2002年	609	369 (60.6％)	200 (32.78％)	54,733	34,557 (63.14％)	16,206 (29.61％)
2007年	658	375 (56.98％)	239 (36.29％)	57,274	34,324 (59.93％)	19,899 (33.0％)
2012年	653	370 (56.73％)	248 (37.93％)	57,009	33,110 (58.08％)	20,427 (35.83％)
2017年	704	406 (57.62％)	262 (37.18％)	29,208	34,514 (58.30％)	21,326 (36.02％)

資料　総務省「就業構造基本調査」各年版より作成
注　正規と非正規の合計が雇用者総数と一致しないのは、会社などの役員と起業者を除いているからです。

第 10 章　人口減少時代と持続可能な幸福都市

2017 年には 37.18％にまで達
しています。非正規雇用の 7 –
8 割が年収 200 万円未満といわ
れますが、ワーキングプアが結
婚や出生に大きな影響を与えて
いるのです。

　さらに神戸市の完全失業率は、
表 18 のように 1990 年の 3.9％
（全国 2.1％）から震災年 1995
年に 6.9％（全国 3.2％）と増加し、
その後も全国水準よりも高い傾

表 18
神戸市、全国の完全失業率

単位%

	神戸市	全国
1990年	3.9	2.1
1995年	6.9	3.2
2000年	6.4	4.7
2005年	7.9	4.4
2010年	7.0	2.1
2015年	5.4	4.3

資料　「国勢調査」各年版より作成

向が続き、震災前の状態に回復していません。また半失業者な
ど実質的な失業状態にある者を含めれば、失業者はこの数字よ
りもかなり高くなることが推定されます。

　失業者については、ILO の国際基準に基づいていますが、調
査週間の 1 週間に求職活動を行い、かつ就業可能な者が失業
者とされ、何らかの理由で求職活動のできない者は、労働市場
の外にいる非労働力人口とみなされ、失業者としてカウントさ
れないのです。さらに失業率の国際比較では、ドイツやフラン
スなど（失業率は日本に比べ比較的高い）は、失業の社会保障制度
が整備されているのに対し、日本は脆弱であることも考慮され
なければなりません。

　2012 年の神戸市の非正規雇用 247,600 人のうち、労働者派
遣社員 15,200 人、契約社員 34,700 人、嘱託 13,600 人で合計
63,500 人で 9.7％を占めています（総務省「就業構造基本調査」）。
これが半失業者と呼ばれる人です。それゆえ 2015 年の実際の

241

第 3 部（未来）

失業率は、完全失業率 5.4% に半失業率の 10% 程度（2012 年の半失業率と同程度と推測）をプラスすれば 15% 程度と推測されます。

第 6 節　神戸市の人口減少対策の問題と課題

　神戸市は、人口減少の解決のために、どのような都市政策を行なおうとしているのでしょうか。神戸市は、国の「まち・ひと・しごと創生法」（2014 年制定）を受けて、「神戸創生戦略」（2015 年）を策定し、人口減少に対応する今後 5 カ年の具体的な事業をまとめました。「神戸創生戦略」のモデルである「まち・ひと・しごと創生法」（2014 年制定）の目的は、①我が国における急速な少子高齢化の進展に的確に対応し、人口の減少に歯止めをかけること、②東京圏への人口の過度の集中を是正し、それぞれの地域で住みよい環境を確保して、将来にわたって活力ある日本社会を維持していくこと、③地域社会を担う個性豊かで多様な人材の確保及び地域における魅力ある多様な就業の機会を創出することです。

　しかし、実際は、合計特殊出生率が 2014 年 1.42、2015 年 1.45、2016 年 1.44、2017 年 1.43、2018 年 1.42 と低下し、出生数も 100 万人を割り、人口減少に歯止めをかけるのは困難となっています。また東京一極集中は止まらず、2017 年の地方から東京圏（東京都、神奈川県、千葉県、埼玉県）への転入超過は、11 万 9,779 人で前年に比べ 1,911 人増加し 22 年連続の転入超過です（2017 年総務省人口報告）。

　「まち・ひと・しごと創生法」と、それに基づき閣議決定された「長期ビジョン」及び「まち・ひと・しごと創生総合戦略」

第 10 章　人口減少時代と持続可能な幸福都市

の真の目的は、人口減少に歯止めをかけることではなく人口減少を前提にして、①インフラや公共施設の再編と「合理化」など行財政の「合理化」「効率化」を図ること、②中山間地域における「小さな拠点」の形成、地方都市における都市のコンパクト化と公共交通網の再構築をはじめとする周辺等のネットワーク形成で効率的な地域構造をつくる、ことなのです。

　この神戸版が「神戸創生戦略」（2015 年）です。神戸市は、「神戸創生戦略」で人口減少に対応する今後 5 カ年の具体的な事業をまとめました。これは、人口の将来展望を踏まえ、①安定した雇用を創出する。②新しいひとの流れをつくる。③若い世代の結婚・出産・子育ての希望をかなえる。④時代に合った地域をつくり、安全なくらしを守るとともに、地域と地域を連携することを基本目標に都市づくりをおこなうとするものです。

　第 1 に、「安定した雇用を創出する」は、成長産業の企業誘致の促進によるものとして神戸医療産業の推進、神戸港の港勢拡大、神戸空港の機能充実、次代のリーディング・インダストリーの育成・振興するものとして航空・宇宙産業の育成など。

　第 2 に、「新しいひとの流れをつくる」ものとして、都心の三宮周辺地区の「再整備基本構想」の推進、ウオーターフロントの再整備など。

　第 3 に、「若い世代の結婚・出産・子育ての希望をかなえる」として、子育て世帯への経済的支援の拡充、待機児童の解消、学童保育の拡充など。

　第 4 に、「時代に合った地域をつくり、安全なくらしを守る」は、公共交通を中心とした安全で快適な交通環境の形成、土砂災害対策、浸水対策、地震・津波対策、住宅・建築物の耐震化

などです。

「神戸 2020 ビジョン（5 カ年計画）」が、「神戸創生戦略」を踏まえ 2016 年に策定されました。「神戸 2020 ビジョン」は、人口減少対策を最重要課題として位置づけ、「若者に選ばれるまち」などを目標に「年間 1 万 2,000 人の出生数を維持」「若者の神戸市への転入を増やし、東京圏への転出超過年間 2,500 人を解消」を目標に掲げています。

しかし出生数は、表 19 のように 1970 年 23,643 人、1980 年 16,486 人でしたが、2010 年の 12,979 人から一貫して減少

表 19　神戸市の出生数と死亡数の推移

	1970 年	1980 年	1990 年	2000 年	2010 年	2017 年
出生数	23,643	16,486	13,933	13,460	12,979	11,565
死亡数	7,035	8,277	10,181	11,146	14,458	15,675

資料　神戸市『神戸市統計書』各年版より作成

し 2017 年は 12,000 人を割って 11,565 人となっています。また社会増（転入−転出）も、2012 年以降はゼロ％前後となり、人口減少に歯止めがかかっていません。

神戸市によると、神戸市の人口減少は次のことが要因としています。「夫婦共働きの世帯が増え、通勤時間を短縮し、育児の時間を確保するために職場に近い住居を求める『職住近接』の傾向が強まっている」ことです。また「大阪への交通アクセスが良い明石、西宮両市などへの転出超過[36]」があります。この神戸市の言い分は、神戸市から転出する理由となってはいても、神戸市の出生率低下問題の説明にはなっていません。

少子化の原因は、子育て世代の非正規雇用の増加などによっ

244

て晩婚化・非婚化が進行し、結婚しても子どもを育てる教育費の高負担など出産・育児に伴う「機会費用」が上昇していることにあります。さらに、長時間労働による出産・育児に割り当てる時間が減少していることもあります。とりわけ神戸市は、非正規雇用の割合が高く、子どもを産み育てる社会制度や都市環境に問題があることが、女性の労働と子育てとの両立を困難にし、少子化と人口減少もたらしているのです。

　「神戸創生戦略」は、「若い世代の結婚・出産・子育ての希望をかなえる」ために「子育て世帯への経済的支援の拡充」や「保育所待機児童の解消」を謳っていますが、実際の施策に生かされていないのです。たとえば、兵庫県下の多くの市町が「子育て世帯の経済的支援」である中学生までの医療費無料を実施していますが、神戸市は実施していないのです。反対に、神戸市に隣接する明石市は「子育てにやさしいまちというブランドを確立」し、神戸市から明石市へ転入するなどで人口を増やし出生率を回復させています。[37]

　現在、子どもの医療費や保育料無料化などの施策が、人口減少の歯止めのための自治体間競争の様相を呈していますが、本来、子どもや高齢者などの医療や介護、教育など人の生命と暮らしの根本にかかわるところは、国が責任を以てナショナル・ミニマムとして確立すべき施策なのです。そのために、全国の自治体は、自治体間競争でなく協力して法制度実現のため国に要求すべきでしょう。

　とりわけ、神戸市政の問題の背景には、第1に、「男性が働き、家事・育児・介護などは女性」という性別役割分業の考え方が根強く残っていることがあります。神戸市都市経営で名

を馳せた宮崎辰雄は、次のように専業主婦を地域コミュニティの主体と位置づけています。「男性は職場コミュニティに参加しても地域コミュニティには疎遠である。地域コミュニティの中核はどうしても女性でなければならない[38]」。表20のように、宮崎辰雄が活躍した1971年は、20－64歳の女性人口のうち専業主婦（家事）は55.9％と過半を占めていました。しかし、2012年には専業主婦は32.11％と大幅に減少し、「主に仕事」33.89％、「家事のほか仕事」21.15％と働く女性の割合が55.04％となっています。働く女性が多数になり、彼女たちのニーズや意思を尊重した施策が求められているのです。

表20　神戸市の20－64歳女性の仕事と家事

単位　千人（千人未満四捨五入）

	女性人口 A	主に仕事 B	B／A	家事ほか 仕事C	C／A	家事（専門主婦）D	D／A
1971年	424	109	25.70%	39	9.2%	237	55.90%
1987年	456	138	30.26%	81	17.76%	213	46.71%
1997年	470	163	34.68%	88	18.72%	183	38.94%
2007年	480	173	36.04%	101	21.04%	158	32.92%
2012年	647	181	38.89%	98	21.15%	149	32.11%

資料　総務省統計局『就業構造基本調査報告』各年版より作成
注　AはB、C、Dの合計と一致しない。通学者や家事・通学以外の者などが含まれていないからです。

　第2に、「子どもを幸福に育てる」という理念が、政府や神戸市政に確立されていない問題があります。社会学者・政治学者のエスピン・アンデルセンによれば、学習の基盤や不平等のおもな源泉は、就学前の時期にまで遡ることがわかってきました。また、一般的に学校では、子どものスタート時の遅れを取

り戻す手助けはできません。実行すべき政策という観点からは、「学習が学習を生み出す」というモデルに従えば、投資リターンが最も大きいのは就学前の時期（0－6歳）といいます。また、このモデルでは機会平等政策も推進できます。というのは、恵まれない子どもに対する投資リターンは、とくに高いということがわかっているからです。したがって、子どもにとって必要なことは次の3点といいます。第1は、子どもが幸福に育つためには親の所得が必要です。それには、所得の再分配政策や親の就労が保障されねばならず良質の保育所が不可欠です。第2は、親の時間を子どもに投資することが重要です。それゆえ親の労働時間が短いなどの働き方が求められます。父母ができないときは、プロの保育士や良質の大人が子育てに時間をかける必要があります。第3は、家庭の学習環境がおよぼす影響で、親の投資の質は「文化資本」や家庭の学習環境と結びついています。家庭や図書館、保育所・幼稚園などの本など「文化的環境」が重要です。健全な子どもを育てることは、将来の犯罪や病気、失業などの社会的コストを削減することにつながるので[39]。以上のように幸福の理念や政策にかかわる問題は、子どもだけでなく女性や障害者や高齢者などにいえることで、神戸市政の根本的な課題なのです。

神戸市都市空間向上計画の問題と課題

　神戸市は、人口の将来展望として2つのシナリオを描いています。1つは、「神戸創生戦略」と「神戸2020ビジョン（5カ年計画）」にもとづく施策で、出生数を維持し東京圏への転出超過をなくす場合で、2040年は143.2万人、2060年は131.1万

人となります。もう1つは、社会保障・人口問題研究所による
シナリオの何も対策を講じない場合で、2015年の人口153.7
万人が2040年に132.7万人に、2060年には107.2万人にま
で減少します。神戸市住宅都市局の『神戸市都市空間向上計画
－基本的な考え方　修正案』（2015年10月策定）は、上記の神
戸市が何も対策を講じない場合、すなわち「社人研の推計を前
提として検討すること」としています。つまり神戸市は、一方
で出生数維持などのための『神戸市創生戦略』『神戸2020ビジョ
ン（5カ年計画)』にもとづく施策を謳いつつ、他方で人口対策
を講じないことを前提に『神戸市都市空間向上計画』を行うと
いう、整合性のない矛盾した政策をとっています。

　たしかに『神戸創生戦略』と『神戸2020ビジョン（5カ年計
画)』が掛け声倒れになっているのは、神戸市が「人口を増や
すこと自体を目標にしない」としていることからも推測されま
す。むしろ主眼となる政策は、「大阪湾岸道路（阪神高速湾岸線）
西伸部や神戸空港の利活用、都心三宮の再整備、郊外を含む駅
前再開発など、インフラ整備とまちづくりを積極的に行うこと
で、街を活性化させていく」ことなのです。

　『神戸市都市空間向上計画』は、①広い範囲をサービスの対
象とする都市機能（「広域型都市機能」）を維持・充実・強化させ
る区域を「都心」と「旧市街地型」と、②「郊外拠点型」で構
成される「広域型都市機能誘導区域」と位置づけています。「都
心」とは、世界に貢献する未来創造都市のリーディングエリア
で、「旧市街地型」とは、商業・業務・文化・教育・観光機能
など様々な機能を擁するエリアです。「郊外拠点型」とは、郊
外の拠点において、商業・業務、文化機能や交通結節機能、ター

第 10 章　人口減少時代と持続可能な幸福都市

ミナル機能などを擁するエリアです。

　居住に関しては、「郊外拠点型」の北区、西区、須磨区、垂水区を、①それらの区の「駅周辺居住区域」（駅から徒歩 20 分、1,600m まで）と②「山麓・郊外居住区域」に区分し、②から①への人口誘導を図るとしています。②は、「人口減少の影響が大きいと想定される区域」空き家・空き地が多く発生するなど「都市のスポンジ化」のリスクが大きいエリアとされ、西区と垂水区、須磨区、北区域などの一部が同区域になります。これは、②の区域のリストラ政策といえるものです。

　一方、神戸市は、都市計画の基本的な方針を決める都市計画マスタープランで、目標年次を 2025 年とする「三宮〜ウォーターフロント都心地区編」（2018 年 6 月）を発表しました。国際的にも競争力のある都市をめざすうえでの課題として、老朽化した建築物の建て替えや景観形成などを進める方針を示しています。神戸市が都市計画マスタープランで地域別構想を決めるのは初めてです。都市間競争が厳しい時代に選ばれる都市として神戸全体の活性化を図るため当地区の再整備を推進するとしています。

　「再開発計画は、①神戸市が所轄する中央区役所や勤労会館、サンパルビル、ダイエービルなどを取り壊し、バスターミナル付の 2 棟の超高層ビル（商業・業務床約 10 万㎡）と、市庁舎 2 号館を取り壊し、床面積約 5 万㎡の超高層ビルの建設。②阪急電鉄が所轄する着工されている超高層の阪急駅ビル約 2 万㎡（ホテル、商業・業務床）の建設。③JR 西日本が所轄する三宮駅超高層ビル約 5 万㎡（商業・業務床）で、合計約 22 万㎡にも達する。現在の三宮・元町地区の路面店舗床面積約 20 万㎡の倍

249

第３部（未来）

以上の床面積」に達します。[41]

　問題は、第１に、以上のような神戸市の都市計画は、市民の意見やニーズを無視した市長のトップダウンで推進されていること。第２に、これだけの供給に見合う需要は見込めないこと。第３に、結局、神戸市内の消費者の取り合い、神戸市の都市内競争で三宮（一極集中）だけが優位に立つだけとなります。三宮以外の新神戸地区、六甲地区、新長田地区、西神・北神地区の商業・業務活動が衰退することなのです。第４に、大規模開発によって神戸市外の東京や大阪の不動産デベロッパーが利益を得るだけの計画になるのです。

　『神戸新聞』によれば、神戸市が2016年から実施している聞き取り調査で、首都圏の大手開発企業が語った三宮の将来性の評価は、①マーケットが薄く、インバウンド効果が弱い　②観光地としてのパワーが薄れている　③新たな開発で商業規模を拡大するより、既存エリアの新陳代謝を高める方がいいという意見でした。りそな総研主席研究員の荒木秀之によれば、大阪の「梅田に関西のさまざまな機能が集約される流れは避けられない」。そのわずか30キロに位置する三宮の再整備に「求められるのは規模ではなく、時代を先取りした新しい都市像を示せるかだ」と述べています。[42]

　工学者で都市計画家の饗庭伸によれば、人口減少時代における都市計画には次の２つの手法があると言います。第１は、大きなハコモノ（再開発、市民ホールの建替え）を拠点に強く集約するもので、人口減少を病気にたとえると即効性をねらった外科手術による対処療法的手法、第２は、スポンジの構造にあわせ、空き家や空き公共不動産を活用するもので、市場の回復

250

による原因療法的健康づくりでじわじわ効く手法です。

　饗庭伸は、次のように第2の都市計画を提案しています。「日本は土地所有者が多く細分化されているためコンパクトシティは簡単にできない。都市は『じわじわ』としか変わらない。税収も縮小するため、区画整理や再開発のように公的補助金をコンパクト化に投入する理屈は災害危険等の例外を除いて成立しない。民間の建て替え、住み替えの動きを中長期的にコントロールしていくしかない。最低でも30年はかかるのではないか」[43]。

　神戸市の人口減少に対処する都市計画は第1に分類されますが、これでは根本的な解決策にはならないのではないでしょうか。問われているのは、人口減少対策を名目とした大規模開発のまちづくりなのか、それとも地域コミュニティを核とした市民福祉（子育て支援、保育などの拡充、高齢者医療や介護など）を充実させ、持続可能な幸福都市ための都市政策なのか、ということでしょう。

おわりに

　政府の「まち・ひと・しごと創生法」や神戸市の「神戸創生戦略」は、人口の数値を政策目標として掲げていますが、本来の政策目標は、憲法や地方自治法で規定されている市民ひとり一人の幸福です。そのためには、男女が働きつつ子育てができる政策と都市環境とを整備することでしょう。

　少子化の原因は、子育て世代の非正規雇用の増加、子どもを育てる教育費の高負担、長時間労働による出産・育児に割り当てる時間の減少がありました。とりわけ神戸市は、非正規雇用

251

第3部（未来）

の割合が高く、子どもを産み育てる社会制度や都市環境に問題があることが、女性の労働と子育てとを両立を困難にし、少子化と人口減少もたらしています。

　このような神戸市政の問題の背景に、「男性が働き、家事・育児・介護などは女性」という性別役割分業の考え方が根強くあることです。さらに「子どもを幸福に育てる」という理念が市政に確立されていないことでした。幸福の理念にかかわる問題は、子どもだけでなく女性や障害者や高齢者、そして市民全体にもいえることで、市政の根本的な課題であるのです。政府や神戸市は、現在の少子化が社会や経済の根幹にかかわる問題だとの危機感を持っています。しかし、少子化が個人の「幸福」にとって、どのような意味を持つのかという最も肝心な観点が無視されているのではないでしょうか。

注
（1）見田宗介『現代社会はどこへ向かうか－高原の見晴らしを切り開くこと』岩波書店、2018年、8－10ページ、99ページ。
（2）内閣府『平成27年度版　少子化社会対策白書』。稲葉寿「人口問題－人口学的アプローチ」www.ms.u-tokyo.ac.jp/~inaba/inaba_gendaishakai_2008.pdf、2019年2月17日確認。
（3）「毎日新聞」2017年1月8日の社説。
（4）ジョン・ラスキン『ムネラ・プルウェリス－政治経済要義論』関書院、1958年、34ページ。
（5）池上惇『文化と固有価値の経済学』岩波書店、2003年、71ページ。
（6）見田宗介『現代社会はどこへ向かうか－高原の見晴らしを切れ開くこと』岩波書店、2018年、132－134ページ。
（7）見田宗介『現代社会はどこへ向かうか－高原の見晴らしを切れ開くこと』岩波書店、2018年、149ページ。
（8）Vistas Adecco「独特の制度、柔軟な組織、北欧に学ぶ『働き方』インタビュアー湯元健治（日本総合研究所副理事長）」アデコ株式

第 10 章　人口減少時代と持続可能な幸福都市

会社『Power of Work』Vol.34、2013 年 11 月。

　「スウェーデン、フランス、日本などの先進諸国の合計特殊出生率は、1960 年代までは、2.0 以上の水準でした。1970 年は、スウェーデン 1.94、フランス 2.47、日本 2.13 でしたが、1980 年頃から低下傾向となり、2000 年にはスウェーデン 1.57、フランス 1.88、日本 1.36 まで落ち込みます。その後、フランスやスウェーデンは女性が働きつつ子どもを産み育てるための公共政策を積極的にすすめ、2010 年にはスウェーデン 1.91、フランス 2.00 にまで回復します。それに対して，日本は，女性労働力率の上昇幅は小さく，出生率は下がり続け 1.39（2010 年）という低い水準にとどまっています」（厚生労働省『先進諸国における合計特殊出生率の推移』、厚生労働省大臣官房統計情報部「人口動態統計」、UN,Demographic Yearbook）。

　日本でも、比較的就業時間が短い県ほど出生率が高くなる傾向にあることが明らかになっています。厚生労働省の『「統計データで見た少子高齢社会」の調査研究結果について− 2010 年の合計特殊出生率の都道府県別データ−』によれば、東京都、埼玉県、千葉県、神奈川県などは男性の平均就業時間（通勤・通学時間を含む）が長く出生率が低く、島根県、熊本県、宮崎県などは就業時間は短く出生率が高い傾向がみられた。出生率を回復する上で参考とすべき調査結果でしょう。

(9)　森岡孝二『過労死は何を告発しているか−現代日本の企業と労働』岩波書店、2013 年、101 - 102 ページ。

(10)　Vistas Adecco「独特の制度、柔軟な組織、北欧に学ぶ『働き方』インタビュアー湯元健治（日本総合研究所副理事長）」アデコ株式会社『Power of Work』Vol.34、2013 年 11 月。

(11)　Vistas Adecco「独特の制度、柔軟な組織、北欧に学ぶ『働き方』インタビュアー湯元健治（日本総合研究所副理事長）」アデコ株式会社『Power of Work』Vol.34、2013 年 11 月。

(12)　ケンジ・ステファン・スズキ『増補版　デンマークという国　自然エネルギー先進国』合同出版、2006 年、151 ページ。

(13)　ブルーノ・S・フライ『幸福度を測る経済学』白石小百合訳、NTT 出版社、2012 年、52 - 55 ページ。

(14)　ブルーノ・S・フライ『幸福度をはかる経済学』白石小百合訳、NTT 出版、2012 年、序文、78 - 88 ページ。

　西村和雄と八木匡の「幸福感と自己決定−日本における実証研究」も、幸福感を決定する要因として、健康、人間関係に次ぐ指標として、所得、学歴よりも自己決定が強い影響を与えると指摘しています。

第3部（未来）

　　自分で人生を選択することで、選択する行動への動機付けが高まり
　満足度も高まるからです（西村和雄・八木匡「幸福感と自己決定－
　日本における実証研究」RIETI Discussion Paper Series 18-j-026）。
(15) R. パットナム『孤独なボウリング－米国コミュニティの崩壊と再
　　生』柴内康文訳、柏書房、2006 年。
(16) パーサ・ダスグプタ『サステイナビリティの経済学』植田和弘監訳、
　　岩波書店、2007 年、45－46 ページ。
(17) A. セン『福祉の経済学－財と潜在能力』鈴村興太郎訳、岩波書店、
　　1988 年、第 2 章。セン『不平等の再検討』池本幸夫・野上裕生・佐
　　藤仁訳、岩波書店、1999 年、59 ページ。
(18) 早野禎二「アマルティア・センの Capability 論と社会関係資本論」
　　『東海学園大学紀要』第 21 号。
(19) 植田和弘『緑のエネルギー原論』岩波書店、2013 年、117－119 ペー
　　ジ、143－144 ページ。
(20) 池上惇『文化資本論入門』京都大学学術出版会、2017 年、252－
　　253 ページ。
(21) エスピンアンデルセン『アンデルセン、福祉を語る』NTT 出版、
　　92－99 ページ。
(22) 福田誠治「生涯学習、なぜ北欧で可能なのか」事業構想大学院大学『月
　　刊　事業構想』2013 年 11 月号。
　　　北欧諸国は、「公教育の一環として職業教育を実施し、また、政
　府や自治体が運営する公的機関によって提供され、一度教育を離れ
　た成人にも、同等の訓練を受講する機会が開かれている場合が多い。
　訓練内容の決定や更新には、中央・地方あるいは業種別に設置され
　た労使等からなる委員会組織が重要な役割を果しており。この仕組
　みが技能需要に即した職業訓練の実施の基盤となっている」（独立行
　政法人　労働政策研究・研修機構「北欧の公共職業訓練制度と実態」
　『JILPT 資料シリーズ』No.176、2016 年 5 月、まえがき）。
　　　「北欧諸国の労働政策の制度的特徴は、労働市場における雇用保護
　の度合いが低い代わりに、失業期間中に手厚い所得保障と併せて積
　極的労働市場政策を強力に実施することに依り雇用の保証を高める
　ことにある。『フレキシキュリティ』モデルとして知られるデンマー
　クが代表例。生涯教育への高い参加率、積極的労働市場政策の高い
　支出。失業者に対する就業支援策は、フィンランドやデンマークは
　支出全体に占める教育訓練支出の比重が高いが、スウェーデンは雇
　用助成（失業者等の雇用に対する賃金補助、就業体験）が多くを占
　める」（独立行政法人　労働政策研究・研修機構「北欧の公共職業訓

第 10 章　人口減少時代と持続可能な幸福都市

練制度と実態」『JILPT 資料シリーズ』No.176、2016 年 5 月、序章）。
（23）「『幸福度 58 位』の意味」『毎日新聞』2019 年 4 月 12 日夕刊、
　　　NewYork:Sustainable Development Solutions Network『World
　　　Happiness Report 2019』Editors: John Helliwell, Richard
　　　Layard and Jeffrey Sachs。
（24）Pew Research Center『Global Attitudes and Trends』2007 年。
（25）水無田気流『シングルマザーの貧困』光文社、2014 年、35 - 37 ペー
　　　ジ。阿部彩『子どもの貧困 II －解決策を考える』岩波新書、18 ページ。
（26）島薗進「原発事故の健康被害は未解明」『毎日新聞』2019 年 5 月
　　　7 日夕刊。
（27）見田宗介『現代社会はどこへ向かうか－高原の見晴らしを切り開
　　　くこと』岩波書店、2018 年、135 ページ。
（28）電通・電通総研『世界主要国価値観データブック』同文館、2008
　　　年、50 ページ。平川克美『「移行期的混乱」以後－家族の崩壊と再生』
　　　晶文社、2017 年、144 ページ。
（29）平川克美「人口減少がもたらすモラルの大転換」内田樹編『人口
　　　減少社会の未来学』文藝春秋、2018 年、142 - 145 ページ。
（30）太宰治『斜陽』文藝春秋、2009 年。高橋源一郎「太宰治　斜陽」
　　　NHK テレビテキスト『100 分 de 名著』、2015 年 9 月。
（31）見田宗介『現代社会はどこへ向かうか－高原の見晴らしを切り開
　　　くこと』岩波書店、2018 年、37 ページ。
（32）河西千秋『日本の自殺の現状と原因－「死にたい」と「うつ病」
　　　は深く』https://medicalnote.jp/contents/170116-003-FN2019 年
　　　2 月 1 日確認。
（33）澤田　康幸 ・崔允禎 ・ 菅野　早紀「不況・失業と自殺の関係 に
　　　ついての一考察」独立行政法人　労働政策研究・研修機構『日本労
　　　働研究雑誌』No.598、2010 年 5 月。
（34）近藤克則『「健康格差格」社会を生き抜く』朝日新聞出版、2010 年、
　　　24 － 25 ページ。
（35）岡田知弘「さらなる『選択と集中』は地方都市の衰退を加速させる」
　　　岩波書店『世界』2014 年 10 月号。
（36）『毎日新聞』2019 年 4 月 4 日。
（37）藻谷浩介「人口動態で見る地域の『健康』」湯浅誠・泉房穂『子ど
　　　もが増えた』光文社、2019 年、17 ページ。
（38）宮崎辰雄「学校公園－新しい都市生活の形成を求めて－（上・中・
　　　下）」東京市政調査会『都市問題』1968 年、4・5・6 号。
（39）G・エスピン・アンデルセン『アンデルセン、福祉を語る』林昌宏訳、

第 3 部 (未来)

NTT 出版、2008 年、63‒99 ページ。村木厚子「子どもへの投資」、
湯浅誠・泉房穂『子どもが増えた』光文社、2019 年、88 ページ。
（40）久元喜造神戸市長インタビュー『神戸新聞』2018 年 11 月 20 日。
（41）神戸をほんまの文化都市にする会・三宮再開発を考える会「神戸
市による三宮再開発」資料。
（42）『神戸新聞』2017 年 9 月 13 日。
（43）饗庭伸「人口減少時代の都市計画」京都大学財政学研究会、2018
年 12 月 22 日。

終 章　神戸の都市イメージと多様性

はじめに

　近代都市神戸の特徴は、モダンやハイカラ、ファッションに象徴される「光」の都市イメージと、戦争、自然災害、貧困・格差など「影」ともいうべき現実との間にギャップがあることです。都市のイメージは、どのような都市を目標とするのかという都市ビジョンや都市政策と深くかかわり、都市政策は市民の生命と暮らしに大きな影響を及ぼします。都市イメージにふさわしくない、あるいは相反するような貧困と格差、都市社会の病理現象は、ともすれば、都市政策の枠外のものとみなされ、放置される傾向があります。つまり、一面的な都市イメージにとらわれすぎることは、現実にある深刻な問題を引き起こす本質を見逃し、うわべだけを糊塗し、そもそも「ないことにする」あるいは「隠蔽する」ことにつながっていきます。そうすれば、現実にある根本的問題を克服することはきわめて困難となるです。

　だからこそ、市民が、安全で安心して暮らすことができ、かつアメニティのある神戸のまちづくりには、日本の近代化の先端都市神戸の「光」と「影」を多面的、構造的、歴史的に検証することが必要です。近代の「光」は同時に「影」を内に秘め、近代の「影」のなかに未来の「光」を見出せるのかもしれません。いずれにせよ、近代の「光」と「影」の複雑な諸相の検証を通してこそ、戦争や自然災害、貧困・格差、分断などの問題を克服する方向性が見出せるでしょう。

第1節 神戸の都市イメージ

　イメージとは、『広辞苑』によれば、心の中に思いうかべる像、他人に与える印象や世間の評判です。人口減少と少子高齢化、都市間競争の激しい現代社会において、観光客の誘致など交流人口を増加させるためには、広告、宣伝などによる都市のイメージアップは欠かせないようです。

　神戸市観光交流課は、2002年11月に「神戸のイメージ」について、東京、仙台、福岡の三都市でアンケートを実施しました。神戸のイメージについては、総合では「港」が30.2%と最も高く、「異国情緒」28.7%、「お洒落なファッション」15.6%、「六甲の山と緑」11.9%、「グルメ」5.9%の順でした。1977年に東京と仙台で実施した市民アンケートでは「異国情緒」48%、「港」24%でした。「異国情緒」が高いのは、当時、ＮＨＫの連続テレビドラマ「風見鶏」が放映されていたことが背景にあると思われます。神戸ブランドとして最も認知されているのは、総合では「洋菓子」35.6%で、次いで「神戸ビーフ」24.4%、「ファッション」18.7%、「灘の酒」8.3%、「神戸ワイン」5.6%の順でした。上位3項目で約8　割を占めていました。どの調査地点においても、神戸ブランドの認知度の上位3項目は、1位「洋菓子」、2位「神戸ビーフ」、3位「ファッション」の順で不動の地位を確立しています。[1]

　以上のようなアンケート調査から、神戸は西洋的で明るい雰囲気の漂うまち、ハイカラでモダンな港まちとイメージされるでしょう。たしかに神戸は、居留地の近代的建築群や異人館、教会やミッション系スクール、おしゃれなブティック、喫茶店

が多く、コーヒーや洋菓子、パンなどの生活文化が息づいている都市です。このことは、神戸市が、1世帯当たりの食パンの購入量・購入額が全国1位であることからもうかがえます。[2]

　それでは、このようなモダン都市のイメージは、いつごろつくられたのでしょうか。いうまでなく、神戸は、1868年に開港と居留地が設立され、西欧先進諸国の人々が居留地や雑居地で生活し経済活動を繰り広げ、その影響をいち早く受けた、日本の近代化、文明開化の先進都市でありました。

　神戸の都市イメージであるハイカラやファッションには、西洋に対する尊敬や崇拝を意味するとともに、西洋風の上滑りの流行や奢侈だけを追い求め、もの真似をする人々を皮肉る意味もあります。神戸市出身の小説家陳舜臣によれば、神戸の精神とは「軽い」ということ、「体裁よくいえば、パイオニア精神。そもそも開拓時代の精神風土は、極端に現実的である」と言っています。「意地悪くみれば、神戸気質には、軽佻浮薄な野次馬根性と、功利的にすぎる面が認められるであろう。悪趣味もある。伝統のブレーキがないから、野放図になりがちなのだ」。[3]

　同様の指摘は、今から百年ほど前の明治44年、夏目漱石の「現代日本の開化」という題目の講演にもみられます。そのなかで夏目漱石は、日本の現代の文明開化は外発的で皮相上滑りの開化であると批判しました。「西洋の開化（すなわち一般の開化）は内発的であって、日本の現代の開化は外発的である。ここに内発的と云うのは内から自然に出て発展するという意味でちょうど花が開くようにおのずから蕾が破れて花弁が外に向うのを云い、また外発的とは外からおっかぶさった他の力でやむをえず

一種の形式を取るのを指したつもりなのです。…こういう開化の影響を受ける国民はどこかに空虚の感がなければなりません。またどこかに不満と不安の念を懐かなければなりません。それをあたかもこの開化が内発的ででもあるかのごとき顔をして得意でいる人のあるのは宜しくない。それはよほどハイカラです、宜しくない。虚偽でもある。軽薄でもある」。このように漱石は、日本の文明開化が「ハイカラ、虚偽、軽薄」と揶揄しました。それは、西欧先進諸国の外圧を背景に富国強兵に邁進する明治新政府が、個人を尊重せず自由をないがしろにしていることに危機感を持っていたからではないでしょうか。

　開港都市神戸においても、漱石が危惧したような欧化熱が席巻していました。『神戸市史（本編総説）』は、「外務大臣井上馨は、条約改正の事に当たり、その目的のために国俗の欧化を力めしかば、上流社会は率先して日本の舊慣を棄て、衣服飲食其他社交に至るまで欧風の模擬に明け暮れている。兵庫県知事内海忠勝もこの風潮に動かされ、大阪府知事建野郷三と相諮り、明治20年（1887年）居留地劇場に舞踏大夜会を催して盛会を極める」と記しています。新政府によって建てられた東京の社交場である鹿鳴館の神戸版が、居留地を舞台に繰り広げられていたのです。

　しかし、神戸の都市イメージのハイカラやモダンは、西欧人の生活文化に影響を受け、それを享受できた富裕層の生活スタイルから生まれたものでした。それは、西欧人が暮らした神戸居留地や、その北側に位置する雑居地の北野地域、谷崎潤一郎の小説「細雪」の舞台となった芦屋市や、それに隣接する神戸市東部の住吉村（現在の神戸市東灘区）の谷崎潤一郎の旧邸「倚

終 章　神戸の都市イメージと多様性

松庵」などがかもし出す都市空間の雰囲気に象徴されています。つまりモダンを演じたのは、ほんの一握りの上流階層の人たちで、モダンが神戸の都市イメージとなることはありませんでした。

　なぜなら、当時、このような欧化主義に対し「世人久しからずして倦み之を非難する者多く、遂に国粋保存論をして一時世上を風靡せしむるに至る」状況も生まれていたからです。このことは、市民の中に、皮相上滑りの西洋化に対し、ナショナリズムを鼓舞する世論が沸き起こっていたことを想起させます。

　この背景には、明治元年（1868 年）に明治天皇が、大楠公の忠義を後世に伝えるため神社を創建するよう命じ、明治 5 年（1872 年）に神戸に湊川神社が創建されたことがあります。神戸は、楠木正成が天皇親政を実現しようとした後醍醐天皇に忠誠を尽くし、神戸の湊川で自刃したという由来の地です。それゆえ、明治維新の志士たちの崇敬の人物であり、万世一系の天皇を仰ぐ尊皇精神の具現化であり、新政府の富国強兵政策の精神的支柱でもありました。この神社は、別格官幣社として国家が祀り政府が主導して建てられたものです。

　『神戸市教育史第一集』も次のように記しています。「楠木正成を祀る湊川神社は、『楠公さん』の愛称のもとに、神戸市民としては伝統的に誇りにし、崇敬のあつい社でありました。神戸市の学校教育においては、日清、日露、第一次世界大戦を経るごとに、楠公精神を国民教育のよりどころとする風潮が強くなり、全市学校教育実践の中心的な場となっていました。昭和初期になって国体明徴論が盛んになり、日本精神涵養の叫びが高まるにつれて、楠公精神欽仰の気風がいよいよ高調してきた。

261

特に昭和 10 年の楠公 6 百年祭を迎えて、いっそう楠公精神宣揚運動が高まった。11 年には神戸市教育綱領の第 1 項に『楠公精神を欽仰し国民精神を作興す』を示し、楠公教育を本市教育の中心目標としたのです」[8]。

　歴史学者の谷田博幸によれば、楠公 6 百年記念祭では全国の小学校教員代表 600 名が神戸市に集まり、「楠公精神顕現振作方案」が答申され満場一致で可決されます。全国の小学校で有事の際、挺身奉公する「現代の楠公」を養成することが決せられたのです[9]。藤井康生も、八木真平著『兵庫の音楽史』（神戸新聞出版センター、1988 年）を引用しつつ、明治 20 年頃、兵庫県尋常師範学校では、楠木正成の戦死した 5 月 25 日に因み、毎月 25 日に職員・生徒が湊川神社に参拝していた、といいます。また 1900 年（明治 33 年）につくられた鉄道唱歌は、鉄道路線にある各地の名所旧跡を巡りますが、神戸は「七度うまれて君が代を　まもるといひし楠公の　いしぶみ高き湊川　ながれて世々の人ぞ知る」と歌われています。楠木正成の忠誠は、歴史文学書の『太平記』で「七度生れかわってもやはり同じ人間界に生れて、朝敵を滅ぼしたいと思います」（『太平記』）と記されています。この「七生報国」の理念が皇国史観に根底あることをみれば、神戸は、アジア・太平洋戦争のイデオロギーを生んだ「皇国都市」といえるでしょう。さらに、鉄道唱歌が誕生した明治 33 年には、「神戸沖で観艦式（軍事パレード）がおこなわれ、『軍艦行進曲』（護るも攻めるも鉄〈くろがね〉の…）が初演されています」[10]。

　第 1 回「みなとの祭り」は 1933 年に行われますが、それを主催する神戸市民祭協会の規定第 2 条も「本会は海、山、両

祖神の神徳を宣揚し、敬神尊祖の美風を涵養し併せて、神戸市
の繁栄を記念するをもって目的とする」と記していました。[11]

　さらに神戸経済が、川崎造船所や三菱造船所など軍需産業に
よって支えられていたことも、都市神戸の軍事的性格を刻印し
ていました。とりわけ、神戸港を舞台に、神戸の造船所でつく
られた軍艦の進水式や観艦式が行われ、その祝賀のために学校
の生徒や市民も動員されていました。たとえば、1921年の神
戸で生れた世界最大の戦艦・加賀の進水式には、15万人もの
人々が式典を見学しましたが、これは当時の神戸市人口のおよ
そ5分の1に当たるのです。また1930年の神戸沖での海軍特
別大演習観艦式では、海岸線が身動きもできないほどの見学者
であふれ、市内各所でも装飾がなされ海上ではサーチライトの
イルミネーション・満艦飾が行われたのでした。[12]このように、
神戸は、楠公の尊皇精神の「皇国都市」であり、軍艦製造など
の軍需産業と、神戸市と市民動員によって軍艦の進水式や観艦
式（軍事パレード）を祝うなど国威を発揚する「軍事港湾都市」
だったのです。

第2節　重厚長大産業の衰退とファッション都市神戸

　それでは、今日のようなモダン都市神戸のイメージはいつ頃
からつくられたのでしょうか。モダン都市神戸のイメージづく
りには、1973年の石油ショックによる造船、鉄鋼など神戸の
基幹産業の衰退に対する危機感がありました。

　神戸市の基幹産業は、金属（鉄鋼など）、機械（造船、車両な
ど）、化学など重厚長大産業です。この産業構造が成立したの

は、1930 年代頃からでした。金属、機械、化学の生産額は、1910 年においては市内総生産額の 34%でしたが、1930 年には 73%にまで成長しています。この構造は戦後も続き、1960 年は金属、機械、化学は市内全体の 54%を占めていました。

しかし 1973 年の石油ショック以降は、表 1 のように神戸の基幹産業である造船や鉄鋼を担う川崎重工業、三菱重工業、神戸製鋼所、川崎製鉄の従業員が、1970 年の 37,445 人から 1980 年の 23,852 人へ減少し、1989 年には 14,370 人にまで大幅に減少しています。この背景には、神戸の地価が高いため、明石市や加古川市、兵庫県外へ新規工場や設備を移したことがあります。それぞれの企業の下請けなど関連企業を含めると、親企業に倍する従業員の整理が進んだと推測されます。

表 1　　市内主要工場の従業員推移

	1970年	1980年	1989年	70−89年増減率
川崎重工業 神戸・兵庫・西神工場	13,370	8,132	4,386	− 67.2%
三菱重工業神戸造船所	11,083	7,112	6,261	− 43.5%
神戸製鋼所 神戸製鉄所・岩屋事業所	9,537	6,234	3,012	− 68.4%
川崎製鉄 阪神製造所葺合工場	3,455	2,374	711	− 79.4%
合計	37,445	23,852	14,370	− 61.6%

資料　神戸市『新修　神戸市史　歴史編Ⅳ　近代・現代』1994 年、「経済成長と神戸市政」1028 ページより作成。

神戸市や神戸財界は、神戸の基幹産業に代わる新たな産業を起こす必要に迫られていました。当時の神戸商工会議所会頭（元川崎重工業会長）の砂野仁は、新年合同祝賀会で「ファッショ

264

ンを大事に」などとあいさつし、神戸の産業構造の転換を示唆していました。また当時の神戸市長宮崎辰雄も、1973年の市議会で「神戸ファッションの創造」を表明し、これが事実上のファッション都市宣言となりました。その後、地元財界や行政が一体となり「衣・食・住・遊」のライフスタイル全般をファッションと定義し取り組みを進めてきました。このような経過のなか、神戸の地場産業であるゴム工業のケミカルシューズ、灘五郷の清酒、洋菓子、パン、洋家具、真珠、アパレルなどは、神戸ブランドをもって生き残っていき神戸ファッション産業の土壌となっていったのです。[13]

　ちょうどそのときに、NHK連続テレビ小説『風見鶏』（1977年（昭和52年）10月3日から1978年（昭和53年）4月1日まで）が放映され、高視聴率で神戸を全国に知らせる絶好の機会となりました。この作品は、ドイツ人のパン職人が、第一次世界大戦の日独戦争中、日本が占領した中国の青島にあったドイツの植民地から戦争捕虜として四国の収容所にいましたが小舟で脱走します。大海原に力尽き、南紀の浜辺に打ち上げられているところをうら若き女性に救出され、二人は恋に落ちて国際結婚し神戸でパン屋を営みます。しかし、第二次世界大戦が家族を引き裂くという設定でした。[14]

　この作品がきっかけとなって、舞台となった神戸市の北野町にある異人館街が脚光を浴びることとなり「異人館ブーム」が起きていきます。残念なことに、神戸の異人館は、戦後、中高層のマンション建設を中心とした乱開発で取り壊され、現在は数十棟ほどしか残されていません。戦前は2百棟もの異人館がひしめいていたといいます。このテレビドラマで、神戸市や

265

神戸経済界、神戸メディアも、戦前の西欧風のモダンな神戸を再評価し、約30棟ほどの洋風建築物のある北野地区を「伝統的建造物群保存地区」に指定するなど、モダン都市神戸のイメージを積極的に打ち出していきます。

　また神戸市は、「住み、働き、学び、憩う」のキャッチフレーズの人工島ポートアイランドを造成します。この完成を祝うことを兼ねて、1981年のポートアイランド博覧会をおこない、未来型都市であることをアピールします。また「学生のためのオリンピック」であるユニバーシアード（1985年）で若くて明るい街であることを演出し、山を削って造成した土地を「しあわせの村」と命名し、アジアおよび太平洋地域の障害者スポーツの総合競技大会であるフェスピック（1989年）を開催し福祉の街づくりをアピールします。これらが、神戸の都市イメージにつながっていったのでしょう。

　しかし、今、憂慮すべきは「右傾化する世情」のなか、「社寺のみならず地方自治体までが、『戦後レジームからの脱却』とばかりに無反省な挙に出ている」ことです。「島本町、四条畷市、富田林市、河内長野市、千早赤阪村、神戸市の楠公ゆかりの6市町村が、2017年連携して文化庁に楠公史蹟の『日本遺産』認定を求める申請を行っています」[15]。このようなの動きは、神戸が忠君楠木正成の「滅私奉公精神」のシンボル都市になることを意味する恐れがあり、ひとり一人の人権と個性を尊重する憲法に抵触することになるのではないでしょうか。

おわりに

　近代以降、都市神戸のイメージは、「モダン・ハイカラ都市」

と「滅私奉公の皇国都市」の両極端に偏っていました。それは、都市神戸のある断面を切り取り人為的・意図的に拡大してつくられたものでした。今の時代、ものごとを「白か黒か」と二分法的に単純化して考える傾向があります。

　しかし、神戸は、古くは仏僧行基による庶民の湯治のための有馬温泉や、中世の大輪田泊、兵庫の津などの港町、近世文化の伝統を残す灘の酒造りと酒蔵の街並み、旧市街地の下町風情、そして神戸西北部の農村と農村歌舞伎の伝統などゆたかな歴史を有しています。さらに、賀川豊彦など友愛とボランティア精神にもとづく協同組合やNPO・NGO、そして「非核神戸方式」などのまちづくりの実績があります。また神戸は、西欧諸国や中国、インド、韓国、ベトナムなどの人々がともに生活する都市でもあります。「モダン・ハイカラ」や「滅私奉公」という偏った画一的なイメージで都市づくりをすすめることは、神戸のもつ固有性や多様性を無視し、その可能性を摘むことになるのではないでしょうか。

注
（1）神戸市生活文化観光局観光交流課「神戸のイメージ調査結果について」記者発表資料（2003年1月24日）、『読売新聞　大阪朝刊』2003年1月25日。神戸市によれば、2002年11月のアンケートの趣旨は、震災後、神戸のイメージがぼやけているという指摘もあるなか、今後、神戸観光のプロモーションを行なっていくための基礎データとすることを目的に、「神戸のまち」が、神戸市以外の人々にどのようなイメージをもってとらえられているかを把握するために実施したという。調査方法として、調査員が面接法により、アンケート項目を聞き取り調査する形をとった。　調査地点とサンプル数

は、東京（上野公園内都立美術館前）サンプル数 300、仙台（JR 仙台駅構内）サンプル数 300、福岡（西日本鉄道株式会社天神駅構内）サンプル数 300 でした。

(2) 総務省の家計調査による品目別都市ランキング「2013 － 15 年平均値」『神戸新聞』2016 年 4 月 9 日。

(3) 陳舜臣『神戸ものがたり』平凡社、1981 年、133 ページ。

(4) 『夏目漱石全集 10』ちくま文庫、筑摩書房、1988 年。

(5) 神戸市『神戸市史（本編総説）』名著出版、1971 年、179 ページ。

(6) 神戸市『神戸市史（本編総説）』名著出版、1971 年、179 － 180 ページ。

(7) 藤巻正之『湊川神社 60 年史』開明堂、1939 年。

(8) 神戸市教育史編集委員会『神戸市教育史第一集』1966 年、856 ページ、864 － 865 ページ。

(9) 谷田博幸『国家はいかに「楠木正成」を作ったか』河出書房、2019 年、113 － 114 ページ。

(10) 藤井康生「神戸を読む」晃洋書房、2009 年、130 － 138 ページ。

(11) 生田神社名誉宮司・加藤隆久「神戸新聞」2017 年 5 月 7 日。

(12) 吉免涼太「神戸と造船所」神戸史学会『歴史と神戸』第 57 巻 3 号、2018 年 6 月。吉免涼太「海軍の儀式・祭典と神戸市・市民」神戸史学会『歴史と神戸』第 57 巻 6 号、2018 年 12 月。

(13) 神戸市『新修　神戸市史　歴史編Ⅳ　近代・現代』1994 年、「経済成長と神戸市政」1028 ページ。『毎日新聞』2013 年 5 月 25 日。

(14) 広瀬毅彦『風見鶏謎解きの旅』神戸新聞総合出版センター、2009 年、5 ページ。

(15) 谷田博幸『国家はいかに「楠木正成」を作ったか』河出書房、2019 年、10 － 11 ページ。「産経新聞」（2017 年 5 月 15 日）によれば、文化庁は楠公史蹟の「日本遺産」を認定しなかったようです。

■ あとがき

　私は、大学を卒業して民間企業のサラリーマン、地方自治体職員、大学教員と異なる職を経験してきました。若かりし頃の1970年代は、高度経済成長の矛盾が噴出し、全国各地で公害反対、福祉拡充などの市民運動が活発に展開されていました。

　民間企業から役所に転職したのも、公務員として市民の生命と生活を守れる仕事につけるのでは、という思いもあったようです。

　この間、多くの人との出会いがあり、思いもよらない問題との遭遇のなかで、いわゆる通常のルートから外れる人生を歩むことになりました。今、思えば、特に印象に残っているのは、最初に配属された職場の上司から、旅行のお土産ということで、木彫りの「見ざる、聞かざる、言わざる」の「三猿」を頂いたことです。その上司は、50歳半ばを超えていたでしょうか。まだ係長で「多分これから出世は望めないだろう」ということは、若い私でも察することができました。でも「人の良さそうな」雰囲気を持っていて好感を持てた人でした。いろいろ苦労してきたのであろう。

　私も、組織の中で生きていくためには、妥協もやむを得ないものとして受け入れてきました。若かりし頃は、ささやかではありますが批判的スタンスを取り無理をしたこともありました。だが、所詮、小心ものの私にできることは、いわゆる「面従腹背」の処世術でした。反省すべきことも少なからずあります。しかし、自分を見失うことだけはすまいと思っていました。

　私事で恐縮ですが、2年ほど前に妻がガンで亡くなりました。

269

当時は、何も手がつかずうつろう日々でした。妻の生と死に向きあい、人間の生きる意味や幸せについて考えるようになりました。本書のキーワードである「幸福」は、このような私の体験が背景にあります。妻は、子どもが生まれても看護師として働き続けました。それが、妻の望む人生でした。私は、保育所の送り迎えや家事などを分担しました。今は、絵本の読み聞かせや、スキー、ハイキングなどは心に残る思い出となっています。妻が夜勤のときに病院の近くまで見送りましたが、職場に向かう妻の後ろ姿が今も脳裏に残っています。阪神・淡路大震災の時も、患者がいるからといち早く病院に駆けつけていました。

　本書は、そんな妻の生き方や子育ての体験、そして多くの友人や知人との学びのなかから生まれたものです。本書出版に当たっては、石河康国さま、松田健二さま、鈴田渉さまにお世話になりました。この場をお借りして感謝を申し上げます。

著　者

著者紹介

池田 清 （いけだ　きよし）

1947 年大阪市生まれ。関西学院大学経済学部卒業、京都大学大学院
経済研究科博士課程修了、経済学博士（京都大学）。

民間企業、役所勤務を経て北九州市立大学法学部教授、下関市立大学
経済学部教授、神戸松蔭女子学院大学教授を歴任。専門は都市政策、
地方自治。

著書に『神戸都市財政の研究』学文社、『創造的地方自治と地域再生』
日本経済評論社、『災害資本主義と復興災害』水曜社。
論文に「阪神・淡路大震災 15 年－創造的復興から人間復興へ」岩波
書店『世界』2010 年 2 月号、「宮崎県綾町のまちづくりと地域再生の
実験」東京市政調査会『都市問題』2003 年 3 月号など多数。

神戸 近代都市の過去・現在・未来
災害と人口減少都市から持続可能な幸福都市へ

2019 年 9 月 10 日初版第 1 刷発行
著／池田　清
発行者／松田健二
発行所／株式会社　社会評論社
〒 113-0033　東京都文京区本郷 2-3-10　お茶の水ビル
電話　03（3814）3861　FAX　03（3818）2808

印刷製本／倉敷印刷株式会社
http://shahyo.sakura.ne.jp/wp/（検索「目録準備室」）
ご意見・ご感想お寄せ下さい　book@shahyo.com

篠原弘典・半田正樹／編著

原発のない女川へ
地域循環型の町づくり

「東日本大震災」の災禍からいちはやく再起し、「復興のトップランナー」として耳目を集めてきた女川町。次は、原発のない町づくりの「トップランナー」をめざす。ゴールは、地域循環型社会としての自立！

第1章　原発の「安全神話」はいかにして作られたか
Ⅰ　福島原発が示したこと———————————————小出裕章
Ⅱ　女川原発の現状と今後———————————————石川徳春

第2章　原発の「経済神話」
Ⅰ　原発立地自治体の財政と経済———————————田中史郎
Ⅱ　女川原発と町経済・町財政————————————菊地登志子

第3章　原発の「地域社会分断」作用
Ⅰ　原発が地域社会を破壊する———————————————西尾　漠
Ⅱ　女川の漁民は原発建設計画に
　　どのように抵抗したのか————————————篠原弘典
Ⅲ　原発立地を撥ね返した地域
　　—地元住民の感性と論理————————————半田正樹

第4章　地域循環型社会をめざして
地域循環型社会として自立する女川————————半田正樹

A5判並製・240頁
定価＝本体2400円＋税　ISBN978-4-7845-1367-3